终身体育思想下
我国学校体育文化的建设与发展研究

卢伯春/著

SPM 南方传媒
广东人民出版社
·广州·

图书在版编目（CIP）数据

终身体育思想下我国学校体育文化的建设与发展研究 / 卢伯春著 . — 广州：广东人民出版社，2021.12

ISBN 978-7-218-15583-8

Ⅰ . ①终… Ⅱ . ①卢… Ⅲ . ①学校体育—体育文化—研究—中国 Ⅳ . ① G807

中国版本图书馆 CIP 数据核字 (2021) 第 263183 号

ZHONGSHEN TIYU SIXIANG XIA WOGUO XUEXIAO TIYU WENHUA DE JIANSHE YU FAZHAN YANJIU

终身体育思想下我国学校体育文化的建设与发展研究

卢伯春 著

出 版 人：肖风华

责任编辑：李力夫

责任技编：吴彦斌 周星奎

装帧设计：马静静

出版发行：广东人民出版社

地 址：广州市大沙头四马路 10 号（邮政编码：510102）

电 话：（020）85716809（总编室）

传 真：（020）85716872

网 址：http://www.gdpph.com

印 刷：北京亚吉飞数码科技有限公司

开 本：710mm×1000mm 1/16

印 张：17.25 **字 数：**309 千

版 次：2022 年 6 月第 1 版

印 次：2022 年 6 月第 1 次印刷

定 价：86.00 元

如发现印装质量问题，影响阅读，请与出版社（020-85716849）联系调换。

售书热线：020-87716172

前　言

学校是学生日常生活和学习的主要场所,因此营造一个良好的学校环境氛围非常重要。在浓厚的学校教育氛围下,学生才能以积极饱满的热情投入到学习、生活和运动锻炼之中。学校体育文化是学校文化的重要内容,可以说,学校体育文化是学生接触最广泛、最具创意和吸引力的一种文化现象,经常参加体育运动锻炼,不仅能促进学生的身心健康发展,对于学生快速适应社会,提高社会适应能力也具有非常重要的影响。但需要注意的是,受各种主客观因素的影响,我国学校体育文化的建设起步时间较晚,无论是在物质基础设施建设,还是规章制度、人力资源等方面的建设都存在一定的不足,很多学校也没有重视起来,并没有有效发挥出学校体育文化的功能。

随着体育运动的不断发展,体育在学校教育中的地位也越来越高,开始受到学校教育部门、领导及广大师生的重视。在这样的背景下,学校体育教育中的一些思想日益深入人心,对学生的学习和生活产生了重要的影响。如今,终身体育的思想与理念受到广大师生的重视,绝大部分的体育教师都能将这一理念贯彻于平时的教学活动中,这非常有利于学生的长远发展。以终身体育思想为指导,非常符合当今时代发展的潮流,促进学校体育教育的发展;以终身体育思想为指导,能为广大师生提供正确的体育教学方向,促进体育教学质量的提升;以终身体育思想为指导,能为学校体育文化的建设提供良好的保障,有利于学校体育文化的弘扬与发展,由此可见终身体育思想的重要性和实用性。本书以终身体育思想为突破口,研究如何构建一个健全和完善的学校体育文化体系。

本书共有十章,前两章主要阐述了终身体育思想、体育文化和学校体育文化的基础知识,能为接下来的研究奠定良好的理论基础。第三章重点研究与分析了终身体育和学校体育文化之间的关系,对二者相互之间的影响和互动做出深刻的剖析。第四章调查与分析了学校体育文化建设与发展的现状，找出了学校体育文化发展中存在的问题，厘清了学校体育文化建设与发展的思路，提出了一系列可行性的策略，如加强学校体育文化与家庭体育、社会体育协同发展；充分借鉴与吸收国外先进经验等，这对于我国学校体育文化的建设与发展具有重要的意义。第五章主要阐述了学校体育文化建设的理论体系，能为学校体育文化的建设提供必要的理论指导。第六章至第十章分别研究了学校体育健身文化、学校体育课程文化、学校课外体育文化、学校竞技体育文化和学校民族传统体育文化建设的内容，这一部分内容实践性较强，也是本书的核心，通过以上内容的研究能为我国学校体育文化的建设提供良好的帮助。

本书高度重视理论与实践的结合，理论方面的研究深入浅出，具有很强的理论指导意义，实践方面的案例分析深刻而透彻，能为我国学校体育文化体系的建设提供良好的借鉴。

总体而言，本书的特色主要体现在以下方面。

第一，逻辑严密，系统性较强。本书首先阐述终身体育思想、学校体育文化等基本概念，然后调查与分析学校体育文化建设的现状，阐述学校体育文化建设的理论体系，最后以科学理论为指导分析如何建设学校体育文化体系，呈现出鲜明的系统性特点。

第二，与时俱进，注重前沿性。本书高度重视学校体育发展的时代背景，以终身体育思想为指导研究如何构建学校体育文化体系，紧跟时代发展的步伐，具有一定的前沿性。

本书在撰写的过程中，参考和借鉴了大量有关学校体育方面的书籍和资料，在此向有关专家及学者致以诚恳的谢意。由于时间和精力有限，不足之处在所难免，恳请广大读者批评指正，以便日后加以完善。

作　者

2021 年 9 月

目　录

第一章　终身体育思想

随着社会的发展和人们健康意识的增强,越来越多的人认识到体育运动的重要性,并逐渐将体育锻炼作为一种提高自身健康水平的重要手段。终身体育思想正是在这种社会背景之下诞生的,反映了人们已经将体育锻炼作为一项终身事业的新型健康观念。本章我们将从终身体育概论及其形成动因、终身体育与终身教育、终身体育与科学基础、终身体育的发展和实施四个方面,对终身体育思想展开研究和阐述。

第一节　终身体育概论及缘起

一、终身体育概论

(一)终身体育概念和内涵

终身体育指的是一个人终身进行身体锻炼和接受体育教育,它是一种行为习惯,当然更是一种教育理念;是一种行为文化,更是一种精神文化,总的来说包含了两个方面的内容。

第一,从思想维度看,是指一个人在正确认识和了解体育锻炼之后,在自己的内在需要和体育锻炼的价值的驱动之下,自觉参与到体育锻炼之中,并逐渐形成终身体育的思想。

第二,从行为维度看,是指人们在整个生命的过程中长期进行体育锻炼的行为,即在终身体育思想的引导下,克服人生各个阶段的阻碍因素,坚持进行体育锻炼。

此外,从时间的角度上说,终身体育是一项终身性的事业,贯穿人生的各个阶段;从运动项目上来说,人们可以根据自己的兴趣爱好、身体特征、发展需要等因素灵活确定和调整参加的运动项目；从参与人员来说，包括各个年龄阶段的人群，尤其是青少年；从教育角度上说，能够有效增强人们的体质，三富人们的精神生活，促进人们整体素质的提升。

（二）终身体育的主要特征

1. 连贯性特征

终身体育的连贯性是从时间的角度来说的，终身体育思想强调体育教育和体育学习的连贯性。终身体育要求体育教育不能仅仅局限在学校范围之内，而是应该在人生的各个阶段随时、随地进行体育学习和体育锻炼。其中，学校体育是终身体育的重要组成和奠基部分，学校体育应该帮助学生形成一定的体育锻炼技能，并通过教育和引导帮助学生形成体育锻炼的思想和习惯，为学生进行终身体育提供思想和能力上的有利条件。但是学校体育教育并不是一劳永逸的，在接受过学校体育教育的基础上，应该持续进行体育学习，不断吸收先进的体育观点和理论，进行先进的体育实践，提高自己的体育技能，将体育学习和锻炼贯穿人生的每个阶段。

2. 生活性特征

一方面，随着越来越多的人将体育运动作为一种提高自身健康水平的手段，体育运动已经成为健康生活的一种象征，终身体育概念的提出有助于引导人们参加到体育运动中来，形成健康的生活方式。另一方面，终身体育在更大程度上实现了体育运动的生活化，简化了体育运动的规则、增加了体育运动的趣味性等，体育运动除了具备最基础的强身健体功能外，还具有了娱乐、交往等功能，逐渐成为人们日常生活中不可缺少的一部分。

3. 过程性特征

过程性特征指的是，终身体育更加强调体育运动的过程，而非最终的结果。一方面，体育锻炼的价值是在人们进行体育锻炼的过程中实现的，没有体育锻炼的过程，就无法实现体育锻炼强身健体、休闲娱乐的价值，体育锻炼也就没有意义。另一方面，体育习惯也是在体育锻炼的过程中养成的，终身体育在很大程度上降低了体育运动的竞争性，将体育运动和人们的生活联系在一起，使每个人都能根据自己的兴趣爱好、发展需要等因素选择适合自己的体育运动，并在长时间的体育运动中潜移默化地形成体育习惯。

4. 自主化特征

终身体育的自主化特征体现在，终身体育的内容、方式、组织形式等都具有很大的灵活性，可以个人自主选择和安排。终身体育贯穿人生的各个阶段，个体的年龄、身体素质、环境、心态等因素都会发生各种各样的变化，所以在各个阶段的体育需求也不尽相同，人们可以根据自己的实际情况，自主决定体育运动的种类以及形式等。

5. 立体化特征

立体化特征是指，终身体育具有立体化的构成结构。从纵向结构上说，终身体育是由婴幼儿体育、青少年体育和中老年体育构成的；从横向结构上说，终身体育是由家庭体育、学校体育和社会体育构成的；从构成人群上说，终身体育的参与者包含教师、学生、家长、管理人员；从价值结构上说，终身体育具有养成良好的体育习惯和发展锻炼能力的价值。

图 1–1 展示了终身体育的具体构成结构。

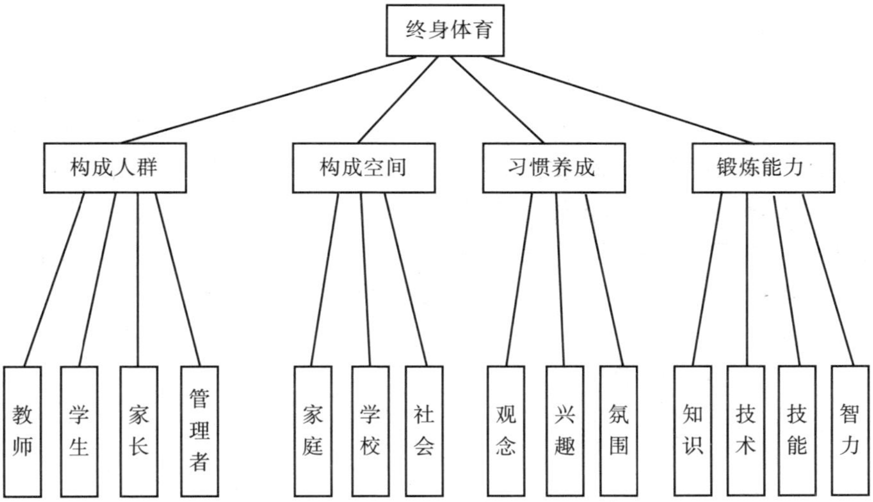

图 1–1　终身体育的构成结构①

（三）终身体育相关关系

1. 终身体育与学校体育

学校体育是终身体育的基础。学校体育中学生处在 6 — 22 岁年龄段，

---

① 黄丽秋．终身体育思想的形成及教学引导研究[D]. 湖南师范大学，2014.

是从学龄儿童进入青春发育期的关键时期，也是有目的、有计划、有系统地全面锻炼身体，促进身心健康，掌握体育的知识、技术、技能，养成锻炼身体的习惯，培养体育意识的重要时期。这个时期，身体生长发育得如何直接影响着人的一生。如果少年时期身体发育得不好，如脊柱侧弯、驼背、呼吸机能差等，到了成年以后往往无法弥补，而成为终身的缺陷。所以，学校体育在终身体育的体系中起着承上启下的作用，是终身体育的重要一环，是人们奠定终身体育基础的关键时期。

2. 终身体育与社会体育

因为终身体育是贯穿整个人生的体育，许多人的身体锻炼是自发进行的，解决公共体育设施不足的问题就成为解决终身体育发展的重要课题。同时，要组织好一个综合于学校体育、竞技体育和社会体育的联系网络，以适应人们多样化的身体锻炼要求。尤其学校体育和竞技体育的领域要为培养开展终身体育的指导者做出贡献，并设置专门的机构，广泛开展体育活动的咨询活动，为参加体育活动者提供必要的建议。

3. 终身体育与竞技体育

竞技体育由于本身充满了竞争性和竞赛性，同时又富有表演性的乐趣，往往对激发人们对体育运动的兴趣和直接参加体育活动起着积极地影响作用。所以，当代竞技体育所具有的传播性，使多种体育项目能迅速地被人们理解和掌握。应积极发挥竞技体育的示范与带动作用，彰显竞技体育开发人体潜能的价值和体质的健美，使人们能从竞技比赛的直观中体验到参加体育运动的乐趣，并能自发地投入到体育运动中来。

二、终身体育的缘起

（一）社会发展的推动

随着社会的发展和科技的进步，社会的生产方式发生了巨大的变化，生产力水平也有了空前的提升。一方面，大机器生产方式代替了人力生产方式，将人们从繁重的体力劳动中解脱出来，生产力水平的提高也为人们提供了更加丰富充足的食物，人们的生活水平显著提升。另一方面，脑力劳动代替体力劳动，人们的身体运动不断减少，同时充足的食物又容易导致人们摄入过剩的营养，此外，生产方式的变快带动生活节奏的加速，人们承担的心理压力不断加大，现代文明给人们带来了各种“文明病”“富贵病”。

在这种社会背景之下,身体健康问题逐渐成为一个受到广泛关注的社会问题,无论是个人还是社会,都在采取各种措施增强人们的身体素质,提高人们的健康水平。经过人们的研究发现,体育运动一方面能够弥补人们身体运动的不足,一方面能够消耗人体摄入的过量营养物质,还能够增强人们的体质,改善人们的器官功能,增强人们的适应能力与免疫能力,是现代社会中一种简便有效的改善人体健康状况的方式和手段。随着人们认识的加深,越来越多的人加入到体育锻炼中去,体育锻炼也逐渐成为健康生活的一种象征。

此外,在知识经济的推动下,人们正在逐渐转变传统的体育观念,树立起全民健身、终身体育的新思想。体育运动已经成为很多人生活中的一个重要部分,很多人也形成了体育锻炼的习惯。终身体育思想从社会实践中被总结提炼出来,又以指导理论的形式被人们应用到社会实践中去,已经成为一种极具影响力的科学体育思想和科学体育实践。

(二)终身教育的衍生

教育是人类社会特有的一种社会现象,是培养人的一种社会活动。国际 21 世纪教育委员会向联合国教科文组织提交的报告《教育——财富蕴含其中》一文提出,教育应该达到的效果是使人们学会认知、学会做事、学会生存、学会共同生活,教育应该成为一项贯穿人们生命的各个阶段的终身性活动,社会应该是一个学习化的社会。

1965 年,联合国教科文组织在巴黎召开了国际成人教育会议,这次会议推动了终身教育在全世界范围内的传播和流行,终身教育迅速掀起一股高潮。随后,随着人们对终身教育研究和认识的加深,终身教育观念逐渐被提出并深受人们的肯定和支持。终身教育不断发展,其覆盖的范围也逐渐扩大。体育作为教育的重要组成部分,又和人们的生活息息相关,也受到“终身教育观”的影响,出现并形成“终身体育”观念。终身体育观念受到俄罗斯、日本以及一些其他联合国成员国的认可,在各国的一致意见下,“终身体育”被载入相关文件。

(三)体育自身的呼唤

体育在诞生之初,一般被认为是上层阶级才能进行的活动,具有鲜明的阶级性质。随着社会的发展和生产力的提高,社会等级制度逐渐消失,人们的物质生活条件得以改善,闲暇时间增多,体育逐渐进入普通人的生活,体育的“普及化”和“自我完善”程度不断提升。

同时,体育的价值也随着体育活动的普及逐渐体现出来。从个人方面来说，体育运动能够强身健体、休闲娱乐，能够促进个人身心的全面发展。从社会和国家角度来说，体育运动能够反映一个国家或者地区人口的素质和精神面貌，能够在一定程度上反映该国家或者地区的发展程度。体育运动的重要价值，决定其必然成为人们生活中重要的一个部分，决定其必然成为社会和国家倡导的一个重要方向。

根据体育运动的目的和作用划分，可以将体育划分为竞技体育、社会体育和学校体育三种。其中，我国在竞技体育的发展上取得了巨大的成就。1984 年，我国运动员第一次在奥运会上取得金牌，2008 年，我国成为北京奥运会上取得金牌数量最多的国家，仅用 24 年就实现了竞技体育的飞速发展，成为竞技体育强国。但是和竞技体育的飞速发展形成鲜明对比的是，我国的社会体育却一直处于发展落后的状态。一方面，人民群众对体育运动的认识不足，尚未形成参加体育运动的习惯，全民运动的氛围不足；另一方面，政府对社会体育发展的投入不够，社会体育资源不足，引导力度不够。社会体育的迫切发展需要决定终身体育思想成为受欢迎的科学体育思想。

三、国内外终身体育发展现状

（一）国外终身体育

终身体育理念为诸多国家所重视，不少国家积极普及终身体育理念，制定推动终身体育发展的政策和计划。例如，新加坡 1975 年由体育理事会、教育部等 15 个部门联合制定了体育设施蓝图计划；英国推出“大众体育 10 年振兴计划”和“青少年锻炼战略开发计划”；日本曾 3 次出台终身体育发展中长期计划，制定了“迈向 21 世纪体育振兴策略”；美国制定了“2000 年健康公民计划”，等等，这些计划的制定与实施，极大地推动了终身体育的蓬勃发展。

成立推动终身体育发展的管理机构，大力开展终身体育基础设施建设。为发展终身体育事业，许多国家强化体育管理机构设置，从方便民众参加日常体育活动的角度完善体育设施标准，加强体育场所及设施建设。例如，新加坡终身体育发展由体育理事会、教育部等机构负责，在全国成立社区体育中心，并规定 20 万人左右的居民区必须建立一个社区体育中心。日本多次调整体育行政机构设置，完善公共体育设施，培育综合型社区体育俱乐部。美国、英国、法国都把增加社区体育中心数量作为终身体育发展的重要指标，要求每个社区建设自己的体育中心，配备专业体育运动指导员。这些运动场所注重功能的多样性、资源的整合性和利用的综合性，能够在体育中心中开展多项活动,实现运动、健身和娱乐一体化。①

完善体育指导员资格认定制度,开展多种多样的终身体育健身活动。开展终身体育需要专业人士的指导,不少国家建立了体育指导员资格认定考核制度。例如,美国要求终身体育中心的教练必须经过一定时间的培训并通过考试,才能取得上岗证。日本通过聘请体育协会的指导工作人员,为大众终身体育提供指导。在体育指导员的专业协助下,人们可以开展形式多样的体育活动。新加坡的多用途体育场馆可以开展羽毛球、排球、篮球、乒乓球、网球等体育活动;日本则针对少年、老年、亲子、妇女、青少年等人群,开展体操、滑冰、游泳等丰富多彩的健身运动;美国积极培养民众进行体育活动的兴趣和能力,开展舞蹈、健身、健美等室内体育活动以及钓鱼、野营、骑马、滑翔等户外体育活动。

(二)国内终身体育

为了培养学生的终身体育意识,必须发挥教师的引导者和组织者作用。当前教师需要引导学生充分分析体育学习的意义以及终身体育锻炼的意义所在,这也是燃起学生学习兴趣的必然方式。

然而,在部分学校的体育教学中,还存在本末倒置的现象,过于重视学生体育技能的培养和掌握,缺乏对学生体育理论、精神的培养。特别是在终身体育锻炼和体育意识的培养方面缺乏讲授和引导,进而使学生难以从思想上对体育锻炼、终身学习产生认同。

在体育教学中,教师没有充分引领学生认识体育锻炼的好处,还是以传统的教育理念和观念为主,强调学生的技能掌握情况和学习情况,这对挖掘体育教学本身魅力等工作带来不利影响,也不利于学生更好地感受体育的无尽乐趣,导致终身体育意识的培养效果不理想。另外,如果缺乏终身体育教育理念的正确认知,也很难为培养学生终身体育理念工作奠定思想基础,造成学生终身体育意识的培养效果较差。

(三)国外终身体育给我国的启示

与国外一些体育事业发展较好的国家相比,我国的终身体育还处于较为落后的局面,这需要今后加强这方面的发展。

---

① 陈子超,李姗姗.终身体育:国外经验及其启示[N].光明日报,2014-08-07(016).

1. 重视终身体育的立法工作

一方面，要出台终身体育发展政策和计划，提高公民健身意识。要从公民需求多样性出发，鼓励公民参与自己喜爱的体育运动，并将体育健身活动普及到各个年龄阶段的人群中，将其作为终身化的活动开展。另一方面，要加强终身体育立法，为终身体育发展提供法律保障。用法律法规来促进终身体育发展，是世界体育发展的重要趋势。我国应将终身体育纳入国民终身教育范畴，积极贯彻《中华人民共和国体育法》，尽快出台有关终身体育的法律法规，推动终身体育的发展有法可依。

2. 积极推动终身体育组织管理的科学化

国外终身体育发展经验告诉我们，要想实现体育健身活动在全国范围内的普及，需要健全的体育组织机构。推动终身体育发展需要“依托社会，齐抓共管”。要发挥体育政府机构的主导作用，统筹协调幼儿体育、学校体育、家庭体育、社会体育等的相互关系，确保终身体育的连贯性、统一性和完整性，促进终身体育沿着科学化方向发展。要调动社会各界民众的积极参与，增强民众的终身体育责任感，共同朝着既定的目标奋斗。

3. 积极推动终身体育资源的普及化

在加大政府对终身体育的投资力度的同时，要吸引更多民间资本的投资。政府要降低民间资本体育投资门槛，实行税收优惠政策，积极鼓励和吸收民间资本投资体育场馆与基础设施建设。要扩大专业体育运动设施向公众开放的力度，提高体育场所的利用率，实现体育资源的最大化普及利用。要加大体育场馆和设施的建设力度，加速体育场馆和设施的社会化进程，推动学校和专业机构体育设施向社会开放，推动体育资源利用的普及化。

4. 积极开展以终身体育为指导的群众体育活动，推动终身体育锻炼的社会化

要想建立终身体育的意识和习惯，就要坚持体育锻炼的长期性和经常化，在人生不同阶段，开展多种多样的体育活动。幼儿体育是终身体育的起点，它是对幼儿身体的早期训练，可以开展身体游戏、舞蹈等体育运动，促进幼儿身体健康、智力开发和心理成长。学校体育是终身体育的基础，可以利用各级各类学校的体育设施，开展符合学生特点的体育运动，使学生增强体质、掌握技能、培养体能。社会体育是终身体育的主要内容，它为

每个社会成员提供体育活动的机会，企事业单位、组织社团、教研机构、家庭街道、城镇社区等都可以作为组织社会体育的主体，开展形式多样的体育活动，推进终身体育的社会化。[①]

第二节　终身体育与终身教育

一、终身教育对终身体育的影响

终身教育指的是人们在一生中所受到的教育的总和，既包括连续的学校教育，也包括在社会或者工作中受到的教育。事实上，人的一生中拥有的大部分知识都是在社会生活或者工作中获得的，这也体现了终身教育的价值和重要性。

终身教育是由教育学家朗格朗在社会现实和社会需要的基础上提出来的，一经提出就受到世界各国的广泛支持和认可。许多国家还根据终身教育理念对本国教育进行了改革，从教育结构、教育内容、教育方法、教育管理、教育研究、教育培训等多个方面，全面贯彻终身教育理念，终身教育对教育展现出越来越大的影响。

终身教育是面向全体人民的教育，在结构体系上，是各级各类教育纵横交错的有机网络系统，不仅包括小学、中学、大学的正规学校教育、职业技术教育，还包括学前教育、特殊教育和成人教育。在具体任务上，不仅有系统知识传授、能力的培养、政治素质的提高，而且还有社会生活观念、社会公德、环境保护、老年生活消费指导、子女家庭教育、普法宣传、保健长寿、健身娱乐等现代社会生活教育。实际上，它不仅是学校教育，而且包括继续教育在内的整个终身教育体系，是幼儿园学校教育、社会教育和家庭教育的综合体。

在终身教育思想发展日渐完善并且受到越来越多肯定的时候，其涉及的外沿也逐渐增大，终身体育思想的提出就是其中最有力的证明。苏联和日本早在 20 世纪 60 年代后期—70 年代就提出了“终身体育”的相关概念。1968 年，苏联中央体育研究所所长克诺布柯夫等人曾经提出“从 0 岁到 100 岁锻炼身体”的观点；1970 年，日本的早川太芳等人在相关杂志上，

① 陈子超，李姗姗．终身体育：国外经验及其启示[N]．光明日报，2014-08-07（016）．

对“终身体育”进行定义,并提出了实施“终身体育”的目标以及实施“终身体育”的方案等;1971年,日本文部省召开“把社会体育从终身体育的角度进一步开发的咨询会议”,显示了日本对终身体育的重视;1976年,联合国教科文组织召开会议,会议以“从终身教育看到的关于青少年教育中的体育运动的作用”为主题进行讨论,并提出了“终身教育对学龄前儿童、青少年、劳动者、家庭妇女、高龄人和残疾人等没有机会参加体育活动的人提供机会”等观点。

在终身教育思想的影响下,终身体育思想逐渐被提出并在各国发展起来,我国受到各国的影响,也意识到终身体育的重要性,从20世纪80年代开始对终身体育进行系统性研究,并在日后提出“体育强国”“全民健身”等倡导,推动终身体育在我国的发展。

二、终身体育在终身教育等因素推动下形成与发展

终身教育是终身体育思想形成的基础,但是终身体育思想在形成和发展的过程中除了受到终身教育的影响,还受到体育自身价值、经济发展状况、人们的生活方式等因素的影响。

从体育自身的价值来说,体育具有增强人们的体质、发展人们的各项功能、促进人们全面发展的作用;从经济发展状况来说,体育的发展离不开经济条件的支持,一方面进行体育运动势必会发生一定的体育消费,另一方面较好的经济条件意味着人们有更多的空闲时间和精力进行体育运动;从生活方式来说,生活方式比较健康的人更愿意进行比较规律的体育运动,而生活方式不健康的人很难将体育运动作为生活的一部分。此外,体育运动的实施状况还会受到思想观念、社会氛围等因素的影响。只有能够满足上述几种或者至少一种条件的人,才能真正实现终身体育。

理解终身体育需要人们具有大局观念。从时间上说,终身体育是覆盖各个年龄阶段的体育,从婴幼儿时期到老年时期都应该重视体育运动的重要性,选择合适的体育项目来保持机体的正常发展和活动;从空间上说,终身体育不仅仅是学校体育,它还包括大众体育、竞技体育,以不同的特点覆盖不同的人群,最终实现“全民体育”。我国体育事业的发展应该以终身体育为指导,在全社会范围内树立终身体育思想,形成终身体育的氛围,促使更多的人参与到体育运动中去,促进我国体育人口的大大增加。

第三节　终身体育的科学基础

一、生理学基础

（一）新陈代谢

新陈代谢指的是机体和环境之间的物质和能量交换以及生物体内物质和能量的自我更新过程。新陈代谢包含两个部分，分别是合成代谢和分解代谢。前者指的是生命体将从外界摄取的营养物质合成为组成自身的物质，并不断更新自身的组成物质和储存能量的过程。后者指的是生命体将自身的一部分组成物质进行分解，为生命活动提供能量，并将分解的最终产物排出体外的过程。人体的代谢速度越快，合成代谢的优势越明显，则人的生命力越旺盛。

运动锻炼和人的新陈代谢之间存在着紧密的联系。运动锻炼时，机体有大量的能量消耗，则分解代谢占优势；运动锻炼结束之后，机体需要进行能量补充，则合成代谢占优势，这样身体的合成代谢和分解代谢之间就达到了平衡，有利于维持身体状态的稳定。同时，运动锻炼又加快了身体的代谢速度，提高了新陈代谢的活力，有助于身体的健康。

（二）有机体的超量恢复

超量恢复是指机体在承担一定的运动负荷之后，因为能量的消耗产生疲惫，但是在充足的休息和能量补充之后，机体重新恢复，在运动负荷合理的情况下，机体的恢复程度甚至会超过之前水平的现象。

运动锻炼中超量恢复现象的发生对于锻炼者体质的增强和运动能力的提升都有非常重要的促进作用，但是在利用超量恢复规律指导运动锻炼时应该注意以下几点。

（1）在运动强度比较低且运动时间比较短的情况下，运动锻炼对机体产生的刺激比较小，超量恢复的效果比较不明显。对于青少年来说，这种运动方案对于体质的增强和运动能力的提升作用不明显，但是对于老年人来说，可以通过这种运动方案来保持身体状态的稳定。

（2）运动锻炼过程中的间歇时间也是影响超量恢复效果的重要因素。间歇时间过长容易导致超量恢复的效果不明显，间歇时间过短容易导致过度疲劳等现象，有可能对机体产生伤害。一般人们会利用测心率的方式确定间歇时间，比如练习者开始休息时的心率为 140—170 次 / 分，则等到其心率恢复为 100—120 次 / 分时再开始下一次训练比较合适。

（3）应该从锻炼者的实际状况出发，根据其年龄、健康状况、运动基础等因素确定合理的运动负荷，不能因为盲目追求超量恢复效果而导致身体损伤。

二、心理学基础

（一）终身体育与心理健康

1. 情绪与健康

人的情绪有积极情绪和消极情绪之分，积极的情绪能够对人的生命活动起到积极的推动作用，可以充分发挥机体的内在潜能，提高体力和脑力劳动的效率，保持人体健康；消极的情绪也会对人的生命活动产生消极的影响，抑制人的内在潜能、降低人的工作效率、使人们出现各种健康问题等。图 1-2 展示了消极情绪致病的整个过程。

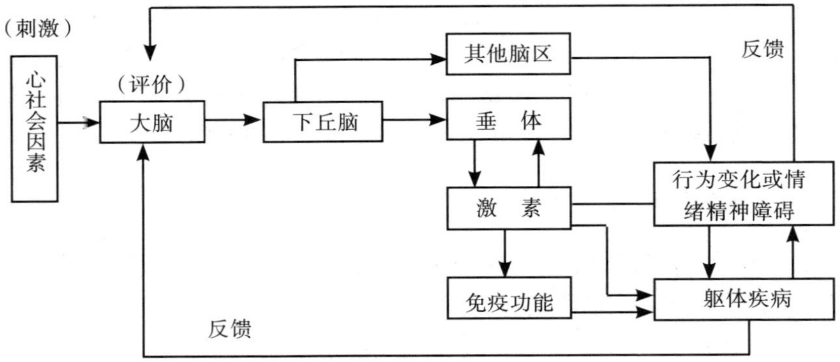

图 1-2　情绪因素的致病原理 ①

身体锻炼对消极情绪有着良好的调节作用。人们在身体锻炼的过程中能够产生一种叫作脑腓肽的物质，刺激下丘脑，从而使人感受到愉悦和轻松。此外，人们还可以在体育锻炼过程中获得一定的成就感，增强自身的自信心，提高自我评价。因此，之所以要发展终身体育，其中一个原因就是要通过体育活动改善人们的情绪，使人们保持健康的情绪状态。

---

① 王则珊．终身体育：现代人生活方式的一种追求 [M]. 北京：北京体育学院出版社，1994.

2. 人格类型或行为特征与健康

科学研究证明，人格是影响人们身体健康的重要因素之一，拥有相同人格特点或者行为特征的人患同种类疾病的概率会有所增加。

比如一位叫作弗雷德曼的美国学者曾经对一些心血管病人进行研究，发现他们都存在相似的行为特征，他将这种行为特征起名为"A 型行为类型"，存在这些行为特征的人通常会有下列这些表现。

①愿意为了获得成功而进行努力。

②竞争意识比较强。

③总是能感受到时间上的紧迫感。

④言行举止比较粗鲁。

⑤表现出过胜的精力。

⑥对人存在表达的敌意。

⑦容易对工作和职业提出过度的保证。

弗雷德曼经过研究认为，"A 型行为类型" 是导致这些人患上冠心病的主要原因。

而我国武汉医学院的一些专家也发现，性格比价孤僻的人，患上恶性肿瘤的概率更高，而性格比较暴躁的人则更容易患上各种心脑血管疾病。

经常进行体育锻炼能够有效调节人的心理，优化人的性格，帮助人们形成良好的生活习惯，降低因为人格因素带来各种疾病的风险。

（二）身体锻炼的动机

1. 动机的基本含义

动机是推动一个人进行活动的心理动因或内部动力。成为动因的基本要求有三个，其一是，能够激发人的行为活动；其二是，能够将人的行为引向一定的目标；其三是，能够使人的行为维持、增强或者减弱。

2. 引起动机的基本条件

引起动机的基本条件主要包括人的内在需要和外界的环境因素两种。

（1）需要

需要是指人们因为感受到某种缺乏而希望被满足的心理倾向。需要是人们产生动机的前提条件，比如青少年会因为存在身心发展的需要而进行体育锻炼，老年人会因为维持身体健康的需要而进行体育锻炼等。

（2）环境因素

环境因素是指引起人的动机的个体之外的因素，环境因素是导致人的动机产生的外部原因，对人的动机的出现也有着非常重要的作用。比如当人生活在周围的锻炼氛围很浓的环境中时，可能会受到环境的影响也参与到运动健身中去，这也是我国之所以发出“全民健身”倡导的重要原因。

（三）不同年龄阶段的人身体锻炼的需要和动机

表 1–1 不同年龄阶段的人身体锻炼的需要和动机[①]

年龄阶段	主要的需要层次	主要的动机特点
婴幼儿期（0 ~ 6 岁）	生存、成长发展	丰富性动机
儿童期（7~12 岁）	生存、成长发展	丰富性动机
少年期（13~17 岁）	相互关系、成长发展	丰富性动机、缺乏性动机
青壮年期（18–38 岁）	相互关系、成长发展	丰富性动机、缺乏性动机
中年期（36–60 岁）	生存、相互关系	缺乏性动机，丰富性动机
老年期（61 岁以上）	生存、相互关系	缺乏性动机，丰富性动机

根据表 1–1 所示，不同年龄阶段的人进行身体锻炼出于不同的需要，并在该需要的推动下产生了不同种类的动机。其中，缺乏性动机是一种被动型的动机，指的是出于避免某种困境的需求而产生的动机，一旦需要被满足，这种动机就会减弱。丰富性动机是一种主动型的动机，指的是出于想要达成某种成就或者希望探索冒险等主动性需求而产生的动机，需求得到满足之后这种动机不仅不会减弱，还会因为得到激励而增强。

三、社会学基础

表 1–2 揭示了个体社会化发展的进程以及体育在其中起到的作用。

① 王则珊．终身体育：现代人生活方式的一种追求 [M]. 北京：北京体育学院出版社，1994.

表 1-2　个体社会化发展进程以及体育在其中的作用①

社会化发展的各个时期	身心社会化发展特点	体育的作用
婴幼儿时期	逐渐学会坐、爬、走等基础身体活动； 开始能够接受固体食物； 学习说话； 开始理解并掌握一些简单的概念； 与父母建立感情； 开始具备一定的控制自身情绪的能力	体育锻炼有助于发展婴幼儿身体活动的能力； 体育锻炼的趣味性更加符合婴幼儿身心发展的特点，能够为婴幼儿创造一个比较活泼、有趣的学习环境，激发其学习兴趣
儿童少年期	开始学习并掌握一定的动作技能； 出现性别意识； 学习基础的生活技能； 进入学校学习，发展读、写、算等能力； 开始有道德观念，学习区分善恶是非； 自我意识加强； 开始和别人建立人际关系； 拥有比较强烈的好奇心和探索精神	促进人体机能和动作能力的进一步提升，为进一步社会化发展奠定基础
青年期	逐渐形成自己的世界观； 对自身的身心发展特点有了进一步认识； 道德观念更加成熟； 能够较好地适应自身的社会角色； 希望拥有更多的自主权，不希望被家长或者老师干预自己的事情； 寻求自身的价值； 跟异性的交往需求和实践增多； 开始进行职业选择和规划； 开始考虑婚姻	促进人体机能和运动能力的进一步提升，为进一步社会化发展奠定了生理基础； 体育锻炼为人们提供了人际交往和角色体验的机会，有利于促进人际交往能力的健康发展； 体育锻炼中的规则有助于增强人们的规则意识和道德意识，有利于促进人格的健全
壮年期	建立自己的家庭； 进入婚姻生活，学习处理婚姻关系； 承担公民责任； 事业发展的关键时期，事业是生活的重心； 开始学习为人父母，抚养子女	维持机能水平，提供充沛的精力； 体育运动作为一项休闲活动满足人们的精神文化生活需要
中老年时期	成为家庭和社会的“中坚力量”； 承担着抚养、教育子女和赡养父母的责任； 渴望拥有或者已经拥有一定的经济和社会基础； 开始体验并逐渐接受更年期的生理、心理变化； 身体正在衰退，身体素质下降	通过体育运动延缓衰老； 将体育运动作为一种休闲、娱乐、交往的方式

① 王则珊．终身体育：现代人生活方式的一种追求[M].北京：北京体育学院出版社，1994.

由上表我们可以得知,体育运动能够在人生的不同阶段对个体的社会化进程都起着非常重要的作用,为终身体育的发展奠定了社会学的基础。

第四节 终身体育的发展与实施

一、终身体育的发展

(一)体育多功能观是终身体育发展的理论基础

随着社会的发展和科学的进步,人们对体育运动的认识不断加深,评价也更加科学,逐渐转变过去单一的评价角度和方式,开始从多个学科、多个层面发掘并肯定体育运动的价值,形成体育多功能观念,为促进终身体育的发展奠定了理论基础。

从生物学的角度来说,体育锻炼有助于增强人们的体质,改善人体各个系统和各个器官的功能,使人体的适应能力和免疫能力提升,提高人们的健康水平。体育锻炼的生物学价值是其最基础也是最根本的价值,尤其是在当今社会背景之下,生产方式的改变使人们普遍身体运动量不足,丰富的加工食品使人们摄入的营养过剩,过快的生活节奏和过大的生活压力使人们的精力被严重消耗,人们更加需要进行体育锻炼来改善自身的健康状况,体育锻炼的价值也更加突出。

从心理学的角度来说,科学研究表明,运动锻炼能够促进人体分泌更多的多巴胺,而多巴胺能够使人获得轻松愉快的情绪体验。所以进行运动锻炼能够有效改善人们的焦虑、悲伤、愤怒等消极情绪,使人处于积极的情绪之中,促进人们的心理健康发展。

从社会学的角度来说,运动锻炼具有个人和国家两个层面的价值。就个人来说,运动锻炼已经发展出了交往功能,人们既可以将参加运动锻炼作为一种扩大自己的社交圈的途径,在运动锻炼的过程中结识新的朋友,也可以将运动锻炼作为一种朋友交往的形式,在运动锻炼中巩固和发展友谊。就国家来说,当一个国家的大部分居民都形成运动锻炼的习惯的时候,国民的身体素质会显著提升,精神面貌也会显著改善,有利于在全社会范围内形成一种追求健康、积极向上的社会风貌,对于社会的稳定和发展具有重要的意义。

从经济学的角度来说,体育在全社会范围内的发展有助于带动体育经济的进步。参加体育锻炼的人数增多,意味着体育设施、体育用具等体育用品的需求不断增加,能够促进生产的发展;而和体育相关的生产、培训等行业的发展,用人的需求量也会增加,能够提供更多的就业岗位。体育在经济上的价值势必会带动更多的人进入到体育行业,为终身体育的发展提供了经济方面的理论支持。

从政治学的角度来说,体育事业的发展对于展现国家实力、促进国际交往、增强本国人民的自信心和自豪感都有非常重要的影响。以我国为例,我国作为一个竞技体育强国,在无数国际运动竞技赛事上都取得了令人瞩目的优秀成绩,在世界舞台上展现了中国实力,提高了中国的知名度,增强了我国人民的民族自信心和自豪感。此外,我国在众多国际赛事上的活跃和优秀表现,改变了许多国家对我国的认识和评价,为我们和许多国家建立友好关系奠定了基础,促进了我国国际交往的发展。

体育价值在多个领域、多个层面的突出表现充分展示了体育运动的重要性,为终身体育的发展奠定了理论基础。

(二)群众体育的广泛开展是终身体育发展的实践基础

自新中国成立开始,体育事业就是我国人民事业的一个重要组成部分,在历届政府的支持和鼓励之下,我国逐渐形成了竞技体育、学校体育以及社会体育三合一的群众体育。而群众体育的广泛开展,为我国终身体育的发展奠定了实践基础。

增强人民体质,提高全民族的素质,是社会主义体育事业的首要任务,因此群众体育的广泛开展为实现终身体育打下实践基础。终身体育要求一个人始终把身体锻炼作为现代生活中不可缺少的重要内容。因此,一个人在一生中经历各年龄段不同的时期,都涉及如何成为一个全面发展的人的问题,同时也涉及坚持终身体育的问题。

学校是培养人的场所,现代人一般都要经历学校教育阶段,所以学校体育对于个人形成终身体育思想占有非常重要的地位,应为终身体育形成打下基础。学校的主体是青少年和儿童,通过体育活动促进学生正常生长发育,增强体质,形成正确的姿态和掌握基本技能,促进身体的全面发展,养成锻炼习惯,为终身体育奠定良好的基础,将使在校生终身受益,从而达到全民素质的提高。

因此,广泛的群众体育活动,为形成终身体育奠定了实践基础。从发展体育运动、增强人民体质到群众体育经常化和普及化都明确了一个问题,即对每一个人来讲要如何坚持身体锻炼增强体质的问题,无论是哪个年龄段、哪种职业,都面临着对它的选择,以保证使自己身体更加健康,精力更加充沛,以适应社会的发展变化及未来生活的需要,使自己的一生都充满着欢乐与幸福。总而言之,终身体育为现代人指出了一条保持健康、提高身体素质的必然道路。多年的体育实践充分证明了这一点"生命在于运动",只要能够遵照"业余、自愿、小型多样、因地、因时、因人制宜"的群众体育原则,自觉进行锻炼,人人都能成为终身体育者,那么,我国成为世界体育强国的目标就能成为现实。

二、终身体育实施的原则

(一)自觉性原则

1. 提出依据

(1)终身性体育锻炼是一个漫长的过程,它不存在任何的强迫性、纪律性,完全依靠锻炼者的自觉。锻炼者必须要在自己的兴趣、爱好、自身需求等内在因素的驱动下,自发地参加到运动锻炼中去,锻炼者的主观因素在终身体育中起着决定性的作用。

(2)除了受到主观因素的影响,终身体育的实施还受到锻炼者惰性和体力的影响。首先,运动锻炼需要体力的支持,锻炼者在锻炼的过程中需要付出一定的体力;其次,运动锻炼需要承受一定的运动负荷,并且要不断突破身体已经适应的负荷,走出身体的"舒适区";最后,运动锻炼还会受到气候、运动场地等因素的影响,比如严寒天气等。锻炼者只有拥有锻炼的自觉性,才能体会到运动锻炼的愉悦和成就感,不断克服各种不利因素的影响,坚持进行体育锻炼。

(3)人们在人生的各个阶段的身体条件和身体素质不同,因此适合的体育锻炼项目和体育锻炼内容也不相同。这就需要人们持续学习体育知识,发展新的体育方法和技能,利用科学的理论和方法指导每一个阶段的体育锻炼,满足自身的各种体育需求,持续从体育锻炼中获益。如果缺乏体育锻炼的自觉性,就很难持续进行体育知识的学习和完善,也很难以科学的方法选择和展开人生各个阶段的体育锻炼,无法顺利获得体育锻炼的益处,终身体育难以实施下去或者体育锻炼的作用大打折扣。

2. 贯彻要求

(1)明确锻炼的目的

明确锻炼目的能够为终身体育的实施指明方向,有助于坚定人们的锻炼信念,能够使人们感受达成目的的喜悦和成就感,为人们展开下一阶段的锻炼提供充足的动力。因此,在终身体育的实施过程中,首先要做的就是明确锻炼的目的，坚定自身的锻炼目标。

锻炼目的的确定要结合自身的性别、年龄、身体素质、发展需要等，只有符合自身的实际情况，才能取得良好的锻炼效果。比如超重的人群可以将减肥减脂作为运动锻炼的目的；一些受伤的病患可以进行一定的康复训练，并确定自己的锻炼目的就是促进机体的恢复，等等。

最基础也是最常见的体育锻炼目的就是强身健体，但是不同人群的强身健体目的也是有所不同的。以不同年龄阶段的人群为例，青少年的强身健体目的主要体现在促进青少年的生长发育、为青少年的学习和生活提供充沛的精力；中年人强身健体的目的体现在，为人生关键时期的奋斗提供充足的体力，保持中年时期的身体健康；老年人强身健体的目的在于，保持身体的健康，延缓衰老的到来，提升自身的活力。

（2）培养体育锻炼的兴趣和习惯

贯彻实施终身体育的自觉性，一方面需要明确锻炼的目的，为体育锻炼提供坚定的决心，另一方面也需要体育兴趣的培养，只有热爱运动锻炼，对体育锻炼抱有兴趣和热情，才能更好地坚持体育锻炼并取得良好的锻炼效果。

培养体育锻炼兴趣的前提是选择一项适合自己并且自己也感兴趣的运动锻炼项目和内容，比如青少年可能会对具有游戏性质的体育运动，比如丢沙包、跳皮筋等产生兴趣；中年人可能会对更加实用、普遍的运动项目感兴趣，如游泳、瑜伽等；老年人可能会对具有一定的养生价值并且激烈程度不高的运动项目产生兴趣，比如太极拳、武术等。在自己感兴趣的运动项目的基础上培养体育锻炼的兴趣，难度会大大降低，成功率会大大升高。

体育兴趣能够有效激发人们实施终身体育的自觉性，但是并不是一劳永逸的，随着时间的推移和次数的重复，体育兴趣可能会逐渐淡化甚至消失。这就要求必须要在体育兴趣的基础上培养体育锻炼的习惯，只有将体育锻炼变成一项自然而然的事情并纳入日常生活中，建立稳固的条件反射，才算是真正建立起终身体育实施的自觉性。

（二）从实际出发原则

1. 提出依据

（1）体育锻炼的项目和内容多种多样，为人们提供了各种选择机会，必须要从自己的实际情况出发，选择最适合自己的运动项目和运动内容，才能为我所用，最大限度上发挥体育锻炼的作用和价值。

（2）个体和个体之间存在着广泛的差别，相同的训练方案在不同人的身上可能会存在着巨大的差别，因此适合别人的未必适合自己。必须要在了解和分析自己的实际情况的基础上，选择最适合自己的运动方案。

（3）终身体育要求锻炼者一生自觉地坚持身体锻炼，锻炼的年龄、时间、自然环境等都处在变化状态，锻炼者必须根据自己的年龄、职业、时间与大自然的变化等实际妥善安排身体锻炼的时间和选择锻炼的内容和方法，这样才能使终身体育坚持下去。

2. 贯彻要求

（1）年龄特点

人们在不同的年龄阶段，身体也处于不同的状态，比如青少年时期身体处于快速发展状态，中年时期身体处于发展完全并且比较稳定的状态，老年时期身体处于逐渐衰退的状态。在贯彻终身体育的从实际出发原则时，应该将年龄纳为考虑因素，根据人们的身心发展特征确定和调整体育锻炼方案。

（2）身体状况

身体状况是确定体育锻炼内容、方式和运动负荷的决定性条件，必须要在清楚自身身体状况的前提下制定合适的运动方案。比如体重过高的人群应该尽量避免选择跳绳、快跑等对膝盖伤害较大的运动，因为体重产生的压力会导致膝盖更加容易受伤；一些患有慢性疾病的人群，比如高血压等，应该选择一些激烈程度较低的运动，在达到锻炼目的的同时又不会对身体产生较大的刺激；还有一些骨折或者肌肉拉伤的人群，应该暂时停止运动锻炼，防止损伤状况加重，有利于机体恢复。

（3）职业特点

职业特点也是影响体育锻炼的重要因素。从运动量来看，不同职业的运动量不同，有的职业运动量较大，比如一些以体力劳动为主的职业；有些职业运动量较小，比如一些以脑力劳动为主的职业。从运动方式来看，不同职业的运动方式也不相同，比如有的职业需要人一直站着，如商场的销售人员等；有的职业需要人一直坐着，比如一些办公室工作等。应该分析职业特点，了解工作时人们的运动量以及运动方式等状况，再有针对性地确定运动方案，如此才能取得良好的运动锻炼效果。

（4）自然条件

自然条件是指气候、温度等因素，同样会对人的体育锻炼产生重要的影响。比如我国东北地区室外的温度较低，在室外锻炼容易引发冻伤、心脑血管疾病等，而我国南方地区夏季的气温较高，在室外锻炼容易导致出汗过多、中暑等。因此，在制定运动方案的时候应该因时、因地制宜，符合自然规律。

（三）全面锻炼原则

1. 提出依据

（1）人体是一个完整的有机体，身体的各个部位和各个器官都是相互联系、相互制约的，单独锻炼身体的某个部位或者某个器官比较容易受到其他部位和器官的影响，难以取得理想的锻炼效果。

（2）全面锻炼有利于人体的平衡发展。人体受到“用进废退”原理的影响，经常锻炼的部位、器官会有明显的发展，比如肌肉增大、器官功能增强；而疏于锻炼的部位和器官则会出现“衰退”的现象，比如肌肉量逐渐缩小、器官功能下降等。只专注于单一部位或者器官的锻炼，可能会导致身体发育或者发展失衡，不利于机体的全面、平衡发展。

2. 贯彻要求

（1）合理搭配训练内容

运动项目和运动内容不同，对人体的影响也不相同，一种运动项目可能会着重影响或者发展人体的某项运动素质，但是很难促进各种运动素质的共同发展。因此，在制定运动方案时，应该注重选择并搭配运动项目和运动内容，在有所侧重的同时，促进机体的全面发展。

（2）内外锻炼相结合

身体锻炼表面看是由各种明显的动作组成的肌肉活动，实际上它是由身体组织、器官和系统相互配合、共同完成的。因此，选择运动项目时，除了要考虑身体组织的需要和发展外，还要了解身体内部的系统和器官，制定内外结合、形神一致的运动方案。

（四）合理负荷原则

1. 提出依据

（1）有机体对运动负荷的适应性

运动负荷是指运动锻炼对机体产生的刺激，人体对运动负荷具有适应性。运动负荷能够刺激机体在能源物质储备、各器官系统结构和机能、神经调节机能等方面的改善，锻炼水平越高，机体能够承受的运动负荷越大，机体各器官、各系统的改善越明显。机体适应能力的增强是一个漫长的过程，必须要根据机体的实际状况，合理确定锻炼负荷。运动负荷过大或者过小，都无法达到理想的训练效果，运动负荷过大，容易造成过度疲劳甚至机体损伤；运动负荷过小，无法对机体产生足够的刺激，不能实现运动能力的提升。运动适应能力的提升是一个刺激—适应—再刺激—再适应的过程，应该遵循这个发展过程，确定合理的运动锻炼负荷。

（2）人体的超量恢复

超量恢复是指机体在承担一定的运动负荷之后，因为能量的消耗产生疲惫，但是在充足的休息和能量补充之后，机体重新恢复，在运动负荷合理的情况下，机体的恢复程度甚至会超过之前的水平的现象。制定合理的运动负荷有助于机体发生超量恢复现象，能够促进锻炼能力的提升和身体素质的增强。

2. 贯彻要求

（1）确定科学合理的运动强度

运动强度是运动负荷的其中一个方面，指的是相同时间内运动对机体的刺激程度，人们一般用脉搏测量法来确定运动的强度。

当运动时脉搏跳动的频率为 160 次 / 分钟，则锻炼强度大约为 80%；

当运动时脉搏跳动的频率为 140 次 / 分钟，则锻炼强度大约为 70%；

当运动时脉搏跳动的频率为 120 次 / 分钟，则锻炼强度大约为 60%；

当运动时脉搏跳动的频率为 110 次 / 分钟，则锻炼强度大约为 50%。

科学研究证明，一般人的运动强度在 110—160 次 / 分的时候，能够实现较好的运动锻炼效果；当运动强度在 50% 以下时，取得的锻炼效果不明显；当运动强度在 80% 以上时，则属于专业的运动训练强度，对普通人来说可能会造成过度疲劳或者运动损伤状况。

（2）确定合适的运动时间

运动时间也是构成运动负荷的一个方面，一般结合运动强度确定。对于青少年来说，可以结合青少年的身心发展特点，选择运动时间较短但是运动强度较大的运动方式；对于中老年人来说，可以选择运动时间较长但是运动强度较小的运动方式。一般来说，普通人将每次运动的时间设置为半小时到一小时就能够取得比较明显的锻炼效果。

（3）从身体的实际状况出发

在运动锻炼时，要密切关注自己的身体反应。如果运动之后身体状态良好并且运动能力有所提升，则说明当前的运动负荷比较合理；如果运动之后身体出现反常状况，则说明当前的运动负荷可能过大，对身体产生了不利影响，应该及时进行调整。此外，还要综合考虑自身的体质、健康状况等因素,合理确定运动负荷。

三、学校实施终身体育思想的方略

(一)建立一体化的学校体育教育体系

学校体育是终身体育的重要组成部分,一方面能够从思想上帮助人们树立终身体育的意识,另一方面能够从生理上帮助人们增强体质,发展运动技能,为终身体育发展奠定生理基础。因此,必须要重视学校体育的开展,建立合理、完整的学校体育教育体系。

科学的学校体育教育体系应该是一个分阶段的、从低到高的有机整体,学生从最基础的体育知识开始学习,到逐渐掌握更有难度的体育教学内容,中间的每一个环节都能连接在一起,并且前面环节所学的知识能够成为后面环节知识的基础,整个过程中学生的体育能力有序提升。

但是目前我国的学校体育教学尚未形成一个上下协调、有机统一的整体。初等、中等和高等教育之间没有做好相互之间的了解调研工作,各自为政,设置的教学内容无法很好地衔接在一起,教学内容的安排上有大量重复。这种混乱的教育体系会阻碍体育教育的顺利开展,体育教育的效果也会大打折扣。

在终身体育的框架下,学校发展体育必须以学生为本,根据学生的身心发展特点,在学生成长发育的每一个阶段安排合适的体育教学内容,并且保证前后的教学内容是相互联系并且具有从易到难、从基础到复杂的内在逻辑。

体育教师作为教学活动的引导者,对体育教学效果有着非常重要的影响。在体育教学体系的建设中,教师应该对教学体系有着全方位的理解和把控。从纵向角度进行分析,体育教师应该认识到终身体育的阶段性、连续性和完整性,终身体育本质上是一个有机协调的整体,在该理念的指导下,小学体育教育、中学体育教育和高中体育教育应该联合起来,统一规划,统筹考虑;从横向的角度进行分析,学校体育和竞技体育、群众体育一起,构成了我国完整的体育体系,学校体育作为体育体系中的一个重要环节,对于终身体育的发展起着重要的作用,因此应该充分重视学校体育教育体系的建设,发挥学校体育对终身体育发展的促进作用。

(二)设置丰富、个性的体育组织形式

学校体育组织形式是指根据一定的指导思想、体育活动目的和教材内

容以及主客观条件组织安排体育教学活动和锻炼的方式。一般来说，学校的体育教育组织形式主要包括集体教学、分组教学、个别教学等。

教师在选择体育组织形式时，应该在充分考虑教学内容、本校教学资源、不同阶段的学生的发展水平以及发展需要的基础上，参考学生的学习兴趣，尽量实现学校体育组织形式的多样化和特色化。

尤其是在大学阶段，体育课程主要以选修课的形式开展，学校更应该以学生的发展需要和兴趣爱好等因素为参考，设置更加丰富多彩的体育运动项目。比如少数民族学生比较多的学校，可以开设一些民族特色体育课程；地理条件比较有特色的学校，可以开设一些具有地方特色的体育课程；针对高校学生比较容易被流行事物吸引的心理特征，可以开设一些比较流行的体育课程；面向高校女生可以开设一些瑜伽、体育舞蹈等艺术性较高且塑形效果较好的体育课程，等等。给予学生充分的自由选择权，让不同兴趣爱好、不同身体素质、不同发展诉求的学生都能选择到符合自身的体育课程。

此外，除了设置选修课程之外，还可以开展俱乐部体育、休闲体育等，形成课内外一体的体育学习形式，促进终身体育的发展。

（三）加强教师队伍建设、提升教师素质

在将终身体育教育融入体育教学的背景下，要求体育教师必须转变传统的教学思想，由过去的填鸭式传授学生体育文化知识的工作者，转变成为一名能将学生培养成为适应现代化需要的综合素质发展的创新型教育工作者。教师应该采用丰富多彩的教学形式和教学方法，引导学生参与到体育教学的过程中，将学生从被动、消极的知识接收者，转变为积极、主动的知识探究者，提高体育教学的效率，促进终身体育的发展。

想要教师达到新时期体育教育工作者的要求，必须要将教师的综合素质和专业能力发展作为重点，建立起一支高素质的体育教师人才队伍。从学校方面说，应该将促进教师的发展作为学校工作的一项重要内容，从资金、时间上为教师发展提供支持，为教师创造各种进修学习、交流培训的机会。从教师个人来说，应该严格要求自己，坚持终身学习，积极参加职业培训、持续接收最新行业知识、继续进行深造等。

只有建立起一支强大的教师队伍，才能促进体育教育事业的发展，才能促进终身体育思想的传播和实践。

第二章　体育文化与学校体育文化

学校体育文化是体育文化的重要组成部分，学校是体育文化传播、延续、发展的重要场所之一。在现代社会发展背景下，学校体育文化已成为学校教育中不可缺少的重要环节之一，学校体育文化建设深受各级各类学校的重视。学校体育也是终身体育的基础环节，在学校体育文化建设工作中坚定不移地贯彻终身体育理念，从而为学生形成终身体育锻炼意识与习惯以及实现终身健康打下坚实的基础。可见，在终身体育思想下加强学校体育文化研究具有深远意义。本章主要对体育文化与学校体育文化的基础理论进行研究，主要内容包括体育文化的概念、性质与价值；学校体育文化的概念、发展历史、特征与功能以及内容与形态。

第一节　体育文化基础理论

一、体育文化的概念

体育文化指的是围绕体育运动这个中心所形成的且蕴含于体育运动中的所有物质与精神文明的总和。体育文化是体育物质文明与精神文明的总和，体育运动在不同层面的文明因素都可以纳入体育文化的范畴。

体育文化是人类社会非常重要的文明成果和特有的文化现象，人类是体育文化的创造主体，也是体育文化成果的享受者。在漫长的人类发展和体育发展历史中，人类在不同时代背景下创造了大量的体育物质财富与体育精神财富，它们被纳入体育文化体系中，成为体育文化的重要组成部分。

体育文化的内容非常丰富，不仅包括有形的体育物质因素，还包括无形的体育思想、体育制度、体育道德、体育观念等，这些对体育活动具有规范作用，促进体育活动健康发展。此外，人们采取的体育改革措施、取得的改革成果以及社会上各种体育组织都是体育文化的内容。人们创造丰富多彩的体育文化，主要是为了增强体质、提升健康水平、改善生活质量。

二、体育文化的性质

（一）社会性与群体性

1. 社会性

体育文化的社会性体现在下列三个方面。

首先，体育文化的社会性是相对于自然界而言的。自然界本身无法对体育文化加以创造，文化系统中不包括一般的自然物。生物遗传进化是作为自然存在物的人的一种自然属性，但体育文化的性质在人类的这一自然属性上体现不出来。文化系统中包含的自然因素主要是指“人化自然”，因此说只有在人类社会中才能创造出体育文化，体育文化具有社会性。

其次，人类是体育文化的创造者，人类在创造文化的过程中所展现出来的力量、凝聚力及价值都凝聚在体育文化中，并从体育文化中体现出来，因此体育文化是非常宝贵的社会财富，具有社会性。

最后，体育文化本身具有创造性，人类的创造精神与创造能力体现在体育文化这一创造成果中，这深刻揭露了体育文化的社会性。人类的创造活动是人类社会得以存在与发展的前提与基础，任何文化都是依托社会而存在的，所以说体育文化具有社会性。

2. 群体性

体育文化的群体性表现在以下两方面。

首先，所有的体育文化都是社会群体创造的成果，即使有的体育文化是由个人创造的，但只有社会群体接受了这一成果，并在实践中不断予以丰富，其才能真正成为体育文化体系中的一部分。

其次，体育文化的群体性体现在传播上。体育文化不是先天就有的，是人类在后天的社会生活实践中创造与获取的，而获取与享受体育文化成果的途径主要是群体性途径。超个体存在的体育文化在传播上具有群体性，通过社会群体而将体育文化传播到世界各地，这也是体育文化传播速度快、传播范围广的主要原因之一。体育文化的发展离不开群体的传播。

（二）继承性与变异性

1. 继承性

体育文化从古代发展到现代，经过不同时代的打磨，其中的某些特质与属性依然保留至今，这充分体现了体育文化的继承性。体育文化在一代代人的意识领域和社会价值体系中传承，传承过程中运用了大量的媒体资源，如文字、语言、图像等。需要注意的是，由于体育运动以身体活动为基本表现形式，因此身体是体育文化的主要传承形式之一。在体育文化传承中采用的各种文字、语言都依附于体育文化中，它们的传承功效非常明显，应该给予重视。体育文化的传承载体非常多，如精彩的体育赛事、体育题材的电影、体育邮票、体育雕塑、体育歌曲，等等，这些传承载体都是切切实实存在的实物。还需要注意一点，因为和文字相比，体育运动的动作记忆更加深刻，所以体育文化在传承中比其他类型的文化更具优势。

2. 变异性

体育文化的变异性是指体育文化从古至今在漫长的发展历史中其文化结构、文化内容都发生了变化，甚至文化属性也有了一定的改变。纵观体育文化的发展历史，它是在动态变化中不断发展的，在不同的历史阶段，体育文化都在积极调适自身，保留自己的先进因素，并从外部环境中汲取养分，从而不断丰富自我。文化的发展既离不开传播，也离不开交流，传播与交流为文化发展提供了源源不断的动力，倘若没有文化传播与交流，那么文化的模式、结构、内容就会一直不变，文化就得不到发展，最终会走向灭亡。

体育文化是在不断变化中实现发展的，但在体育文化的发展中既存在积极的变异，也存在消极的变异，这说明体育文化的走向整体是前进的、进步的，但道路是曲折的，这与中国历史、中国文化在曲折中发展是一个道理。我国体育文化在古代发生了多次变异，如先秦时期的体育文化崇尚“武勇”，到了汉代就变成“去武行文，废力尚德”，宋代的蹴鞠文化非常流行……这些都反映了体育文化的变异属性。

体育文化的变异过程非常复杂，受到内外因素的影响。例如，南北朝时期的体育文化既有“养生娱乐”的特征，也有崇尚“武勇”的一面，发生“娱乐性变异”反映了当时人们得过且过的心态，是动荡的社会环境造成的，属于内部影响因素，而崇尚“武勇”是受到了北方少数民族勇猛作战的影响，属于外在影响因素。

（三）普同性与差异性

不同民族的体育文化之间既有相似性，也有差异，相似性也就是普同性、一致性，差异性反映了体育文化的多样性。从哲学视角来看，我们也可以将不同民族体育文化的相似性理解为共性，而将差异性理解为个性。下面具体分析不同体育文化间的共性、个性以及同一体育文化中的共性与个性。

1. 不同体育文化的普同性与差异性

（1）普同性

不同体育文化之间的相似性是普遍存在的，具有同构性与同质性的体育需求、体育运动观念、体育组织形式、体育运动方式等在很多地方都普遍存在。一些体育文化现象虽然形成的基础条件和发展思路不同，但殊途同归，结构非常相似。例如，今天的保龄球与欧洲中世纪的“九柱球戏”、我国唐代的“十五柱球”比较相似；欧洲中世纪的高尔夫球与我国宋朝时期的“捶丸”也很相似，它们之间的相似性主要体现在运动器械、运动方式上。

不同地域的人可能面对相似的客观环境和创造对象，而且他们的思维方式、实践能力也可能相同，所以创造出的体育文化可能十分接近，这就是有些体育文化尽管没有经过传播，但在很多地区都很流行的一个主要原因，这个道理正好解释了体育文化的普同性。

（2）差异性

每个民族都在各自的发展历史中形成与创造了丰富而独特的民族体育文化，不同民族的体育文化都具有自己的个性，也就是独特性，某些方面的独特性是其他民族所不具备的。不同民族之间的体育文化的差异主要从体育观念、体育价值标准、体育组织形式、体育运动方式等方面体现出来，而造成民族体育文化差异的因素包括地域、种族、教育、社会地位等。

2. 同一体育文化中的普同性与差异性

除了不同体育文化之间存在普同性与差异性外，同一体育文化中也存在这些属性，主要从时间与空间两个方面体现出来。

（1）时间上的普同性与差异性

例如，我国体育文化在不同的历史阶段形成了不同的特征，汉代体育文化与宋代体育文化有区别，但从历史发展的整体视角来看，二者又有相似点，这是同一体育文化的普同性与差异性在时间上的体现。

（2）空间上的普同性与差异性

例如，北方的体育文化与南方的体育文化存在差异，而从国家的视角来看，二者又有相似之处。

中国体育文化在时间与空间上的普同性及差异性是中国体育文化时空复合性特征形成的基础。体育文化的普同性与差异性不仅体现在不同时空条件下，而在同一时空条件下也能体现出来，如同一“母体文化”中包含若干“局部文化”，这些“局部文化”之间既有差异性，也有普同性，普同性也就是母体文化的特征在局部文化中的体现。

（四）经验性与科学性

1. 经验性

体育文化作为人类文化的一种形式，常常依据经验进行生产和传承，这个属性就是体育文化的经验性。体育文化是人类为满足自身的身心发展需要创造出来的文化，这种文化的基本立足点是人。同时，体育文化的生产和传承也具有社会性，体育文化的价值也指向整个人类社会的自由发展。在这个机制中，由于人类认识水平和改造能力的限制，总要依据自己的经验来塑造体育文化。比如，中国西周的体育文化乃至所有文化都推崇“尊礼”，体育文化作为伦理教化和祭祀的一部分，是当时对自然界认识的局限带来的经验认识所导致的。随着时代的发展，人类逐步认识了人天关系，祛除了体育文化的迷信色彩，为体育赋予科学含义，提升了体育文化的科学性。

体育文化的经验性也与体育本身以身体为传承形式的直观显性特点及便于模仿有关。人类的其他文化不具有体育文化的这种特性，所以很少以经验来指导。人的意识具有的记忆和经验特性使得体育文化的传承也离不开经验。人类早期以身体教育为主的教育是体育文化形成的重要因素之一，这使得体育文化的传承具有认识上的先验性。

2. 科学性

体育文化的科学性是指体育文化的运作和发展依靠科学指导。人体首先是一个客观的物质存在物，具有客观性和规律性，必须运用科学原理与方法来指导人类自身的成长和改造。人类早期对人体的认识不足，因此体育运动也缺乏科学指导，发展高度受到限制。随着时代的进步与社会的发展，竞技运动水平不断提高，不断有优秀的运动员突破纪录，这些成果都是建立在科学认识和合理掌握人体运动规律的基础上而获得的。运动器材和设施的发明、改进，科学训练方法的实施都是体育文化科学性的例证。同样，群众体育的进步也离不开人们对人体发育规律和体育运动规律的科学认识和把握。大量运动方法的发明和各种运动手段的采用都体现了体育文化的科学性。

体育文化的经验性和科学性是辩证统一的。体育文化以身体运动为基本手段，因此依据以往经验来塑造体育文化具有一定的优势，有的教练员虽然缺乏科学知识，但运动经历丰富、运动水平高，所以能培养出优秀运动员，原因就在于经验的优势与作用。当然，这并不能说明只有经验就够了，科学性是任何时候都不能忽视的，人体运动以及外界环境客观上是有内在规律的，这需要科学解释和说明，以便指导人体合理运动，以提升运动水平和运动成绩。①

三、体育文化的价值

体育文化包含丰富的内容，如奥林匹克文化、竞技体育文化、大众体育文化等，不同的体育文化都有自身的价值，从而构成了体育文化体系的巨大价值。下面具体分析不同体育文化的价值表现。

（一）奥林匹克运动文化的价值

奥林匹克的精神是“更高、更快、更强”，目的是“为建立一个和平美好的世界做出贡献”。奥林匹克精神激励一代又一代的年轻人努力拼搏、顽强奋斗、实现自我价值，实现更高的目标。在奥运赛场上，竞技运动员为了获胜，不畏艰难，勇往直前，付出艰辛的汗水，他们的精神品质感染了观众，鼓舞了观众，对社会的进步与发展具有重要的激励与启迪意义。

现代奥运会的五环设计和之前相比取得了巨大的进步，奥林匹克运动文化肩负感性任务与理性任务，逐渐实现了从感性任务向理性任务的过渡与转变。奥运健儿在竞技场上展现自己的形体美、精神美、心里美，鼓舞了大众体育爱好者，使其在体育健身锻炼中不仅追求健美健康的体形，而且追求高尚的意志品质和良好的心理素质，最终追求身与心、内与外的全面发展。奥运文化之美与艺术美紧紧结合，使人的心灵深处都受到美的熏陶，体育文化更高层次的理性价值也从其与艺术的结合中深深体现出来。

奥林匹克运动文化的价值在精神层面有突出的表现。古希腊时期，社

① 王平，陈昱，冷迎辉等．人文奥运背景下的校园体育文化[M]．东营：中国石油大学出版社，2008．

会各界非常尊重并支持竞技运动的开展，竞技比赛中的获胜者会受到各种物质与精神的奖励，人们把获胜者当作英雄崇拜，并举行庆典来迎接凯旋的运动员。现代奥运会继承并发展了古代奥运会的精神文化，十分注重奥运会精神文化的建设与发展，给予奥运健儿多方面的奖励与保障，精神上的奖励不亚于物质。

总之，经过一个多世纪的发展，现代奥运会成为全球最为流行的体育文化现象，其在全世界文化中的地位可以说是无与伦比，其价值也十分可观。

（二）中国传统体育文化的价值

中华民族传统文化拥有悠久的发展历史，在中国发展史上画下浓墨重彩的一笔。中国文化博大精深，象征着中华民族自强不息。中国传统体育文化自古就很重视"康养"，并围绕这个主题而开展各种各样的活动，人们采用传统体育健身手段而获得了健康。在中国传统体育文化的发展中形成了这样一个理念，即人体内部决定了人的健康长寿，通过采用传统体育锻炼手段，可以将体内浊气排除，使五脏六腑通达、调和，从而达到健康的目的。

中国传统体育文化强调整体而全面地锻炼，传统体育中强烈的肌肉运动比较少，冒险和挑战性因素不多，但这并不影响人们对传统体育的喜爱。有些传统运动项目虽然动作没有难度，但蕴含着深刻的内涵，强调实践中的意念感受，能够使人在参与过程中获得由内而外的满足和享受。西方文化对中国传统体育文化产生了一定的影响，中西体育文化交流频繁，而且我国传统体育文化与现代科学的结合也越来越紧密，这些都使得中国传统体育文化形成了自身独特的风格，而且独具风格的中国传统体育文化慢慢走向国际，起到了传播中国文化的重要作用。

（三）竞技体育文化的价值

竞技是体育的本质属性，竞技体育文化是体育文化系统中非常重要的组成部分，竞技体育直接关系着人类的生存与发展，人类为了满足生存与发展的需要而创造了竞技体育文化，并在漫长的历史中不断改造竞技运动文化，从而推动了体育文化的发展，体育文化的辐射性又推动了社会经济的发展。现代竞技体育文化呈现出体育与艺术紧密结合的特征，摆脱了竞技体育文化发展历史中单一的宗教体育文化形式和功利体育文化形式。竞技与艺术的结合不仅能塑造形体美，还能塑造心灵美，能够使运动员获得更加全面的发展。

（四）大众体育文化的价值

在社会发展历史中，人类从未停止过对自我发展的关注与追求。生存、发展、享受是全人类的共同追求。大众体育文化对满足人们的生存需要、发展需要及享受需要具有重要意义。正因如此，在体育全球化浪潮中，大众体育文化产生了广泛而深刻的影响，起到了巨大的推动力。大众体育文化的传播与繁荣为社会增添了生机与活力，给人们带来了健康与享受，不管是我国大众体育文化还是国外大众体育文化，其发展理念都回归到“全面发展”“和谐发展”上。

（五）学校体育文化的价值

现代学校教育倡导培养“全面发展型”人才，促进青少年学生德、智、体、美、劳全面发展。学校体育贯彻全面发展的教育理念，通过体育教学和课外体育活动而对学生的健康体魄、实践能力、创新素质进行培养，为培养社会主义现代化人才做出了巨大的贡献。学校体育文化的价值突出体现在以下几个方面。

学校体育文化能指导学生树立崇高的生活目标。学生通过参与学校体育各项活动，经过团结协作，奋力拼搏而获得了成功喜悦，或者是失败酸痛，使他们体验人生创业，成功、失败及荣誉艰辛，使其成为他们人生道路上终生难忘的里程碑，对学生树立崇高人生理想具有积极的作用。

学校体育文化可以塑造和发展学生的个性。学生参加学校体育各项活动，这些活动能为学生的个性发展提供适合自己的选择机会，在其中扮演角色，使自己的个性得到淋漓尽致的抒发。在不同的运动项目中，由于运动的内容和方式的差别，使个体的角色变得多元化，在同一个运动项目之中，又由于充当角色的不同而形成不同的鲜明个性，并在其中发挥不可或缺的作用。[①]

第三，通过体育活动，尤其是团体的竞赛活动，进行品德教育，更适合青少年学生的年龄特征，尤其是结合各种不同运动项目的特点和要求，更能较全面地实现对青少年学生思想品德和个性的培养。

总之，学校体育文化是学校体育教育中的重要内容和组成部分，良好校园体育文化氛围的营造和文化环境的建设，能为学生终身体育意识和习惯的养成创造良好的条件。

---

① 田玉军．论学校体育文化及建设[J]．南京体育学院学报，2001（05）．

第二节　学校体育文化的概念解读

一、学校体育文化的概念

学校体育文化是学校文化的重要组成部分，也是体育文化的重要内容。学校体育文化是学校文化的重要结构要素，它衍生于学校体育环境之中，在形成和发展过程中受到校园文化的规范；学校体育文化作为一个相对独立的学校文化要素，亦有其自身的特征，它是校园人以学校为主要空间，以学校环境为主要依托而形成的一种文化形态，是校园人体育活动方式和体育活动成果的辩证统一，是学校体育物质文化、制度文化和精神文化的总和。①

二、学校体育文化的含义

（一）学校体育文化是学校特有的文化现象

学校体育文化是一种特殊的体育文化，其产生并存在于学校这个特殊的环境中，这是其与家庭体育文化、企业体育文化、社区体育文化等体育文化的最大区别。学校体育文化是学校文化和体育文化相互结合而产生的，可以说学校体育文化是一种以体育为主要内容的学校文化，也是一种存在于学校这个特定环境下的体育文化。学校体育文化形成于特殊环境下，即学校环境，学校体育文化有特定的参与主体，即师生和其他校园人。环境的特殊性和参与主体的特定性是区别学校体育文化与其他体育文化的重要特质。

（二）学校体育文化是体育文化的重要组成部分

学校体育文化的构成要素包括体育物质文化、体育制度文化和体育精神文化，学校体育文化通过学校体育氛围、体育环境、体育制度、体育活动等因素，对学生实施影响，从而促进学生身心全面发展。学校体育文化反映了学校广大师生的生命观、健康观、人生观、健身目标、健身理念以及行为准则。学校体育文化是一种内涵深刻和外延丰富的文化，是一种具有多

① 郭成．校园体育文化[M]．北京：中国科学文化出版社，2003.

文化层、系统开放的文化形式,其有严谨的科学方法、健全的组织结构以及丰富的人文资源。学校体育文化一方面是社会大文化在学校内的折射,另一方面是学校历史传统的积淀,其性质是一种区域文化,属于社会文化的亚文化范畴,在内容和体系上又有自己独立的形式和结构。

(三)学校体育文化以价值观为核心

学校体育文化的特征、功能、发展方向是由师生的价值取向决定的,价值观是学校教育文化中最重要、最核心的部分。学校体育文化本质上所体现的是关于学生及教职员工的体育价值观,它必然会对全体师生员工的行为产生导向作用,形成一种强势的学校氛围,造就学校特有的体育文化品质和体育传统,进而形成该学校区别于其他学校的显著特征。优良的学校体育文化品质、精神和传统是学校发展的潜在动力,是一种巨大的激励因素,推动着师生积极进取、战胜困难、开拓创新、夺取胜利。特别是在学校处于困境中时,它会给人们以信念的支撑,成为人们突破阻碍、寻求光明的力量源泉,具有无形的凝聚力和感召力。在学校体育文化品质、精神、传统的熏陶下,学校师生员工彼此之间产生强烈的认同感、责任感和荣誉感。

学校体育文化与学校德育文化、智育文化、美育文化等构成了学校文化群,其价值取向、目的都与学校文化所依托的价值体系、目的相通,其宗旨都是培养人、造就人。从某种意义上来说,学校是文化的受益者,又是文化的创造者,他们受一定文化所形成的精神氛围、特质和环境潜移默化的影响,使学生成为社会群体的一分子,民族大家庭的成员。学校师生参与学校文化的创造与传递,学生对自己学校体育文化的认同表现在他们参与学校的体育文化竞赛活动,尤其在校际运动会上,学生对学校和班级的归属感转化成争夺名次、顽强拼搏的责任感和荣誉感。[①]

第三节　学校体育文化的产生与发展

一、学校体育文化的产生

在人类的发展历程中,体育的发展极为不稳定,具有起伏波动性。学校体育文化作为体育文化的组成部分,会随着社会的变革和发展而起伏变

① 张明波.学校体育文化研究[M].北京:光明日报出版社,2017.

化。尽管国外学校体育文化和我国学校体育文化之间在民族性、时代性方面存在鲜明差异，但二者的出现都是以私有制的产生为根本原因的。私有制出现后，包括体育在内的教育不断脱离于人类的各种社会活动，学校体育文化的产生主要是为了满足军事需要。

二、学校体育文化的发展

我国学校体育文化的发展经历了三个阶段。

（一）古代学校体育文化

商朝时期的“庠”“序”就是现在的学校，《孟子·滕文公》中有这方面的相关记载，“庠”是一种乡学，是练武讲礼的学校，其中包含有关体育的内容。“序”重点指学“射”的学校。但严格来讲，古代的学校体育在规模上有欠缺，所以古代学校体育不具备文化形态。

（二）近代学校体育文化

1. 近代学校体育文化的开端

我国学校体育文化的历史起点出现在鸦片战争之后。在“向西方学习”的影响下，我国军事学堂开始逐渐引进西方的体育。最初，“军国民体育思想”在我国学校体育的目标和内容中能够明显体现出来。这一时期我国之所以引进体育，是为了实现“强兵”的目的，而体育就是达到这一目的的主要手段。在引入西方体育之初，我国学校体育以刺棍、木棒等军事体操与技能为主，当时一些教会学校和基督教青年会也逐渐开展体育活动，主要包括田径项目、球类项目等竞技性的体育项目，而且也会不定时举行不同类型的体育比赛。基督教青年会组织专业的体育人员到当地学校讲授体育相关知识，这促进了我国学校体育的萌发。

我国近代体育思想的形成离不开“维新运动”。在维新运动中，一些著名的体育思想极大地推动了我国学校体育的形成与发展，其中具有代表性的思想有康有为的“德智体三育并重，体育为学校的教育内容”、严复的“通过体育强健身体”。

1903 年，清政府颁布《奏定学堂章程》，标志着我国建立了新的教育制度，这一制度的确立大幅度提升了我国近代学校体育的地位。

1905 年，我国各级学堂在科举制度废除后积极开设体操课，主要教学内容是日本兵式体操和瑞典、德国体操。我国也开展了不同规模的学校体育竞赛，逐步确立体育师资培养体系。这一时期，我国才有了真正意义上的“学校体育”，这为我国学校体育文化的发展奠定了良好的基础。

2. 北洋军阀时期的学校体育文化

“五四运动”爆发后，我国全面改革学校教育。1919年，民国教育部提出改进学校体育的方案，方案中首次提出学校体育要重视学生的身心协调发展，同时也提出学校体育的具体实施办法及学校体育内容的改革意见等。

1922年，“体操课”更名为“体育课”，虽然只是名称的改变，但这是我国学校体育历史上的一个重大转变，“军国民体育思想”从此走向衰落。这一时期，学校体育思想与体育教师培养得到快速发展。

我国许多政治家和教育家在这一时期从不同方面深入探讨了体育思想，学校体育的本质、价值、目标、功能、方法及其与德育、智育、健康的关系，对这些内容的全面深入讨论促进了近代学校体育乃至现代学校体育的发展。

3. 国民党政府时期的学校体育文化

20世纪30年代，国民党政府在教育部设立“教育部体育委员会”，各省市教育厅（局）设立“体育督学”机构，而且安排相应的管理人员，主要目的是加强学校体育管理。这一时期相继颁布了多部法律文件，旨在促进学校体育改革，促进学校体育文化发展。此外，随着学术争论的不断出现，我国初步形成了学校体育思想多元化的发展格局。

（三）现代学校体育文化

我国学校体育文化在新中国成立后的发展经历了下列几个阶段。

1. 初创阶段（1949—1957年）

在初创阶段，我国建立了学校体育管理体制，制定了相应的管理规定，建立了体育人才培养体制，并且先后建立11所体育学校和8所体育学院，在38所高等师范院校设立体育系、科，体育师资得到培养。这一时期我国学校体育文化具有一定的政治与军事目的，即为政治与国防服务。

2. 过渡阶段（1958—1965年）

20世纪50年代，受历史因素的影响，我国学校体育文化的发展受到制约，直到“调整、巩固、充实、提高”（“八字方针”）被提出后，学校体育文化才进入正常发展轨道，而且在课程建设、师资队伍建设等方面取得了一定的成绩。

3. 畸形发展阶段（1966—1976 年）

1966—1976 年，正值我国十年动乱时期，动乱的局势严重破坏了我国学校体育的整体发展。但与学校教育的其他方面相比，国家开始重视学校体育课和课余体育运动。学校体育在当时被当作一种“工具”看待，主要用来参与政治与军事斗争。

4. 转型发展阶段（1977—1992 年）

1977 开始，我国学校体育文化进入新的发展阶段。尤其是进入 20 世纪 80 年代后，我国学校体育文化的发展呈现出科学化、制度化等趋势。我国在这一时期颁布《体育法》，在法律层面确定了学校体育的地位，学校体育文化进入了发展的新纪元。

5. 新发展阶段（1993 年至今）

1993 年之后，在“建设社会主义市场经济”方针以及“科教兴国”战略的影响下，我国加大学校教育体制改革力度，加快校园体制改革进程。《中共中央、国务院关于深化教育改革，全面推进素质教育的决定》指出，高等教育的发展需要通过多种形式来实现，要全面提高高等人才的综合素质，要积极培养有利于社会主义市场经济建设的全面型人才。为响应号召，地方政府在校园建设中增加资金投入力度，高校不断扩大招生规模，这些举措促进了学校建设的社会化发展。在这个背景下，近年来我国学校体育文化的发展呈现出以下特征。

（1）人物矛盾不断凸显。近年来，随着招生规模的扩大，学校体育场地设施明显不足，难以满足学生参与体育运动的要求。此外，学生大量增加，需要配置足够的教师才能顺利进行体育教学，但是培养专业教师需要很长时间，师资不足的情况短期内得不到解决。

（2）学校体育文化建设的指导思想比较杂，不同地区学校体育文化的发展存在明显差异。由于不同地区的经济与社会发展呈现出不平衡，在此影响下，学校体育文化发展水平也极为不平衡。

（3）学校体育文化缺乏有效的组织与运行模式，难以充分激发与调动学生的体育动机，从而增加了在学校体育工作中落实素质教育方针的难度。

进入 21 世纪，学校体育文化步入快速发展阶段，尤其是“北京奥运会”

的成功举办和“全国亿万青少年学生阳光体育运动”的全面启动为学校体育文化建设提供了巨大的动力。学校体育文化发展得到全社会的关注与重视,学校体育文化也将继续发挥自身在教育、传播、社会发展等诸多方面的重要价值与功能,实现更长远和伟大的发展目标。

第四节　学校体育文化的特征与功能

一、学校体育文化的特征

(一)客观性与时代性

文化是时代的产物,这是客观的事实。不同时代的特征能够从那个时代背景下产生的文化中体现出来。随着时代的进步与社会的发展,文化的形态也不断演化、丰富与完善。学校体育文化是在特殊的空间环境下结合当时的时代背景而形成与发展起来的,是社会客观发展的产物。时空环境是学校体育文化赖以生存与发展的重要条件,这一条件对学生参与体育运动有重要影响。不同时代的政治、经济、文化等因素都会影响当时学校体育文化的发展,有的影响是积极的,有的是制约性的,要具体分析。

(二)系统性和人文性

学校体育文化这个概念是综合性的,是全方位的,并不是说将一些简单的学校体育要素组合起来就构成了学校体育文化。学校体育文化是较为复杂的文化系统,其构成部分在内容、形式、功能等方面都有自身的特性,是由多种多样的因素按照一定的规律组合而成的,不仅包括物质层面的因素,还包括思想观念、精神品质等深层因素。我们可以将学校体育文化看作社会体育文化在学校这个特殊环境中的反映与折射,学校体育文化对师生的影响是全面的,师生的校园生活丰富多彩,与系统的学校体育文化有直接的关系。

体育以身体活动为主要内容,身体活动是学校体育文化最直观的表现形式。学校体育文化包含大量的运动项目,因而也包含大量的身体活动,而人的生物属性、人文精神能够从其身体活动中直观反映出来,这也体现了学校体育文化的人文性特征。在人类发展历史中,最原始的交流手段就是肢体语言,它也代表了原始社会时期的文化思想。不同类型的肢体语言形式各异,内涵丰富,这是人类创造力和智慧的体现。学生参与学校体育活动，通过身体活动即肢体语言来理性地表达自己的本能，学生本能的身体活动最终指向个体的发展，这是学校体育文化功利性的表现。学校体育文化中的身体活动从直观上来说是学校物质体育文化的范畴，但其背后蕴含着深刻的精神文化内涵，因而被纳入精神文化领域，正因如此，学校体育文化才能持久发展，永恒流传。学校体育文化中包含深刻的人文精神，理想的人文价值理念，对实现学校体育人文目标具有重要意义。

学校体育文化对学生产生持久的影响，这是学校体育文化在育人功能上的一个重要特质。学生将来步入社会，其在学校教育阶段受到的体育文化的熏陶依然对其有重要影响。因此要积极营造良好的学校体育文化氛围，使青少年在良好的氛围中成长、成才，使这种积极影响伴随一生。在学校体育文化建设中，要加强对青少年学生良好道德品质的培养，并培养学生良好的行为习惯，这将使其终身受益。

（三）延续性和继承性

学校体育文化具有历史延续性，这是社会亚文化的共性。学校体育文化的历史延续性主要从学校体育传统、体育风气中体现出来。学校体育传统与风气是一种集体的行为风尚，是校风的重要组成部分之一，其具有相对稳定性、普遍性和重复性，是基于丰富多彩的学校体育活动而形成的，它是对学校体育环境与体育氛围的反映。

学校体育传统与学校体育风气虽然都是学校体育文化的组成部分，但二者是存在区别的，学校体育传统是从之前继承与发展而来的，这种继承是纵向性的，而学校体育风气形成后，它的传播是横向性的，长期存在的体育风气久而久之可能形成体育传统。

学校体育传统和学校体育风气对学校体育文化的影响非常大，学校体育文化不是一朝一夕形成的，体育风气也不是短时间内就产生和传播的，体育传统的形成更是需要很长的时间，这需要每个校园人的参与和付出，尤其需要师生坚持不懈的努力与协同配合。

（四）多样性和灵活性

学校体育文化活动内容丰富、形式多样、组织灵活，如常见的有早操、课间操、运动队训练、体育文化节、学校运动会等。学生可以自己参与学校体育活动，也可以结伴参与，或参与班级、年级、全校的集体性体育活动，学生也可以根据自己的喜好参与学校体育社团、体育俱乐部的活动，可见学校体育文化的表现形式是非常丰富的，学生可以根据自身情况灵活参与各种活动。

学生要积极参与学校体育活动,发挥自己的主体性和能动性,教师要提供指导,但应以辅助性指导为主,不能过分干预学生,要给学生留下充足的空间,使其自由而灵活地参与各种体育活动,培养兴趣,养成良好的习惯。学校有些体育活动是学生必须参加的,除了上体育课外,学生必须参加早操、课间操活动,但其他课外活动不能强迫学生参与,应遵循自愿参与原则,可以鼓励学生自觉主动地参与自己感兴趣的、有教育意义的课外体育活动,使学生在轻松愉快的课外体育活动氛围中增强体质、培养兴趣、受到教育。

(五)闭合性与广泛性

闭合性主要体现在学校体育组织上。我们可以将学校看作一个具有系统性的较为健全的大组织,这个大的组织内部包含若干层次分明、相对集中的小组织,其中就包括形式多样的体育组织,它们构成了学校体育文化的重要内容。学校体育组织的形态相对闭合,但组织的活动内容是开放的,各种体育组织构成了学校体育文化圈,其中包含体育协会、体育俱乐部、体育专业、运动队等。学校体育文化圈相对闭合,各种群体组织相对独立、相对稳定。

学校体育文化的内容是丰富而广泛的,学校体育活动既有正规的有组织的运动会、各种体育比赛等,也有学生自发组织的轻松有趣的活动;既有竞技体育活动,也有娱乐性活动,等等。除了内容广泛外,学校体育也具有非常广阔的活动空间,不局限于操场、体育场/馆和教室,可以延伸到社区公园、广场等广阔空间,学校有时还会组织登山、定向越野等户外运动,活动空间延伸到大自然中。

(六)民族性和教育性

中国是一个多民族和谐统一的国家,诸多民族体育文化构成了中国传统体育丰富多彩的形式和内容,如少数民族的摔跤、骑射等极富民族气息、地域特色的传统体育项目。通过学校传播学习,推广民族传统运动项目,增强学生的民族团结意识,促进各民族的交流,加深民族情感,有利于各民族的文化交融和传播。学校教育是为了培养人,学校体育文化是学校教育的重要组成部分,担负着育人的重任。学校体育文化不仅在提高学生身体素质,增进健康方面起到重要作用,而且还能培养学生坚忍不拔的意志品质,拼搏进取的精神,良好的道德品质,敏锐的思维能力和突出的创造能力等。学生观看、欣赏、参与体育活动的过程也是受教育的过程,学生在体育文化活动中的收获是从其他文化活动中难以获得的。学校体育文化也是爱国主义教育、集体主义教育、社会主义教育的重要途径，对建设社会主义精神文明起到重要作用。

（七）竞争性与共享性

竞争是体育运动的灵魂，也是学校体育文化的核心和精彩之处，没有竞争就没有发展和进步。现代体育处于不断创新和变革时期，竞争性是这一时期现代体育的主要特征。学校体育是学校文化中最富竞争性的领域，也是培养学生公平竞争意识与竞争能力最好的演练场和实践地，学校体育竞赛活动可以培养学生的竞争意识，使他们学会遵守规则，尊重裁判和对手，使其磨炼意志，提升获胜的自信心。

学校体育文化具有资源共享性，21 世纪是科技化和信息化的时代，网络世界具有交互性强、共享性好，知识信息量大等特点，网络与信息已经成为人们生活和工作中不可或缺的一部分。借助网络技术，全球任何角落的人群都可以快速获得各种体育信息，从而为学校体育文化的共享拓宽道路。学校的体育设备、设施也可为社会提供服务。北京奥运会部分场馆就建在高校，诸多高水平世界体育大赛在高校举办，实现了学校与社会的体育资源共享，也使学校体育文化跨出校门，使社会体育文化融入学校。

学校体育文化的特征还有很多，如学校体育活动参与对象的广泛性和课余训练的精英性。学校通过严格、科学、系统的选材与训练，将少数有天赋的青少年输送到高水平运动队伍，提高了学生的运动技术水平，为竞技体育培养了优秀的后备人才；又如，学校体育文化活动具有课程的延伸性和相对的独立性。学校体育文化活动能够补偿学生体育课程学习的不足，但是学校体育文化活动相对于体育课程来说又具有相对的独立性，它并不是体育课程的延续，而是学校体育的第二课程。①

二、学校体育文化的功能

学校体育文化的结构、层次随着社会的发展而不断调整与优化，现在，学校体育文化形成了结构独特的多功能系统，这个系统是适应社会发展需要的文化系统，充分发挥该系统的多元功能，对促进社会发展具有重要意义。下面具体分析学校体育文化的多元功能。

① 张明波．学校体育文化研究［M］．北京：光明日报出版社，2017.

（一）教育功能

随着社会的不断发展，在社会成员现代意识与心理行为的培养方面，越来越多地采用体育手段，借助体育运动来达到培养的目的。人们经常参与体育活动，能够逐渐形成正确的价值观和积极的人生观。体育的活动性、竞争性、礼仪性、技艺性等都是体育文化独特性的体现，体育活动是对体育文化价值进行传播的重要载体，大型体育活动尤其是国际性体育活动往往能够起到宣扬道德文化、激发爱国情怀、强化民族情感的作用，这类体育活动无时无刻不在告诉人们要与社会发展协同一致，要与国家发展紧紧相连。体育礼仪高雅、竞争激烈、技能高超、表演精彩，体育比赛中胜利者喜极而泣，失败者悲壮沉痛，这些情感与元素都潜移默化地影响着置身于社会环境下的每个人，也因为有这些元素和特征存在，运动场上往往会有非常复杂的情感交流产生于国与国之间、民族与民族之间、运动员和队友之间、运动员与对手之间以及运动员与观众之间，运动员的荣誉感、责任感、民族意识、民族情怀、民族尊严等情感能够在国际比赛上被激发出来，这充分体现了体育的情感教育功能，体育情感功能的发挥进一步深化了体育文化的内涵，广泛而深刻的体育文化所起到的社会教育作用是不可估量的。

以学生积极参与体育活动为基础而形成的学校体育文化具有重要的教育功能。学校体育不同于其他学科教育，其具有动态性、社会性，要求学生直接参与，而且在活动中要求身心合一，学生参与开放性的体育活动，不仅能够直接地表现出自己的运动能力和运动水平，还能表现出自己的心理活动，如体育态度、体育参与动机、运动情绪、运动意志、运动注意力等，学生毫不掩饰地表现出自己的身体活动和心理活动，将丰富而真实的信息反馈给教育者，便于教育者营造和谐的育人环境，更好地进行教育指导。

在学校举办丰富多彩的体育活动，让学生通过直接参与而受到教育，如对学生的道德品质、良好个性进行培养，促进学生思想道德水平的提升，使学生在体育实践中学会明辨是非，分清善恶，判断真假，并在实践中提高行动力和运动能力。体育竞赛纪律严明，规则严格，举办校园体育赛事，可以培养学生遵守纪律的意识与习惯，还能对学生的集体主义精神、审美能力、决策能力进行培养，并能使学生变得意志顽强、思维果断。总之，学校体育文化对学生的教育的全方位、综合性的，充分发挥学校体育文化的教育功能，有助于培养全面发展的社会主义接班人。

（二）社会功能

很多人参与体育运动并不是出于社会化目的，但在参与过程中不同程度地实现了社会化目的。人们在社会上生存、生活，需要具备良好的行为能力，要遵守行为规范和行为尊重，要养成良好的行为方式习惯，而参与体育运动可以帮助人们获得这些“生存 / 生活能力”。人们在体育活动中充分发挥主观能动性，准确判断，快速思维，遵守体育道德标准，并与他人相互沟通交流，互相理解与尊重，形成积极的人生态度，这有利于人们形成良好的社会个性，推动个体社会化进程。学生终将要步入社会，学生在校园中养成参与体育运动的好习惯有助于推进社会化进程。

学校体育文化作为学校文化的重要组成部分之一，具有自身的特殊性，如要求学生亲身参与、存在一定程度的对抗、人际交往频繁、活动形式多样、要求团队团结协作，等等。正因如此，学校举办的各种体育活动为学生提供了与社会实践模式相似的环境，学校提供的这种环境也可以看作社会规范教育场所，在这个特殊的场所与环境下，每个学生都有自己的角色，即扮演相应的“社会角色”，学生要抓住这个机会扮演好自己的角色，履行好为这个角色所赋予的职责。在体育活动中扮演角色这既是学生的个性行为方式，也是学生实现社会化进程的重要途径。学生在角色扮演中，要认清自己的地位，了解社会为角色赋予的权利和对应的义务、职责，了解自己应该遵守的行为规范，在这一整套模式下，学生以特定身份完成任务，达到社会的期望。

（三）传播功能

在社会文化活动中，人们参与活动，享受文化成果，并相互交流，围绕文化而互动，个体之间、集体之间、个体与集体之间、组织与组织之间的文化互动促进了文化的传播。从人类社会文明的发展历史来看，社会的发展离不开人们的互动与沟通，尤其是关于信仰方面的沟通与交流。社会成员围绕体育活动而相互交流，体育文化在社会上的广泛传播缩短了社会距离，增加了社会亲密度，打破了社会成员之间的时空隔阂，使人与人之间关系更紧密，从而在频繁的互动、交流、沟通中推动社会发展。

体育运动与社会成员之间存在着紧密而频繁的联系，体育与社会大众之间的桥梁是随着体育文化的社会化传播而逐渐筑起的，社会成员了解体育的途径多种多样，而以体育宣传、体育教育、体育新闻的形式传播体育文化是非常重要的途径，作为社会成员的学生利用各种传播媒介去认识和了解学校体育文化，并自觉加入学校体育活动，进一步推动了学校体育文化的广泛传播与发展。

（四）辐射功能

学校体育文化能够促进学生的社会化发展，使学生实现社会化成长目标，即成为健康的、适应社会需要的全面发展的人。学校体育文化能够培养学生健全的人格，而人格健全是学生将来立足社会的基础条件。

学校体育文化作为学校文化的重要组成部分，能够培养学生的文化素养，塑造学生的健康人格，使学生在体育活动中产生愉快轻松的情感体验和良好心境，保持对生活与学习的积极态度，理智应对学习与生活中的问题，积极接纳自己、认可自己、表现自己，并对他人主动接纳、主动理解，对正确认识周边环境及自身与外界的关系。此外，学校体育文化的辐射性还体现学生在学校体育活动中形成的各种能力与品质将影响其未来社会生活，学生将来步入社会，在特定的社会角色下工作与生活，其在学校期间形成的体育文化素养将随着文化传播而对其个人及对社会产生积极影响。

第五节　学校体育文化的内容与形态

一、学校体育文化的内容

学校体育文化的内容包括学校体育物质文化、制度文化与精神文化，各种文化又包含着丰富而具体的内容，如图 2-1 所示。

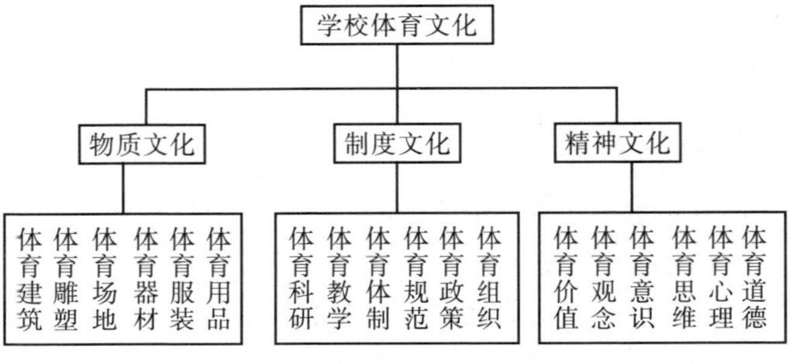

图 2-1　学校体育文化的内容体系[①]

① 章罗庚．校园体育文化导论 [M]. 长沙：湖南大学出版社，2009.

(一)学校体育物质文化

学校体育物质文化指的是学校开展各种体育工作(体育教学、体育科研等)与体育活动所需要的物质环境与条件的总和。学校体育物质文化是学校体育文化的表层内容,也是物化的学校体育文化内容。学校体育精神文化与制度文化的存在与发展都要以体育物质文化为基础,而学校体育物质文化又是由学校体育精神文化与学校体育制度文化所创造的成果。学校体育文化体系中,体育物质文化作为载体发挥着重要的作用,如营造良好的校园体育文化氛围,促进人际沟通,建立和谐人际关系,为学生参与体育活动提供基础保障,促进学生校园文化生活的丰富。

下面具体分析学校体育物质文化的重要组成。

1. 体育设施文化

学校体育设施是学校体育物质文化最基本的组成部分,主要包括学校体育场馆、运动场地、运动器材与设备、各种设施的布局以及接待和服务能力等。充足的体育设施是学校开展体育工作和体育活动的基础条件。体育设施少、现有体育设施接待能力差的学校在开展体育教学、课外体育活动的过程中会受到很大的阻碍,甚至无法正常进行体育教学。

体育设施文化对任何一所学校来说都是学校体育文化建设中的重要内容,学校大力建设体育场馆,购置、维护体育器材、设备,并合理布局体育设施,提高体育设施的服务能力和接待能力,促进学校体育物质文化的发展,从而满足学校开展各项体育工作与举办丰富多彩的体育活动的需要,满足学生主体的需要。

2. 体育环境文化

体育环境文化主要指体育场所、体育建筑、体育雕塑,此外,体育场所中背景图、宣传画的设计和布局,灯光、音控及人员密度等均属于体育环境文化的范畴。

建设学校体育环境文化的主要意义在于既可以为学校环境的整体建设发挥作用,又可以通过建设良好的学校体育文化环境而达到育人的目的。苏联著名教育家苏霍姆林斯基曾说,要让校园的墙壁都能说话,这反映出学校的一切活动和设施都蕴含着显性或隐性的育人因素,具有潜移默化的育人功能。

随着时代的发展、社会的进步,学校体育环境的营造应充分体现既符合自然环境的规律性要求,又反映时代发展和进步的特征。此外,学校体育环境还要追求审美与人文精神的结合，通过学校体育环境文化建设来提高师生员工的审美情趣和审美能力。

3. 体育项目文化

体育项目文化是指学校在开展体育教学、体育科研和课外体育活动的过程中涉及的体育教学科目、体育科研项目及体育活动项目的种类，以及实施项目的内容、方法与步骤等。就某一种体育项目而言，又包括项目的历史渊源、文化背景、技战术、练习内容与方法、项目的规划与裁判、项目的组织与实施等。

学校体育项目文化建设是一个系统工程，必须按照系统论的方法来建设。无论确立何种体育项目，都应分清条理，理顺关系，既注意每个项目的内在联系，又要注意不同项目之间的互动关系，按照科学规律和正确方法来组织实施各个项目活动。

4. 体育宣传文化

体育宣传文化是指通过各种媒体宣传手段，对师生员工进行体育文化意识和体育文化精神的宣传和教育。加强体育宣传文化建设，有助于使学校师生员工形成高尚的体育道德风貌、坚韧的体育精神、良好的体育品质。建设体育宣传文化必须体现时代性，坚持与时俱进，开拓创新，要充分体现体育文化对促进社会主义精神文明建设的作用。体育宣传文化的宣传手段属于物质层面的内容，而其产生的影响、效果和作用则属于精神文化层面的内容。

5. 体育人员文化

体育人员文化是指学校体育教师、体育教练、体育科研人员、体育管理人员等体育工作者的文化素质，包括他们的体育观念、体育态度、体育运动水平、体育道德品质、运动经历、组织能力、知识结构、交往能力等。

学校体育人员的文化水平和素质对学校体育文化建设产生很大的影响。体育人员的整体文化水平高，学校的体育环境、体育教学水平、体育活动质量就好。因此，在学校体育文化建设中要注重培养与提高体育人员的文化水平和素质。

总之，学校体育物质文化对营造良好的学校体育文化氛围，为师生员工创造优良的体育活动环境，塑造坚韧的体育精神和高尚的体育道德具有十分重要的作用。学校体育物质文化凝聚着全体校园人的智慧和汗水，是师生员工在体育活动过程中创造的成果。[①]

（二）学校体育制度文化

学校体育制度文化包括下列两方面的内容。

1. 学校体育活动规范

学校体育活动规范主要是指学校中与体育相关的一系列规章制度，包括各种体育管理制度，如教学管理制度、训练管理制度、科研管理制度等。除了常见的管理制度外，学校体育传统、学校体育相关规定、学校体育竞赛等具有规范性的内容都属于学校体育活动规范的范畴，这些内容兼具显性课程和隐性课程的特性。学校体育规章制度是所有学生在参与各种体育活动中都应该遵守的准则与规范，学生的体育行为受到学校体育规章制度的约束与引导。除了有明文规定的规章制度外，还有一些约定俗成的没有明文规定的规范与准则，这些是在学校体育的长期发展中形成的，学生也应该自觉遵守。

2. 学校体育行为方式

学校体育行为方式主要是指学校体育长期发展中形成的体育习惯、体育风气、体育传统，同时包括学校体育的组织方式、学校体育活动在学校活动中的地位等。学校体育行为方式直接影响学校体育文化特色和学校体育文化的建设与发展方向。学校体育行为方式的形成与发展又受到学校文化的制约和影响。不同学校的体育文化建设思路不同，建设的理念和指导思想也有差异，这与各个学校办学的规格、思想、条件以及其他方面存在的差异有关。但不同学校在体育文化建设中要遵循共同的原则，而且建设的内容应该包含体育文化的各个要素，但可以有不同的侧重，可以采取不同的构建框架、结构及方式。

学校体育制度文化是学校体育的综合形态，对促进学校体育活动的有序开展、校园人的身心健康、学生运动水平的提高以及素质教育的全面推进起到重要的积极作用。

（三）学校体育精神文化

学校体育精神文化是学校师生员工在学校这个特定的空间中，依托学校体育环境，在参与体育活动实践的过程中所形成的体育精神文化，主要

---

① 郭成．校园体育文化[M]．北京：中国科学文化出版社，2003．

内容包括体育价值取向、体育道德情感、体育精神追求、体育思维方式等。学校师生员工的体育道德品质、体育意志品质等都体现在学校体育精神文化中。学校体育精神文化是学校体育风格的浓缩，是在长期的学校体育文化实践中形成的，在这个长期的形成过程中，学校师生、员工付出了巨大的努力。学校体育精神文化的确立是历史的积淀，是几代校园人艰辛培育的成果。

学校体育精神文化既有时代性，也有民族性，民族体育文化精髓、时尚体育文化特质都能从中体现出来，这反映出学校体育文化极具个性与多样性。学校体育精神文化是学校精神文化的重要组成部分，在学校体育各个领域都有不同程度的渗透，主要从学校体育行为主体和各种体育载体中体现出来。虽然学校体育精神文化是看不见、摸不着的，但校园人时刻都能感受到体育精神的存在，学校体育独特的感染力、震撼力和凝聚力都是从精神文化中透射出来的。

学校体育精神文化的培育与积淀是循序渐进的过程，在这个过程中，校园人不断参与体育实践活动，将自身的力量和作用充分发挥出来，由于个体差异性的客观存在，决定了每个人的力量和作用是不同的，而且最终的效果也有差异。但是学校体育精神具有超前性，它获得了校园人的广泛认可，尤其是体育价值取向、体育观念因为被广大校园人认可而具有强大的向心力，也使校园人之间形成了巨大的凝聚力，这种情况下，虽然不同校园人在校园体育实践活动中发挥的作用和力量有大小区别、方向差异，但他们有共同的目标，基于此而形成了巨大的合力，这种合力激发着校园人积极参与体育活动，在实践中发挥创造性，进而对整个学校体育文化的发展起到重要的推动作用。

二、学校体育文化的形态

（一）学校体育文化的时间形态

从时间形态上分析，学校体育文化具有两个层次的内容，分别是传统体育文化和现代体育文化。

1. 学校传统体育文化

学校传统体育文化指的是校园人普遍认同及代代传承的学校体育习惯、体育记录、体育管理体制、体育思维模式、体育运行机制、体育文化心理、体育文化环境等，这些都是伴随学校体育的发展而形成、发展、传播及传承的。学校体育文化有丰富的内涵，包含学校广大师生的体育观念、体育行为方式，学校的校风、学风、办学特色、民族特色等，而这些内涵从学校长期延续采用的体育教学方式、学校形成的优良运动传统、学校流传的体育光辉事迹、学校的体育科研成果、学校运动员的精神及运动成绩，学校体育环境、学校体育文化传播等一系列的体育载体或体育方式中体现出来。

虽然学校传统体育文化是历史的积淀，但也深深影响了学校现实的体育文化。学校现实的体育文化继承了传统体育文化，并在继承的基础上不断发展。学校体育精神文化浓缩于学校传统体育文化中，但也对现代体育文化中的先进元素予以吸收，从而不断丰富精神文化的内涵。学校传统体育文化包含有形的文化和无形的文化，前者如学校体育学者撰写的名著、学校举办的已成为学校传统且影响深远的体育比赛等；后者如学校传统体育习惯、体育风气等。学校传统体育文化中不乏先辈学者的研究成果，他们的影响力不会因为他们的离开而消失，而是深深烙在一代又一代校园人的心中。

在学校传统体育文化中，学校体育传统和风气是非常重要的构成因素，它们已经成为一种学校集体性的体育行为风尚，具有重复性、普遍性和相对稳定性，在学校非常流行，也是校风的重要构成内容。良好的学校体育传统与风气能够积极影响学生的体育思想、体育观念、体育意识、体育动机及体育行为，有助于培养学生的体育兴趣，激发学生的体育情感，引导学生以正确的态度参与学校体育活动，养成良好的锻炼习惯，进而促进学生体育文化素养和体育运动能力的提升。学校体育风气是校风的重要组成部分，而在学校体育文化发展中，校风也是极具影响力的重要力量，它是校园精神面貌的反映，具有稳定性，它的形成不是一蹴而就的，而是几代校园人长期努力的成果。不同学校的校风有不同程度的差异，每所学校的校风都具有独特性。校风对学生的影响时刻存在，而且是潜移默化的，在学校道德教育、情感教育、精神培育中无不体现着校风的巨大作用。良好的校风对学校良好体育风气的形成具有重要意义，对学校传统体育文化的发展与传承也十分有益。

2. 学校现代体育文化

学校现代体育文化是指具有时代特色的、在体育文化交流中出现和形成的体育思想观念、行为方式、制度体制及物质设施和新变化等。具有代表性的内容如下所述。

（1）校园网及网络体育文化。

（2）远程体育教育和多媒体体育教育。

（3）精英体育教育向人人健康教育转变的观念方式与体制机制。

（4）校园体育生态环境。

（5）适应市场经济的学校体育道德观念和校园人的新健康观。

（6）现代尖端科技在学校体育中的运用。

（7）学校年轻体育专家学者及其研究成果。

上述内容中，远程体育教育和多媒体体育教育作为现代体育文化的象征，为学校体育文化的建设与发展带来大量有益的东西，促进了体育知识、运动技能创新手段和人才培养方式的不断丰富，同时对传统体育教育模式产生了巨大的冲击。

学校现代体育文化与传统体育文化关系密切，学校体育文化正是在现代体育文化与传统体育文化的不断融合中走向新领域。

（二）学校体育文化的空间形态

从空间形态方面分析，学校体育文化可分为西方学校体育文化和东方学校体育文化两个层次。

1. 西方学校体育文化

西方体育文化是指源于古希腊、罗马的西欧文化，是以竞技运动项目为特征的体育文化。西方从开放性的海洋地理环境、发达的商品经济、宽泛的民主传统等方面演绎出具有西方文化激进性、个体性、开放性、流变性、自我超越等特征的学校体育文化。

2. 东方学校体育文化

东方学校体育文化既有受中华五千年文化底蕴固化而彰显的东方体育理念及色彩，又具有经西方现代体育文化碰撞而相融所显现的时代特征，是具有中国特色的体育文化。[①]

东、西方学校体育文化之间交流非常频繁，这种交流是十分必要的，学校体育文化正是在不同层次、不同形态的体育文化的交流与碰撞中繁荣发展的。

---

① 闫顺玲．高校校园体育文化时空形态的层次结构与特征[J]．文学教育（下），2014（01）：140-141.

第三章　终身体育与学校体育文化的关系辨析

终身体育与学校体育息息相关，它们之间是互相促进、相辅相成、你中有我、我中有你的动态发展关系。随着国家教育体制的不断优化改革，以及终身体育思想的提出，学校体育与终身体育越发密切相关。本章首先从终身体育与学校体育之间所有的复杂关系展开分析，其次从学校体育文化对学生终身体育观念以及态度的形成会带来的具体影响，以及在各个教育阶段中终身体育意识的培养方式和途径、终身体育思想对学校体育文化建设的影响以及具体引导等几个方面展开研究。

第一节　终身体育与学校体育的关系

一、终身体育与学校体育的关系

终身体育与学校体育之间有着紧密的内在联系。首先，终身体育包含学校体育，并且终身体育的发展需要学校体育作为坚实的基础。其次，终身体育也是学校体育的发展，这表现为终身体育的内容更加丰富、形式更为多样。对于绝大多数并非以体育为终身职业的普通人群，终身体育才是目的，学校体育是为此奠定基础的准备，而学校体育的优劣将直接决定着终身体育的习惯形成和运动质量。从某个角度来说，发展国民终身体育的关键是加强对学校体育的完善和建设。

(一)学校体育是终身体育的基础

1. 学校体育为终身体育做准备

由于提出终身体育的要求,学校体育的教育逐渐侧重于朝着终身体育的方向发展,为终身体育做准备。这种准备首先最基本的是通过体育活动促进学生的生长发育、增强体质;其次是培养学生掌握体育运动的科学方法和理论知识,对体育运动和身体锻炼具有一定的自我发展能力;再次是培养体育爱好和兴趣,并养成科学锻炼的好习惯,使体育活动逐渐成为学生生活的组成部分。可以说学校体育如果没有培养学生对体育运动的兴趣、没有让学生学会一定的锻炼方法,那么终身体育将成为空谈。学校体育在教学内容上,要增加生活体育、娱乐体育的部分,逐步改变竞技运动项目为中心的局面。要增加体育娱乐健身项目,让学生在校内可以体验体育的乐趣,在校外以及以后更长的人生中都有能力进行体育运动和锻炼身体。

2. 终身体育与学校体育相辅相成

实现终身体育的另一个重要条件是,家庭体育、学校体育和社会体育实现一体化和一贯化。终身体育是在家庭体育和学校体育奠定的基础上发展的,特别是学校体育,他们之间的关系应该是相互促进和相辅相成的。比如,学校体育不仅要解决在校期间的教育和学习问题,而且还要着眼未来,尽量将当下学习的知识和技能与日后在社会生活中进行的体育运动相衔接。同时,只有终身体育成为可能,学生在学校期间刻苦学到的知识和技能才更有现实意义。总之,学校体育和终身体育只有在相互呼应、相辅相成的情况下,才能都得到最好的发展,最终实现让每个人在漫长的一生中都能享受到体育运动带来的乐趣和益处。

(二)终身体育是学校体育的延伸与发展

终身体育是以学校体育为根基进行发展和延续的。在学校体育的基础上,终身体育根据不同人生阶段的具体特征和特别需要,进行进一步的延续和拓展。比如,在学校期间进行游泳学习,当进入社会之后,那些尤其喜欢游泳的学生会持续地发展自己的技能,提升动作的有效性、提高速度、学习新的泳姿等,从而将游泳这项运动变为生活的一部分,实现终身体育。因此,在义务教育阶段学生是否掌握了科学的体育运动知识和技能,是在未来的人生中能否顺利开展体育运动的重要前提。在某种程度上,终身体育就是学校体育的发展,是对学校体育的延伸和发展。终身体育鼓励人们从幼年到老年贯穿整个生命过程都进行体育活动，但并不限制哪种运动方式、运动强度或者运动结果，它强调的是人们在人生的各个时期都应该把体育作为一项生活内容，充分享受体育的乐趣，体验运动带给人的诸多好处。如果说学校体育是对体育运动的“基础教育”，那么终身体育就是充分发展个性和长期进行“自我教育”的过程。

（三）学校体育与终身体育都与全民健身息息相关

1. 学校体育为终身体育和全民健身服务

终身体育强调的是时间概念，全民健身强调的是空间概念，而若想顺利地发展终身体育和全民健身，都需要学校体育打好扎实的体育教育基础。可以说学校体育直接决定着终身体育和全民健身是否真实可行，也决定了终身体育和全民健身事业发展的质量。因此，学校体育文化的建设至关重要，它在很大程度上决定了我国国民的整体身体素质和运动水平。只有学校体育的教学成功，才能让终身体育和全民健身更加健康的发展。学校体育文化的建设就是要真正做到培养每一个学生找到自己的体育兴趣，掌握相应的体育技能并且养成长期进行体育锻炼的好习惯。这一切，都是终身体育和全民健身的前提。同时，反过来全民健身和终身体育又会对学校体育提出具体而贴合现实生活的要求。比如，它要求学校体育在教学内容和组织方式上更强调运动的过程而非结果，强调运动的娱乐性、休闲性，减少竞技性、专业性的要求，为终身体育和全民健身的实现做好准备。

2. 全民健身对学校体育的积极作用

近些年来，由于全民健身的兴起，学校体育的发展也得到潜移默化的影响，最直观的是全民健身为学校体育提供了良好的社会环境，为学校体育的改革提供了契机，这可以从以下几个方面来体现。

（1）全民健身的提出丰富和完善了学校体育改革与发展的理念。它要求学校的体育工作更贴合实际生活，特别是要更多考虑全体学生的实际需求，为了能够让学生终身地、持续地进行体育运动和发展做出努力。放眼社会环境，如何才能让学生把在学校所学的体育技能与校外的生活做到无缝衔接，如果教学内容只能局限在课堂上，而在实际生活中无法实现，那一定不能算是成功的教学。因此，在全民健身的背景下，体育教学进行了多次地、务实地改革与发展。比如，努力让学校体育与社会体育相衔接，让学生在学校课堂上学到实际有用的体育知识和技能，以便在校外的日常生活中能够顺利实施，从而降低体育运动的门槛和条件，它更强调体育的娱乐性和休闲性,比如羽毛球、乒乓球、足球、网球、游泳等,而相对的淡化田径类强调竞技性的运动项目。

(2)全民健身要求学校体育以学生身心健康为根本目的。这就更加有利于学校体育以终身体育为发展方向进行改革与发展,这不仅符合学生健康成长的需要,也是对建设健康的学校体育文化的一次推进。全民健身要求学校体育应该更加重视培养学生的健身意识、兴趣、习惯和能力,因为学生只有在自身对体育运动感兴趣的时候,才会真正有可能形成运动习惯,才有动力不断地提高运动技能,才会对体育知识始终保持好奇心,让自己的体育知识和运动技能保持精进的状态。可以说,全民健身的开展更加广泛、深入和持久地影响了学校体育的发展。全民健身对学校体育的个性化发展提出了新的要求,除了掌握有效的体育科学知识以外,它还强调了要满足学生健身锻炼的需求,并且其内容、手段、方法、形式等尽可能做到丰富多彩。这就要求学校体育要努力满足不同年龄段的学生对体育运动的不同需要,学校要为学生的身心健康发展提供多样的途径和选择,既尊重学生的个性发展,又能促进其培养体育兴趣和养成运动习惯。《全民健身计划纲要》里明确指出要以青少年和儿童为重点,这为进一步加强学校体育提供了极好的机遇。在这样的背景下,学校应该把握机遇,努力把学校体育工作提高到一个新水平。

二、终身体育与学校体育的区别

从时间的维度来看,终身体育在各个阶段的目标、内容、方法都是不同的。学校体育则是针对学生在校期间,为了满足青少年儿童的健康成长和学习发展等方面的需要,组织的有计划、有目标、有步骤的教学活动。终身体育和学校体育在目标、内容和方法上具有一定的区别。

(一)终身体育与学校体育在目标上的区别

从目标来看,学校体育具有明确的阶段性要求,是以增强学生的体质和身心的健康发展为核心诉求。终身体育没有强烈的阶段性痕迹,它是以改善生活方式、提升生活质量,追求健康为目标。终身体育具有普及性、综合性等特点,与学校体育有着明显的差别。

1. 学校体育的阶段目标和长远目标

学校体育是终身体育的重要组成部分。学校体育的目标属于终身体育总目标的一个分目标,但学校体育的目标又具有其独立性。学校体育的根本目的，是围绕着增进学生的身心健康为中心而开展的有关体育知识、技能、习惯等的培育和养成，是有组织、有纪律、有短期目标和长期目标的健身活动。比如，掌握体育知识、运动技能、学校文化、丰富课余活动、调节身心、解除疲劳等都是学校体育阶段性的教学目标，这些也是为终身体育打下良好的基础，为终身体育做准备就是学校体育的一个长远目标。

培养体育兴趣、体育技能和运动习惯属于学校体育的显性目标，而为终身体育做准备则属于隐性目标。学校体育的显性目标就是要帮助学生养成健康强壮的身体，培养积极乐观的生活态度，掌握科学先进的运动理念，这些都是可以通过科学有效的训练方法而实现的目标。培养学生养成终身体育的意识、兴趣、习惯和能力，则相对更加复杂，需要更长的时间和多方面的努力才能够实现。学校体育的阶段性目标和长远目标应该是一个有机的整体，是相辅相成的关系，无所谓谁主谁次。阶段性目标的实现即增进学生健康、增强学生体质、加强心理建设等，也是在为长期目标做铺垫，由于在学校体育活动的过程中，学生逐渐体会到积极的反馈，会对体育运动产生更多的兴趣，这对培养学生的终身体育意识、兴趣、习惯和能力提供了必要条件，而终身体育的兴趣和需求也必须是在实现学校体育目的的过程中逐步培养出来的。

2. 终身体育的主要目标及其要素

终身体育的目的在于不断提高人们的生活品质，优化生活方式，将健身性、教育性融为一体，以追求终身健康为核心目标。实施终身体育的时候要注意体现终身体育的全民性、自主性、综合性、长期性、休闲性和灵活性等要素。

(1)全民性。终身体育和全民健身相互依存，是时间性和广泛性的几种体现。在过往的体育观念里以能力和规则为重，常常是强调的重点，这就导致在很长的时间里，体育只是属于一部分具有先天体育优势人群的活动。终身体育强调的是现代体育观，它主张要超越能力与规则的限制，动员全体公民参与到体育运动中来，以享受体育带给人的快乐，以健康为目标。终身体育倡导的是每一个普通人都应该有享受体育运动的机会和权利，体育带给人的无差别的快乐和健康是重点。

(2)自主性。终身体育的内在驱动力主要来自人们的自觉和自主意识。它依靠人们已经形成的对体育的需求和习惯来维系，没有强制性和标准化的要求。无论是体育目标的设定，还是体育锻炼的内容、方法、形式，或者最终要达到的锻炼效果和目标，都没有任何约束与限制。人们只需要根据自身的实际情况、按照自己的意愿，自由、自主地做决定，自己掌握过程和评价，只需要对自己负责、满足自我的需求就是目的所在。

（3）综合性。从体育形态的角度而言，终身体育有正规体育、非正规体育、非正式体育等；从体育结构来说，有学前体育、学校体育、社会体育等，终身体育要整合这些体育形态和结构，发挥强大的效益。

（4）灵活性。人们在进行终身体育的过程中，不同的目标可以有不同的手段、方法和形式的选择，即便是同一个目标，不同的人也可以有不同的选择。即使是同一个人，在不同的年龄阶段或者不同的训练阶段，其体育手段、方法、形式都有很多选择途径，这种多样性和灵活性充分体现了终身体育对个体的个性尊重，这是学校体育所不能比拟的。

（5）长期性。学校体育有明确的时间范围，是指在统一的教学期间内，全体学生共同完成一定的体育活动、达到一定的运动水平。终身体育没有严格具体的时间要求和限制，它可以是伴随一个人的一生的活动，也可以随时中断、随时开始。但整体上而言，终身体育是指在人生的不同阶段都可以进行体育活动，它不一定是连贯的、持续的、不间断的，但是它鼓励时间的整体长度越长越好，终身体育保持的整体时间越长，个体的身体和心理就越受益。

（6）休闲性。终身体育还具有相当的休闲娱乐的属性。它不追求一定要获得骄人的运动成绩，也不必要达到多高的水平，但是鼓励人们享受体育带来的愉悦、健康的积极体验。

从以上几个方面可以看出，终身体育在目标上与学校体育有明显的不同。终身体育需要学校体育的基础作为支撑，依靠在学校体育阶段形成的体育意识、运动习惯和运动技能，在人生的不同阶段可以进行体育学习和锻炼，修炼品格和意志力，丰富生活方式，提高生命质量。相比较而言，学校体育是严格依据学校教育制度和规范，需要在一定的时间阶段内完成规定的教学任务，达到让青少年学生增强体质、增进健康的目的。简言之，学校体育与终身体育之间存在阶段性目标与长远目标、显性目标和隐性目标的差异。

（二）终身体育与学校体育在内容上的区别

各个阶段的学校体育内容都是按照相应的教学大纲来执行和要求的，尽管也具有一定的灵活性，但它的灵活性只能体现在一些细节和局部，整体上不能随心所欲地进行。与学校体育不同，终身体育的内容没有明确的规定，也没有必要对终身体育的内容作统一的规定，因为它们本身就具有不同的目标和客观条件。在不同的年龄阶段，终身体育的内容也各不相同。

（1）婴幼儿时期。适合婴幼儿阶段的活动主要是大量的自然游戏活动，比如走、跑、爬、登、滑、滚、戏水，玩球、捉迷藏等。

（2）儿童少年时期。进入儿童期以后，体育活动逐渐过渡到以学校体育为中心，种类开始丰富起来，规则性也变强。这一阶段的少年儿童开始接触游泳、体操、乒乓球、足球等球类活动。随着进入少年时代以及体力、耐力的逐渐增强，学校体育活动的内容从形式上和技巧上都明显变得复杂和具有挑战性，这个时期也是培养体育意识与运动习惯的重要时期。

（3）青年时期。那些在儿童和少年时期就喜欢做的游戏和运动，经过多年的研习和实践，有些已经变为稳定的运动习惯，从兴趣萌发到养成习惯，从单纯的玩乐到开始享受体育带来的愉悦和诸多回馈，这是形成终身体育的关键所在。在青年时期如果能够坚持合理充分地体育运动，那么对增进身心健康、保持精力旺盛具有明显的效果，这也是体育运动最直接的目标。对于身体健康的人群来说，青年时期几乎可以从事任何运动项目，羽毛球、网球、乒乓球、高尔夫球、台球、篮球等球类，还有慢跑、马拉松、游泳、爬山等；或者根据自身的职业特征和身体状况，选择相应的运动项目进行调节，比如久坐的人群可以选择长跑、游泳、徒步等全身的有氧运动项目。

（4）中年时期。中年是人生健康的转折期。中年也是人生中负重最多的阶段，无论是来自生活、家庭还是事业的压力，其中任何一个都有可能对健康提出挑战。比如社会激烈竞争带来的工作压力，生活作息的不规律，还要照顾年老或者年幼的家人等，这些都需要中年人具有足够的健康资本才能很好地应对。如果没有体育运动的习惯，自身的健康还时不时地亮起红灯，那么健康就会处于“危险”的状况。因此，这个时期的体育运动变得尤其重要。针对中年人的年龄特征及其工作、环境等实际情况，这个时期应该选择强度适中、方便好操作且有趣的运动项目，比如散步、走跑交替运动、羽毛球、游泳、自行车、健身器械、太极拳、交际舞蹈等。

（5）老年时期。由于体力逐渐衰退，老年人的体育运动目的以加强保健和延缓衰老为主。强度较大、容易令人兴奋的运动项目要逐渐减少，以免引起身体的不适反而给健康带来不必要的负担。对于进入老年时期的人来说，既要能做到长期坚持运动与锻炼，同时又要把握好运动方式和运动量，运动时间、形式、频率等都需要因人而异，根据自身的具体情况酌情安排，真正做到让运动成为一项生活内容。老年人尽管体力和精力不如年轻人旺盛，但是在时间方面比年轻人有优势，他们可以灵活安排运动时间，根据自身身体的情况，选择适合自己的运动强度、运动伙伴和时间，只要安排合理，老年人一样可以享受体育运动的愉悦，以及锻炼带给身体的积极作用。适合老年阶段的体育活动包括健步、游泳、广播操、交谊舞、太极拳、郊游、徒步旅行、登山、垂钓、园艺等活动,也有门球、高尔夫球、乒乓球、网球等球类项目。

需要注意的是,为了实现终身体育的目的,学校体育应该重点提高学生的体育知识、技能和方法储备,这些知识和技能掌握得越多越牢固,就越有利于学生日后养成运动锻炼的兴趣和习惯。在走出校门后,他们会根据环境的变化有更多的应变措施,能够持续不间断地进行体育运动,从而更容易成为终身体育者。

(三)终身体育与学校体育在组织方法上的区别

终身体育具有时空的广延性,而学校体育有明确的时空限制。终身体育的组织形式灵活多样,学校体育主要是以班级的形式开展体育教学、体育锻炼活动。

从时间的维度看,从婴幼儿期便有意识地培养孩子对体育的兴趣和热情,使之逐渐成为一种日常习惯,这是终身体育的重要环节。从空间维度看,终身体育不局限于室内还是户外,有器械还是无器械。它可以灵活地自我调控,选择有利的环境条件和设施条件,因此可以说,终身体育有其独特的运作方式。和学校体育相比,终身体育特别重视健身方法的应用,强调运动过程本身,也强调时间上的持续性。学校体育则会更强调结果,既要让学生体会到体育运动的乐趣和魅力,又要掌握一定的体育知识和技能,如果学校体育只重视让学生享受运动的乐趣,而疏于对体育知识和技能的训练,那么就不能保证日后的终身体育能够在科学有效的前提下进行。也就是说,学校体育在组织教学的时候要考虑到为终身体育做好准备。既要培养学生的体育兴趣,又不能懈怠对体育技能和知识的培养,因此,在组织方法上,学校体育要充分考虑到以上的任务和目的。终身体育的组织形式和方法具有以下几个特性。

(1)灵活性。在组织方法上,终身体育具有更大的灵活性,只要个人的客观情况允许,那么在内容、手段和方法的选择方面都有很大的空间,可以充分尊重自身意愿,选择最符合自身利益与需求的组织方法进行。

(2)自主性。终身体育强调的是能够贯穿一生持续地进行体育活动,但它是自发自愿进行的,因为没有任何的强制或者勉强的性质,自主性是终身体育的一大特点。可以说终身体育的驱动力更多的来自兴趣和意愿。由此可见,在早期的体育培养和学校体育中,培养兴趣是多么重要,兴趣是激发人们行为的最大推动力之一,具有一定的体育运动兴趣,就会有持续的动力将体育运动进行下去。

第二节　学校体育文化对学生终身体育观念及态度形成的影响

终身体育具体地讲就是提倡人们终身接受体育教育、进行体育学习和养成体育运动的良好习惯。它是由生命的发展规律、身体锻炼的效果和所在社会的现实发展所决定的,是在当代终身教育思想的影响下形成的。科技革新为社会发展带来的巨大演变,以及社会文明的不断进步,这些都极大地改变了人们原有的认知和生活方式,人们必须从方方面面去努力适应这一系列的变革。

一、传播终身体育观念要从学校体育文化建设做起

随着社会经济程度的发展,人们的生活水平得到空前的提升,与此同时,当代社会对人体生命质量也提出更高的要求,在温饱得到解决之后,人们的需求层次很快地走上新的台阶,希望过更有质量的生活,希望自己的生命体验更加丰富和精彩,希望在休闲娱乐中也能得到更好的体验;另一方面,现代文明在带给人们便利优渥的生活之外,同时也给人们带来因社会急速发展而产生的诸多压力和挑战,这对人们的身体素质和健康水平提出更高的要求。越来越多的人因不能应对工作与生活中的压力而出现精神、心理或者身体方面的疾病,对正常的生活造成极大地消极影响;最后,还有一个很重要的方面,由于物质的极大丰富,人们的生活水平直线提高,而人们的生活方式还没有及时进行调整,这就导致很多现代人患上营养过剩又缺乏锻炼的"富贵病",这一切都迫使人们对体育运动与健康锻炼的迫切需求。如前所述,学校体育是决定国民运动水平和身体健康状况的重要根据地,因此,学校体育文化的意义与价值便凸显出来。

终身体育强调不同年龄阶段的人都有进行身体锻炼的需要,而且是一种在一生中不断交替进行的过程。可以说,终身体育观念是终身教育观念和可持续发展观念在体育教育领域中的科学结合以及有机统一。终身体育是现代教育、体育与现代人生观的完美融合与自觉渗透。生命不息,运动不止。体育运动本来就应该是伴随人一生的生活内容之一,也许是受到社会文明发展不同阶段的影响,在某些时期会因为忙于生产或者生存而忽

略了运动的重要性。但是随着时代的进步,并且在今后很长的一个时期,强调运动与健康都会是教育和生活的重要内容。终身体育的概念由此应运而生。要发展终身体育,首先应该从教育抓起,学校体育需要发挥出重要作用和价值。

二、学校体育文化努力营造培养终身体育的平台

(一)建设以终身体育观念为价值核心的文化氛围

我国学校体育发展的总目标是增强学生体质,促进学生的全面发展。通过体育教育培养学生的积极进取意识,养成对体育运动的兴趣、习惯,从而为终身体育奠定基础。然而,学生运动习惯的养成仅仅靠掌握体育技巧是很难实现的,它还需要学校体育文化的熏陶、浸染和潜移默化的改变,让学生从意识层面对体育运动有科学、理性的认识,在身体层面对运动有切实的偏好和兴趣,只有这样才能让终身体育的实现变为可能。学校体育文化不仅要督促学生掌握与自己的运动需要和运动偏好相匹配的运动技能,不断提高自身的运动素养,还应该为培养学生终身体育的思想观念打下必要的、良好的基础。

(二)培养学生对体育运动的兴趣

为了更加适应现代社会发展对人才培养的需求,也必须以树立终身体育思想为主导思想,立足于将学校体育的近期效果和长远发展相结合,以注重培养学生的运动兴趣、意识、习惯和能力,这是推动学校体育与终身体育顺利接轨的重要理念。学校的体育文化应该首先从培养学生对体育的兴趣开始努力,兴趣是最好的老师,一旦学生开始自发地被体育运动吸引,开始自觉的投入时间和精力在体育运动方面,并且也不断地从体育运动中得到乐趣和满足感,那么对于培养终身体育的观念和习惯就会达到事半功倍的效果。

(三)引导学生理解体育运动的意义和价值

当学生逐渐对体育产生兴趣之后,会不知不觉地增加运动的次数,不知不觉地想参加更多的校内外的体育活动,这些都是形成体育运动习惯的良好开端。但是一开始的兴趣更多的属于感性范畴,若想长期进行体育运动,克服运动过程中遇到的各种障碍,必须从理性上明确体育运动的意义和价值。提高对体育运动的理性认识,可以让自身的体育运动更具目标感

和时效性。比如，自觉地了解与自己的运动兴趣相关的知识、信息和技能，在参与学校的体育教学中更具主动性，学校体育应该努力为学生打造这样的学习环境和学习氛围，鼓励学生探索体育运动的知识和技能。体育教师也应该积极回应学生的学习热情，耐心帮助学生解答问题和疑惑，引导他们掌握科学的运动方法。

（四）创造更多体育实践的环境

人的观念、意识是在大量实践的基础上，通过不断地学习和感悟、反思而逐渐形成的，要养成终身体育运动的观念、意识和兴趣，进行必要的、大量的体育运动实践必不可少。学校体育文化应该作为体育教学的重要组成部分，力争为学生创造更多的体育实践机会，通过丰富的运动形式、多元的运动文化使每一个学生都能参与到体育运动的环节中，通过承担不同的角色，比如运动员、教练员、裁判员、记分员、管理员、宣传员、计时员或统计员等，充分认识体育运动的样貌，以及对每一个角色的要求和职责任务，从而发挥学生的自主性和积极参与运动的热情。

对于担当运动员角色的学生应积极努力学习技战术，充分体验为赢得比赛积极备战、在赛场上奋力拼搏的过程，以及经过努力之后能够坦然面对比赛结果的心理调节能力。充当教练角色的学生要体验和学习发挥临场指挥、安排战术打法和决定运动员出场及替换的技巧和大局观。担当裁判员角色的学生要熟悉运动项目的比赛规则，学习管理比赛的能力和公平执裁的意识。只有经过这样多次地融入运动比赛中，充分参加每一个体育项目的全过程，才能让学生对体育运动有感性和理性的全面认知，在这样的基础上再培养他们的体育运动习惯就变得水到渠成。

（五）让学生体验运动带来的益处

在形成了体育运动意识，培养出运动的兴趣，树立的正确的运动观念以及参加了大量的体育运动实践之后，还需要及时反馈学生的努力成果，自己亲身感受到体育运动带来的长期好处。比如强壮了体质、增长了身高、结识到一群志同道合的运动伙伴、发现自己在运动方面的天赋、培养了协作能力和人际交往能力等。这些需要学校体育文化打造一个健康的体育运动环境，调动学生积极运动的热情，在长期的实践过程中，让学生逐渐品尝到运动带给自身的诸多益处，从而逐渐打造终身体育的坚实基础，种下终身体育的种子。

第三节 不同教育阶段学校体育中终身体育意识的培养途径

一、对学龄前儿童终身体育意识的培养

(一)明确学龄前儿童体育活动的目标

对于学龄前儿童的体育培养,首先需要了解儿童的生理和心理特征,他们的接受能力和注意力特点。因为年龄的特殊性,在教学中要充分考虑到学龄前儿童的接受能力,在此基础之上确定合理的教学目标和计划。以引导儿童多做动作,多参与,教师应该及时地给予反馈和鼓励。在教学实施中以遵循儿童的自发性和创造性为主,观察儿童的心态和情绪,并及时指导。总之,对于学龄前儿童,应教授和引导他们自由自在地活动,体验活动带来的快乐,以及在和小伙伴的互动中初步学习人际交往的能力。

(二)组织学龄前儿童体育活动的要求

(1)学龄前儿童的体育活动,重要的是安排适合他们年龄特征的活动内容。并且尽量做到丰富多样,运动强度低,游戏性强,在游戏互动中让儿童体验体育运动的快乐感觉。

(2)尽管学龄前儿童的活动强度不大,但是要注意培养他们的科学运动的好习惯。比如,在活动前要做好充分的准备活动,活动中要注意控制运动安全,要动静交替,避免过于疲劳。

(3)活动内容和方法要丰富多变,最好把几项活动内容穿插进行。比如,可以在30分钟的体育游戏中,安排3种不同的游戏,有全身的活动,也有技巧性练习,从而让学龄前儿童得到全面的发展。

(4)结束时要做好整理放松活动,使儿童尽快恢复到安静状态。

(三)培养学龄前儿童的体育兴趣爱好

(1)指导儿童体育活动时,教师要热情且富于鼓动性、感染力,积极引导鼓励儿童参与互动,教师要善于和儿童交流,使他们感到安全、放松,乐于与教师和小伙伴进行游戏玩乐。

(2)要善于利用儿童的好奇、好动的特点开展体育游戏。儿童对一切

都充满好奇心，并且喜欢动手触摸来进行感知和了解未知事物。教师可以结合这个特点带动他们练习踢球，拍皮球等游戏，在游戏中练习跑动和四肢的协调能力。

（3）要认识到儿童的注意力短暂，容易被分散的特点。可以用比赛的方式组织体育活动，可以吸引儿童更多关注活动，并且也注意培养他们的参与意识。在比赛中多让儿童取胜，使其在成功中得到满足，在胜利中体验体育活动的乐趣。

（4）要发挥儿童爱交往的特点组织体育活动。儿童有天然的群集感，愿和同龄人一起玩，教师可以做组织群体、自发、活泼的活动，充分发挥儿童的天性。

（5）作为家长，要在休息时间多带儿童到户外进行适当的活动。比如散步、踏青、爬山、玩球、玩水、跷跷板、荡秋千等。带儿童观看体育竞赛和表演，观摩各种类型的运动会，收看体育节目，阅读体育书刊和画报。总之，可以通过各种渠道激发儿童对体育活动的兴趣和爱好。

（四）遵循学龄前儿童的体育活动特点

学龄前儿童的体育课主要以讲解和示范、模仿和游戏的方式进行。学龄前儿童大多凭感觉学习，是边看边做边学习，他们主要靠观察和模仿进行学习。比如，如果看见同伴打水枪，自己也想玩，看着小伙伴踢球，自己也要踢球。由于学龄前儿童运用语言、文字的能力差，抽象思维处于萌芽状态，因此，他们的学习方式主要是具体的行动。教师多运用示范方式，是最易被儿童接受的学习途径。让他们多练、多实践，用身体的直接感受去体会运动的特点。

同时还要注意，儿童每天不得少于一个小时身体锻炼。每天的锻炼内容也要具有连贯性和持续性，包括起床后在床上的体操，去学校路上的锻炼，到校后的早操、课间休息的体育活动、课间操，放学回家后的自由活动，还有每周固定的体育课等。让学龄前儿童从一开始就在意识里形成体育锻炼是生活的一部分这样的直观印象。在时间安排上，儿童在校外身体锻炼的时间要多于校内时间，要防止儿童在体育活动中单纯从兴趣出发，过分贪玩的倾向，要帮助儿童合理安排文化课学习与体育活动。要督促儿童坚持练习自己有兴趣的活动，并且让他们体会到长期练习带来的进步。由于学龄前儿童注意力时间短，他们往往很容易被新鲜事物吸引，但是又不能坚持太久，因此，在培养学龄前儿童体育运动和锻炼习惯的时候，要有意识地培养他们对某一项运动的长期练习，而不是随着兴奋感的消失而放弃。

二、对中小学生的终身体育意识的培养

（一）明确中小学生的体育活动目的

1. 培养良好的道德品质

中小学的体育活动开始逐步向着正规的体育运动过渡，并且在锻炼身体的过程中，同时强调培养他们勇敢、顽强的意志品质，懂得组织性、纪律性和集体主义精神。通过体育运动，引导少年儿童养成尊重、关心他人的良好道德规范，懂得互助互爱，引导他们克服不良的习性与道德观念。

2. 掌握体育的“三基”

中小学时期的少年儿童不仅是长身体的关键时期，也是通过体育运动学习体育的基本知识、基本技术、基本技能的大好时期。这一时期体育教育最主要的任务就是帮助学生逐步养成锻炼身体的习惯，并能在学校期间学会一些运动技术，为日后终身体育学习奠定。

3. 全面发展体育素质

根据少年儿童的生理以及心理特点，加强促进学生身体的正常发育和机能的顺利发展，特别是注意他们在体型匀称、体态端正、体能均衡、动作协调方面的发展情况。全面发展少年儿童的体育素质，提高运动能力。并且让他们在体育运动中逐渐体会和找到运动偏好，培养运动兴趣，在增强体质的同时不断提高运动难度，采用适合的中小强度的运动负荷，坚持持续地参加一项运动项目，在这一过程中全面发展体育素质。

4. 让中小学生在运动中获得快乐

少年儿童时期学生的学习负担较重，升学竞争激烈，因此在一定程度上影响了学生的体育锻炼，这对体育兴趣的培养是不利的，因此，中小学的体育课更应该加强对体育兴趣的培养力度，减轻对体育成绩考核的压力。在体育课上，教师应该让学生通过体育运动项目或者游戏，充分体验放松和愉悦。并且让他们对体育课充满期待，喜欢上体育课，喜欢教师教的一些运动项目，并且教师要及时地给学生正面的反馈，让他们体验获得成功的快感，从而把体育运动逐渐地变为自己的一个习惯，在运动中调试和放松身心。

5. 培养中小学生锻炼的习惯

习惯是经过反复练习逐步养成的,不需要意志努力和监督的自动化行为模式,在生理学上已形成动力定型和生物钟节奏。坚持经常身体锻炼,就会逐渐养成身体锻炼习惯。北京体育大学陈恩堂如对某一事物活动感兴趣,就会促使学生自觉的、积极的学习、认识这一事物或从事这一活动。因此,人们常说,“兴趣、爱好是最好的老师”。在小学与中学时期,重视学生参加体育活动的兴趣培养,进一步研究小学生与中学生的体育兴趣形成发展规律;注意培养学生对参加体育活动的快乐情感和爱好,以达到使学生形成经常锻炼的目的,将来成为终身体育者。少儿期身心状态具有不同的年龄阶段特征,具体表现在从事身体锻炼的兴趣、爱好与习惯上也会不同的。我们应根据不同对象,从不同年龄阶段的实际出发,从小学就开始引导,培养对从事身体活动的兴趣,随着年龄的增长,不断巩固与发展。人的本性是爱动的。一般来说,自幼就爱玩。培养少儿参加身体锻炼的习惯,不仅是一般的体育教育过程,而且要强调养成教育过程,因此,不仅要求在体育课中进行体育教育,还应该课内外相结合,校内外配合,共同实施。我国规定,普通学校体育课每周上两节,则中小学 12 年大约共上体育课 864 节,与各个学科相比,体育课时是最多的。另外,要求学生每天坚持身体锻炼,每周安排两次课外体育活动,每天做早操、课间操,加上少儿爱玩、爱活动,因此,可以说,从小培养学生对体育活动的兴趣、爱好和养成锻炼的习惯是有可能的。少儿对参加学校体育的兴趣、爱好与习惯的形成,是学校体育工作成绩的综合表现,是奠定终生体育基础的重要标志之一。

6. 中学生的情感和意志

少年儿童时期的情感很丰富,常常表现得比较强烈,但易冲动,少年的神经系统易兴奋,抑制能力比较薄弱,所以常因小事而狂喜或痛心。如在教学比赛和做游戏时,由于成绩不佳,有的同学会哭起来。在少年情感的发展过程中,性的情感也是这一时期的重要特征。由于性成熟,男、女同学之间产生了微妙的心理,表现在许多男同学不好意思和女同学在一起活动,而又愿意在女同学面前表现自己等。希望自己的行为能引起同辈异性的注意和产生特殊的爱恋,但表面上却表现出对同辈异性的轻视、疏远,甚至男生有时会看不起女生,女生也不喜欢男生,双方都很敏感,实际上都掩蔽不了和性成熟有密切联系的一些现象。

少年儿童时期的意志比小学生有了明显的发展,他们非常敬佩和喜欢模仿那些意志坚强的人。在体育运动中,少年具有不怕困难、不畏艰险、勇敢果断的意志品质，敢于做较难而惊险的动作，勇于承担较大的运动量，但教师要注意引导、保护与帮助。对于他们较高的估计自己的力量和能力，应加以限制，以免发生伤害事故。教师应注意以自己的意志行为和英雄人物的范例来培养少年的意志品质。

（二）培养中小学生体育意识的方法

1. 直观地认识运动的好处

在中小学阶段，正是行为习惯和思维意识逐渐养成的最关键时期。这个时候，也是他们身体发育成长的黄金时期，因此，培养中小学生的体育意识，特别需要理论和实践同步进行，让他们切身体会到体育运动对自身成长的显著影响，将是非常直观有效的方式。

2. 发展自身的优势项目

在运动素质全面发展的基础上，可以逐步引导中小学生真正掌握自己有兴趣、有特长的一些终身体育项目，包括相应的锻炼方法和理论知识，让他们从一件具体的体育活动中，学会掌握学习一种知识技能的过程，享受通过努力钻研获得成绩的成就感。在中小学的教学中，教师应该激发学生的主动性，通过一定时间的学习和积累，中小学生会在某一特定体育项目上投入更多的精力和关注，也会得到相应的成长和反馈，在品尝到发挥特长的良好体验之后，会激发他们强烈的自信心，同时也会激励他们在该项目上继续学习和锻炼，这正是终身体育的最好缩影。

3. 培养中小学生掌握理论知识

要使体育活动成为有明确目的的自觉行为，还需要学生掌握体育的基础理论知识，并以此作为自己运动健身的有力指导，它将伴随终身体育的持续进行。另外，刚开始接触体育运动时，欣赏体育比赛和参加体育文化娱乐活动，也需要具有一定的体育教育教养水平。因此，从一开始就应该加强对学生传授体育科学理论知识的教学工作，使学生掌握科学锻炼的知识与方法、技术技能和形成身体锻炼的正确观念，以及养成身体锻炼的行为习惯，这三者是学校体育教育不可分割的相互联系的组成部分。

4. 培养学生自学的态度

从终身教育看，学校教育发挥着两个功能：一是向学生传授积极健康的价值观念，二是教会学生如何学习，为自觉学习打好基础，同时要培养学生树立终身学习的态度和观念。教师引导只是学习的开始,更长久和主要的学习往往靠自学。因此,在中小学的体育教学中,就可以锻炼学生的自学态度和能力。教师逐步引导学生掌握自学的方式方法,并以某一个体育运动项目为实践对象,让学生在不知不觉中已经开始了终身体育的进程,他们一边摸索一边实践一边学习,这样习得的知识和技能是印象深刻的,不会轻易忘记。体育态度的形成分为以下几步完成。

(1)服从是态度形成的第一个阶段

服从不是自发自愿的行为,但对于学生最初养成运动习惯来说却是一个必经的阶段。在接触新事物之初,学生需要先按照教师的指导,完成一些基础的任务,并且在完成任务的过程中逐渐体会运动的特点和感受。在体育教学的初期,基本上学生都是先服从教师的指导和安排进行学习的。

(2)同化是态度形成的第二个阶段

同化是指自愿地接受他人的观点和信念,自己的态度与他人一致。比如,学生为了争取成为一名德、智、体全面发展的好学生,以"体育合格标准"进行自我要求,以全面发展的优秀学生的态度对待学习和锻炼,这就是同化。对于学生开展体育运动而言,同化是服从的进步,是运动态度形成的重要转变。比如,学生做运动不仅仅是为了完成作业,不单纯是为了得到较好的体育成绩,而是认同体育运动的必要性,并且乐于和同学们保持一致的行为,自愿进行体育运动。但是同化能否顺利实现,需要外界条件的配合,如果班集体没有一定的支持和促进,同化过程可能不会长久地维持。

(3)内化是态度形成的第三个阶段

内化是指学生从内心相信并接受体育运动的观念,并且愿意拿出行动去实践。这就意味着学生已经把运动观点纳入自己的价值体系,成为自己态度体系中的一个组成部分。一旦学生形成了自觉的体育态度,那么体育运动就成为他生活的一部分,并逐步成为一种生活方式的需要,不管外界是否有督促、规定或者运动条件差强人意,形成内化的学生都会自觉、主动而热情地进行身体锻炼。学生的体育态度只有到了内化阶段才是稳定的,这是开展终身体育的关键。

5. 打好中小学生的身体基础

有了科学合理的方法和理念,最重要的还是实践。终身体育必然是一项需要身体力行的,那么中小学生最基本的就是打好身体素质的基础,为日后的持续锻炼做好物质准备。如果没有一个健康的身体为前提,一切科学方法都将成为空谈。因此，在中小学阶段，学校体育教学的重中之重就是加强学生的身体素质训练，增强体质健康，这是终身体育的第一基础条件。

6. 好习惯胜于好老师

中小学期间的另一个重要任务是培养学生养成规律锻炼的好习惯。俗话讲好习惯胜于好老师，事实证明的确如此。因为教师再好也不可能跟随学生一生，在漫长的人生中，有一个好习惯将受益终身。如果要培养学生终身体育的意识，那么首先培养他们养成规律锻炼的习惯是一个最简单有效的方法。在中小学时期，是形成学习和生活习惯的关键时期，因此应该好好利用这一阶段的特点，尽早地培养学生养成体育运动的习惯，并且成为规律生活的一部分。

7. 培养学生的自我体育意识

在中小学的体育教学中，帮助学生正确地认识自己的思想和行为，并注意培养学生的自我体育意识，是终身体育的一项重要内容。

（1）自我体育意识

自我体育意识就是从自身的需要出发自觉自发地从事体育运动，运动是自我的兴趣或意愿。体育教学中对自我体育意识的培养也是对自己存在的觉察，即认识自己的生理状况、心理特征、运动技能以及与他人的关系。

（2）自尊心、自信心对形成自我体育意识至关重要

自我体育意识形成的两个主要成分是自尊心和自信心，它们都对学生的体育行为具有非常有力的影响。

①自尊心的作用

自尊心是形成自我体育意识的重要成分。自尊心就是尊重自己的人格、荣誉，维护自我尊严的自我情感体验。一个缺乏自尊心的人，最明显的表现就是对任何批评和表扬都无动于衷。与自尊心密切相关的是羞耻心，羞耻心是产生自尊心的基础，没有羞耻心的人，亦无所谓自尊心。羞耻心与人的进步、成长有很大关系。有自尊心的学生会表现出进取心和主动性，他们不甘落后，自觉地进行身体锻炼，认真完成教师布置的练习任务，它们有很强的自驱力。所以，在体育教学中自尊心是学生形成自我体育意识的重要品质。因此，教师在体育教学中应注意尊重学生的意见、设想和创造力，多进行正面引导和启发，防止损伤学生的自尊心。

②自信心的作用

自信心是指对自己力量的充分估计,它也是形成自我体育意识的重要成分。自信心是学生成长的重要心理品质。一个学生如果很自卑就容易看不到自己的力量,总是强调自己的不足,在这样的情况下是很难顺利完成体育任务的。日本教育家田崎仁通过研究发现学生成绩差的原因,约有三分之一的学生是由于缺乏自信心。因此,在体育教学中,教师的首要任务就是帮助学生建立自信心,让自信心在体育运动中发挥出积极作用。

由此可见,自我体育意识对学生的体育活动会发生积极的推动作用。如果在体育教学中处理不当,自我体育意识也会带来反作用,比如过分突出自我,崇拜个人英雄主义等。

三、对大学生终身体育意识的培养

高校的学校体育教学任务之一,就是如何在中、小学所奠定的终身体育基础上再上一层楼,使生命科学的完美意义通过终身体育得以实现,成为我们终身体育学科十分具有意义的研究课题之一。

(一)高校体育在终身体育中的作用及特点

1. 终身体育对高校学生的作用

终身体育是一个动态的持续发展过程,对于高校学生来说,终身体育的作用与意义则更具有特殊性。

(1)大学生生活方式的主要内容就是学习。大学的学习压力日趋沉重,除了必要的休息和饮食外,脑力劳动是现代大学生主要的活动内容与方式。这时候,对于体育运动的需求变得极为迫切和重要。学生需要长期、规律地进行体育运动,才能平衡身体的协调发展和身心的健康状况。

(2)从年龄发展阶段看,因为大学生已经步入青年,与儿童少年时期相比,他们的各项身体素质基本趋于成熟和稳定,神经系统功能极为健全,心肺系统功能基本完善,生殖系统成熟,运动器官系统表现为稳定发展。因此,这个阶段体育运动的重点是维护身心发展的平衡与协调,是巩固终身体育观点的重要时期。

2. 高校学生的终身体育特点

(1)从生理学角度来看,由于地区差异、个体差异及性别差异,大学生运动素质的发展也存在不均衡的状况;从心理学的角度,大学阶段是个性形成的关键期，是自我意识较为强烈，理性较强、情感极为丰富、智力水平较高的人生阶段；从社会学角度，在个体社会化过程中，大学生已初步具备参与社会交往及社会活动的能力。但是，实践经验还显然不够，而内容丰富多彩、健康娱乐性的体育活动、竞技性体育活动是非常适合高校学生的体育运动形式。

（2）高校学生的自我运动意识较强，并具备自我锻炼的能力。大学生的学习、生活制度相对灵活，自由支配的时间较多。因此，结合其兴趣、爱好及身体特点，可以充分发展自我体育运动的能力，培养终身体育锻炼的习惯，可以说大学生具有很多有力的优势条件。

（3）专业学习的实用性特征。由于专业学习的差异，发展终身体育也应该考虑与其所学专业和未来职业的发展相适应，这也是促进其发展终身体育的必要条件。比如，有针对性地提高和发展未来职业所需的一般运动素质和特殊运动素质，以及培养其未来职业所需的心理素质和应对环境的适应力。比如说，文科院校的大学生应该掌握的主要运动项目包括球类、体操、游泳、长跑、民族传统体育项目、娱乐性体育项目等，同时重点发展上肢、腰背肌力量，提高耐久力。理工科院校的大学生应该掌握的主要运动项目包括球类、体操、游泳、滑冰、健美、登高、爬越、传统体育项目和田径项目等，应该具备的运动素质及能力主要是速度、灵敏及耐力等。师范院校的大学生应该掌握的主要运动项目包括田径、球类、体操、游泳、游戏及健美等，应该具备的运动素质及能力是重点发展腿部力量，具有端正的身体姿态等。

（二）大学生身体锻炼的原则、内容与方法

1. 身体锻炼的原则

（1）择其所用原则

大学生进行身体锻炼的需要可以说是复杂而且多种多样的，有时是为了健康，有时是为了从紧张的学习压力中解脱出来，有时为了提高运动技能和技巧，有时为了病后康复或生长发育，有时又是为了提高大脑工作效率。总之，大学生在选择身体锻炼的手段和方法时，可以充分发挥择其所用的原则，提高运动效率。

（2）维护大脑健康工作为原则

人体的脑力工作是有限度的，过度疲劳会影响和损害智力情况，明确这一点对于以脑力劳动为主的大学生而言十分重要。用脑过度是在大学中比较常见的现象，因此，通过合理的体育运动缓解脑力疲劳，已经成为大

学生必须掌握的一项生活技能。通过体育锻炼使大脑获得积极性休息，并达到促进智力发展的目的，这是现代大学生更好地生存、学习所不可违背的原则。

（三）巩固和加强体育意识和习惯

高校体育的主要目的是维护和加强学生的运动意识和运动习惯。经过学龄前、中小学阶段的长期培养，学生已经初步掌握了一定的体育知识和运动技能，甚至也找到了自己的运动兴趣和偏好，形成自己的运动习惯。在高校阶段主要是巩固这种运动意识和运动习惯。高校学生中除了一小部分会继续深造以外，其余的绝大部分学生即将步入社会，参加到社会建设中来。他们在未来的工作中也许会面临着各种各样的机遇以及挑战，这些都需要大学生做好身心的准备，拥有一副健康强壮的身体则是最重要的条件。因为如果没有健康那么一切都成为空谈。高校体育的工作重点就是加强学生的体育运动意识和运动习惯。一方面是让学生充分意识到健康对人生发展的重要意义，而适量的体育运动是保持身体健康和旺盛精力的最佳途径；另一方面，学校应该为学生建设更好的体育环境，引进更先进便利的运动设施，通过创造有利的客观环境，能够更好促进学生自觉自发的运动。

在步入社会之前，通过各种方式帮助学生形成和稳定自己的运动节奏是非常重要的工作。这是因为，当运动已经内化为一个人生活的组成部分的时候，他会自觉地想要运动、需要运动，无论是否有人督促，客观条件是否便利，甚至在条件差强人意的情况下，他也会自己创造运动条件，这就是形成终身体育的最佳开端。

第四节　终身体育思想引领学校体育文化建设

一、终身体育思想的结构组成

（一）体育认知

终身体育认知是实现终身体育的基础和前提，是终身体育思想的根本。只有在科学认知的基础上，体育情感和体育意向才会形成和坚持下去。从心理学的角度来看，认知是指个体对所要认识的对象的感知、理解、评价和信念。比如，对于体育运动的认知是从观看体育比赛、参加体育锻炼等途径开始的，然后在这一过程中产生对体育运动的理解。这种理解在刚开始的时候可能是表面的、肤浅的，比如学生对打篮球的直接理解和评价是刺激好玩，对长跑的直接理解是枯燥。但是随着时间的推移，这种理解会逐渐发生改变和深入，比如打篮球除了表面上的“好玩”以外，还有很多的运动技巧，运动战术和心理战术要学习和训练，通过训练可以完整地塑造一个人的运动技能、身体素质、精神品质等。随着理解的不断成熟，对运动的评价也会发生改变，其产生的信念也会随之改变。体育认知是一个发展变化的过程。

（二）体育情感

情感是在认知基础上的生理评价和心理体验，情感更多表现为一种社会需求的评价。当行为主体对体育怀有积极、肯定的评价时，就会产生诸如爽、痛快、高兴、激动等情绪体验，而当个体对体育有消极、否定的评价时，就会产生诸如累、烦躁、无聊、恐惧等情绪体验。随着体育认知和实践的深入，体育行为主体还会因体育能提高身体素质、增强体质、凝聚民族情感、增进人际交往等而产生热爱、狂热等情感体验。

（三）体育意向

体育意向是指心理活动的指向性。现代心理学通常将意向和动机、愿望联系起来理解。体育意向主要是指在体育意识层面，个体参加或疏远体育活动的倾向。体育意向是建立在体育情感基础上的，一般而言，树立了积极、肯定的体育情感就会促进积极参与的体育意向。终身体育思想的建立过程，也是体育意向的培养过程，当对终身体育有了全面客观的认知，产品积极的情感和评价之后，就会形成稳定的体育意向，自觉进行长期规律的终身体育运动。

二、终身体育思想引领下学校体育文化建设的对策

（一）加强对体育认知的影响

对于大多数的院校而言，学校体育文化的建设是以终身体育思想为方向和指导而进行的。终身体育思想指出，行为的养成需要从认知开始。那么对于终身体育的认知建设便首当其冲，而完整、健康的认知需要从亲身实践得来，所谓“纸上得来终觉浅，绝知此事要躬行”。因此，学校体育文化建设要明确，体育实践是发展体育运动和培养体育意识的主要途径。必须

带领学生多参加体育活动和体育实践，在这一过程中进行体育思想的讲解和传授，才是最有效的途径。比如，只有亲身参与，学生才能理解跑步过程中的极点现象，才能理解什么是第二次呼吸，只有在运动场上真实地体验过激烈的比赛之后，才能在领奖台上潸然泪下，体会成功的来之不易。只有自己亲身体会过，才能评价评价和理解别人的动作、动机或者策略是否得当。

（二）加强对体育情感的影响

情感是人最直接的感知，情感先于理性。建设学校体育文化，加强对体育情感的影响十分重要。学生参加体育运动时产生怎样的情感体验，在最初的时候非常关键，这就需要体育教师发挥重要作用，要悉心呵护学生对体育运动的情感体验，因为这将直接影响终身体育思想和习惯的建立。比如，在最初接触某一运动项目时，如果学生得到的情感体验是挫败和打击，那么他很可能会产生抵触情绪，久而久之便会退缩和放弃该项目，而因为一次失败就放弃显然不是理智的行为。学校在建设体育文化的工作中，要特别注意对学生的情感维护和引导，需要激发他们的积极情感，比如知难而上、勇于突破自我、不畏挑战等。当学生对体育运动逐渐进入正向反馈机制，那么他们也会自觉自发地产生正向情感体验，对形成终身体育创造良好的条件。

（三）加强对体育意向的影响

在学校体育活动中，学生或受体育场馆、设施等物质文化的“诱惑”，或受“重在参与”“更快更高更强”的精神鼓舞，或在特定体育制度约束或激励下，或在同学朋友经常参加体育锻炼的行为带动下，会有强烈的从事体育锻炼的动机或意向，经验及研究均表明，影响学生参与体育活动的动机，除了必要的场地设施之外，体育氛围、友伴影响、活动开展情况、宣传鼓动等也发挥了重要作用，而这些都可以通过学校体育文化建设而获得。

（四）发展多样的体育文化

校园体育文化的建设要具备多样化的特性，这是因为只有多样丰富的体育运动项目和文化形式才能丰富学生的体育视野，拓宽学生的认知发展，才有利于帮助学生确立终身体育观念和习惯。通过丰富学生的体育业余生活，促进其对体育运动投入更多的精力和时间，逐渐养成良好的运动规律，对于树立积极向上生活态度具有积极意义。学校体育文化要针对“课堂内”和“课堂外”同时进行。“课堂内”是指加强对体育知识和技能的教授，特别是要结合学生的生活实践，让课堂所学在课外可用。而“课堂外”是指在教学任务之外，学校也积极开展和推进各类的体育活动、比赛，它涵盖广泛的体育实践活动。比如集体观看一些体育赛事，请裁判员、运动员、教授等来校计座座谈等。这里还应该注意的是，可以邀请跨学科的教授讲述体育知识内容，比如邀请医学专业背景的教授讲述运动保健和运动康复、运动医学等案例，邀请力学专业背景的教授讲述技术原理，邀请营养学专家讲授运动与营养的主题讲座等。总之，“课堂外”就是要丰富学生的体育知识见闻和视野，让他们对体育有更加全面的认知，而不仅仅局限于课堂内讲授的具体技术动作和书本知识。

（五）营造运动的环境氛围

学校体育文化的建设旨在全方位地为学生营造一个体育世界，让他们有机会更充分、更生动地了解体育知识，从而为培养终身体育观念和习惯做好准备。并且，学校还应尽量展现体育文化的魅力，开拓学生的视野，通过体育文化的窗口，让学生对社会和世界有初步的客观印象，这对帮助学生形成正确的世界观和价值观十分有益，在这样的前提下，会促进学生迫切地希望成长和强大起来，他们需要有强壮的体魄、开阔的眼界，因此，会更加主动积极地进行体育运动和锻炼，有助于自发地形成终身体育运动意识。

（六）升华体育运动的精神

升华运动精神是指将一些生活中的事例进行提炼和升华，特别是学生身边发生的或者他们熟知的一些事例效果更好，因为熟知而降低了解释成本，发生在身边的事情对他们的影响也更明显。学校体育文化应该善于抓住这样的事例，并进行一定的升华，帮助学生树立体育运动信念和精神，也锻炼他们透过现象看本质的能力。比如，通过学生经过刻苦训练取得进步的实例，提炼出“拼搏进取”的体育精神，激励学生面对困难不畏惧、不退缩；通过总结竞赛后的得失提炼出“失败只是成功前的一次演练”等，学校还可以建立自己的体育精神或特定标语。总之，将抽象的体育精神具体化、形象化更有助于学生养成终身体育观念和习惯。

（七）紧跟时代发展的步伐

学校体育文化的建设并非靠纸上谈兵、凭空想象得来，而是在摸索实践中不断完善和发展出来的。学校在具体的实施过程中,应该切记将每一步努力都落在实处,让每一次尝试都得到真实反馈。学校的体育文化建设是应社会发展需要而调整的,因此,经得住实践的考验才是成功的唯一标准。学校的体育文化是为了给社会培养现代化的人才,是与社会发展紧密相关的,因此学校的体育文化建设是和社会文明发展和文化演变相关的。它既要密切关注社会文化发展动向,也要留意观察学生的兴趣热点,在这个基础之上发展的体育文化才是符合当下时代需求、与社会发展同步的体育文化,这样的学校体育文化才是符合终身体育思想的、在不断动态成长的体育文化。

第四章　学校体育文化建设与发展的现状和趋势

学校体育文化建设是对学生终身体育意识进行培养的重要条件，学校体育文化建设是一项系统的工程，较为复杂，并在长期的实践中形成了自身的规律。各级各类学校要按照科学规律加强学校体育文化建设工作，提高建设效率与建设水平，以推动素质教育、终身体育的发展。本章着重对学校体育文化建设与发展的现状和趋势展开研究，首先分析学校体育文化建设与发展的现状，其次对学校体育文化的传播展开研究，再次提出我国学校体育文化建设与发展的思路，然后探讨学校体育文化与家庭体育、社会体育的协同发展，最后分析国外学校体育文化建设与发展对我国的启示。

第一节　学校体育文化建设与发展的现状分析

一、学校体育物质文化的发展现状

物质文化是学校体育文化发展的基础保障，缺少这一物质基础，体育活动无法正常运行。学校体育物质文化内容丰富，有体育建筑、运动设施、运动器材、体育雕塑、体育吉祥物、体育标语、体育图书、体育音像资料等非常具有代表性，这些内容凝聚和展示着校园师生员工集体的知识与智慧。这些体育物质实物都是具有实际作用的，如体育建筑、设施、场地和器材等是体育教学活动和课余体育活动开展的重要场所和载体，是改善学生物质文化生活的基础设施，其建设状况、设计水平和文化内涵反映了学校体育文化的发展水平。

(一)学校体育场地设施现状

体育场馆、器材等设施是体育教学活动开展的基本载体,因此,其质量状况直接影响学校体育文化的发展。

有关调查统计结果显示,我国多数学校的体育场馆、器材不仅不能达到教育部规定的标准,也无法达到满足体育教学、课外体育活动以及运动训练和竞赛的需要,这势必会阻碍学校体育文化的整体发展。

正是由于优质的体育物质资源有限,所以这些资源主要都用于学校官方的体育教学和运动训练,这就必然导致了课余体育锻炼中场馆器材的紧张和不足,这样的学校体育物质条件根本无法有效培养学生的运动意识和习惯。

(二)学校体育物质环境现状

学校体育物质环境直接影响学生的体育兴趣和体育参与动机。很多学校还未形成良好的体育物质文化环境,创建体育物质文化环境的意识薄弱。在现代信息化社会环境下,学生主要通过体育图书资料和网络资源来了解和接触体育相关信息,只有少数高校会主动在校园网、学生论坛发布学校的体育信息。

此外,有体育雕塑的学校并不多,在校广播和宣传栏中宣传体育相关信息、在校园官方网站上登载体育新闻的学校都很少。可以说,当前大部分学校都缺乏主动创新体育物质文化环境的意识,体育宣传途径少,宣传方式单一,宣传意识和力度差,可以想象,这样的环境很难促进学校体育教育目标的实现,也难以实现学校体育文化建设的目标。

二、学校体育精神文化的发展现状

良好的学校体育文化氛围可以使校园变为一个在一定区域内集成的具有普遍自觉性的体育文化小群体。每一个身处在这个小群体中的人都普遍具有相似的体育观念和体育行为。更多的加入到这个群体的人都会被这种氛围所感染,接受这些良好的体育观念和体育行为,进而会有很多人被吸引参与这个群体,最终可以充分实现学校体育的教育功能。学校体育精神文化是学校体育文化的核心。

下面主要从体育观念、体育道德以及体育精神三个方面来探讨学校体育精神文化的发展现状。

（一）体育观念现状

体育观念指的是体育教师与学生对体育在健身、健心、娱乐、智力培养等方面的价值的认定。正确的体育观念可以指导体育教师和学生在校园中采取恰当的体育行为。也就是说，体育教师和学生的体育观念直接反映在其对体育在健康促进、娱乐等方面所体现出来的价值认识程度。

大多数学生可以比较正确地认识体育的价值，但广大体育教师和学生对体育观念的认识大多停留在传统层面和表面上，对于体育对人的深层次影响，很多人还是表达不清，无法完全领会。此外，很多学生甚至是体育教师都无法清楚阐明体育观念的具体内容，更无法在实际行动中体现体育观念。

总而言之，学生的体育观念较为正确，但是缺乏内涵、基础不扎实。令人欣慰的是，学生的可塑性很强，只要稍加引导，组织学生对相关内容加以学习，就可以使其理解体育乃至体育文化中更深层次的内容。

（二）体育道德现状

体育道德能够反映学生的人文素质状况，学生在体育运动中体现出的道德水平非常真实和客观，是学生体育意识、观念及价值观等的具体表现形式。尤其是在团队性体育运动中更是展现得淋漓尽致，如在足球比赛中可以通过学生的责任感、公平意识、规则遵守情况等评价学生的体育道德水平。

很多学生体育道德基础较好，道德水准较高，主要表现在其参与体育运动的过程中基本没有功利性，能够遵循“公平竞争、团结友爱、遵守规则、重在参与”的原则参与比赛，并且表现出强烈的集体荣誉感和爱国主义精神。学生普遍表示在体育竞赛中他们最希望看到的是公平竞争、重在参与、裁判公正、团结一致，在体育活动和锻炼中他们最希望看到的是机会均等、互礼互让、积极参与、遵守纪律、表现自我、实现自我。

但在开放的校园环境中，学生由于受到家庭、学校、社会等各方面复杂因素的影响，因而在体育道德方面表现出一些不足，如在体育运动中自私自利、缺乏责任感、缺乏团结合作精神、以自我为中心、不尊重裁判等不良表现。因此，学校要加强对学生的体育道德教育，提高学生的体育道德水平。

（三）体育精神现状

体育精神包括竞争、拼搏、意志品质、团结协作、奉献、遵纪守法和创新等内容，这些精神对学生的终身发展十分有益。学校培养学生公平竞争、拼搏奉献等精神，体现了学校体育文化对学生体育精神涵养的要求。学校体育精神的培养直接受学校体育传统、地域、民族以及学生实际情况等因素的影响。体育传统较好的学校能够积极培育学生的体育精神，相反，在尚未形成体育传统的学校，学生感受不到体育精神，无法深入体会体育给他们学习与生活带来的影响。

另外，在体育运动中大多数学生可以做到遵守规则、服从裁判和尊重对手等要求，但另一方面学生在体育运动中的创新能力较弱，使得体育活动看起来就是规规矩矩的活动，这显然不利于创新思维的发展。因此，在今后的学校体育文化建设中应当营造浓厚的体育创新文化氛围，要求学生积极思考，发挥自己的聪明才智与想象力。

三、学校体育制度文化的发展现状

学校体育制度文化是学校体育组织形式和体育意识的集中体现，内容十分丰富，可以说，几乎所有与体育活动有关的事物都有体育制度的存在，它的作用主要是规范体育实践。

学校体育活动的有序开展需要有相应的管理制度作保障，因此，一个完善的学校体育管理体制和健全规范的体育规章制度无疑会成为学校体育文化建设和发展的保障，同时这也是学校体育文化管理的准则。为了更加全面地了解学校体育制度文化对学校文化发展的影响，下面主要分析学校体育制度建设、学校体育制度执行的现状。

（一）学校体育制度建设现状

为了保障各类体育文化活动的顺利进行，需严格制定和实施学校体育规章制度，要协调安排各部门、各层面校园主体的工作，最大限度地发挥相关人力、物力和财力的作用。

我国有部分学校尤其是高校基本具备国家下发的成文制度，大多数高校能够根据本校体育教学、运动训练、体育竞赛、体育教师管理、场地器材设施管理等方面的需要建立相应的体育制度，但很多高校的体育制度文件内容基本相同，没有依据自身现状建立更具有针对性的制度，而且现有制度无法充分落实，这就难以保障体育工作的顺利进行。而且少数学校不重视体育工作，没有按照国家学生体质健康标准的相关要求开展体质测试，每年的体质测试存在严重的造假现象。

总体而言，虽然学校基本具备国家下发的相关体育政策文件和维持学校体育工作的体育制度，但随着学校体育工作现代化、信息化、社会化发展趋势的加强，现有学校体育制度已远不能满足现实需求，因此需进一步宣传与强化依法治校的观念。

（二）学校体育制度执行现状

体育传统是指学校在体育方面形成的一种带有普遍性、重复性和相对稳定性的体育行为风尚。学校体育传统活动的内容主要包括运动会、学生体育联赛等。大部分学校重视课余体育训练，组织学校运动队参加校外体育竞赛。但是，有很多学校并不关注体育节等活动的开展，学校体育活动组织者还没有形成这方面的意识，而实际上这种体育传统对促进学校体育文化建设与发展非常重要。①

第二节　学校体育文化的传播

一、学校体育文化传播的方式

（一）体育课程

体育课程是学生以身体练习为主要手段，通过合理的体育教育和科学的体育锻炼过程，达到增强体质、增进健康和提高体育素养为主要目标的公共必修课程；是学校课程体系的重要组成部分，是学校体育工作的中心环节，是我国实现素质教育和促进学生适应社会、培养学生完整个性的有效途径。

体育与健康课程对于提高学生的体质和健康水平，促进学生全面和谐发展，培养社会主义现代化建设需要的高素质劳动者具有极为重要的作用。除此之外，通过体育课程的学习，学生还能学到更多有关体育方面的知识，提升自身的运动能力，这对于学校体育文化的宣传与建设都具有重要的意义。

3. 增强社会适应能力

通过本课程的学习，学生将理解个人健康与群体健康的密切关系，建

① 王小军．多元体育文化解析与发展[M].北京：中国书籍出版社，2018.

立起对自我、群体和社会的责任感；形成现代社会所必需的合作与竞争意识，学会尊重和关心他人，培养良好的体育道德和集体主义、社会主义、爱国主义精神，学会获取现代社会中体育与健康知识的方法。

4.获得体育与健康知识和技能

通过体育课程的学习，学生能够掌握体育与健康的基本知识和运动技能，学会学习体育的基本方法，形成终身锻炼的意识和习惯；学生可以根据自己的兴趣爱好和不同需求，选择个人喜爱的方法参与体育活动，挖掘运动潜能，提高运动欣赏能力，形成积极的余暇生活方式；学生可以提高体育运动中的安全防范能力，获得在野外环境中的基本生存技能。

（二）校运会

在学校体育文化传播中，校园运动会是非常重要的一个形式和环节。学校开展运动会来传播体育文化是以学生为主体的。学校运动会的开展不仅是为了促进学生体质的增强，也是为了传播体育文化，培养学生积极进取、勇敢拼搏的精神，提升学生的人际交往能力。

我国一些学校每年举办的校运会中比赛项目比较单一，而且在运动会前缺乏相关的宣传，尤其是关于体育文化知识和体育精神的宣传，虽然一些高校的运动会比较正规一些，有宣传口号、横幅、海报，也会在校广播平台播报相关信息，甚至少数高校会将校运会各个项目的比赛成绩展示在大屏幕上，但这还远远达不到传播体育文化的要求，还需进一步努力。

（三）体育文化节

传统学校体育运动中竞技活动占主导，随着学校体育文化的不断发展，学校体育运动打破传统模式，不再一味地开展竞技活动，还开展体育主题活动、体育娱乐活动，尤其重视开展集体项目活动。此外，时尚体育活动也出现在很多高校的运动会中。学校树立“健康第一”“以人为本”“终身体育”等理念，举办各种各样的体育活动，对学校体育文化、特色体育文化进行广泛传播，对学校体育文化建设与发展起到了重要的作用。

高校的体育文化节是高校体育文化传播的重要方式之一，体育文化节的举办在很大程度上促进了高校体育文化的发展。社会各界也普遍关注高校体育文化节，大学生的风采受到社会瞩目。高校利用体育文化节而举办形式多样、内容丰富的体育活动，组织各种类型的体育赛事，有效传播了体育精神，有助于培养大学生的体育精神和体育道德。

(四)品牌赛事及重要赛事

学生参与社团活动、体育比赛等,能够充分展示自身的形象,也能展示其所在学校的形象。学生参加的体育比赛级别越高,越有社会影响力,就越能提升学校的形象和声誉。一些高校在承办大型体育赛事方面之所以表现出很强的积极性,是因为通过承办赛事既能够传播高校体育文化,使学校知名度提升、影响力扩大,又能产生一定的经济收益。高校品牌赛事的影响力极其广泛,通过举办品牌赛事来传播体育文化,能够达到很好的传播效果,而这对提高高校的知名度非常有帮助。飞利浦中国大学生足球联赛、中国大学生篮球联赛、中国大学生篮球超级联赛等高校品牌赛事的举办充分说明了高校品牌赛事对传播体育文化的重要意义。

二、学校体育社团成为学校体育文化传播的新主体

近年来,随着素质教育的全面推行,学校出现各种各样能够丰富学生文化生活、培养学生综合素质的社团,其中体育社团深受学生喜爱,体育社团活动的开展有效增强了学生的体质,促进了学生视野的开阔和运动能力的提高,体育社团也是传播学校体育文化的重要途径。

(一)体育社团对传播学校体育文化的影响

1. 体育社团文化是学校体育文化的构成内容

学校文化由学校体育文化、学校智育文化、学校德育文化、学校美育文化共同构成,不管是哪种文化,都是校园精神的代表,内涵都非常丰富,外延也很独特,各类文化的建设与发展都坚持贯彻“以人为本”的原则,围绕学生这个中心而发展。学校体育文化作为学校文化的重要组成部分,其内容极为丰富,其中就包含体育社团文化。学校体育社团活动丰富多彩,学生参与体育社团活动有助于促进健康,将自己的特长充分发挥出来,培养新的兴趣爱好,而且能够促进交流,建立友谊。学校体育社团的活动具有普遍的适应性、鲜明的教育性,而且感染力很强,对全面培养学生的综合素养具有重要意义。作为学校体育文化重要构成部分的体育社团文化为推动学校体育文化的发展和学生的全面发展做出了重要贡献。

2. 体育社团是传播学校体育文化的重要载体

如果只是依靠学校体育宣传、学校体育教育来传播学校体育文化,那

么效果是有限的，还需要在宣传和教育的基础上发挥学校体育社团的重要作用。体育社团的各类活动活力四射，影响力大，容易被学生接受，所以对很多学生都有很强的吸引力，学生参与体育社团活动，不但能够强身健体，放松身心，还可以形成正确的价值观，形成进取、拼搏、乐观、团结的精神。而且学校体育社团活动的参与者是不同年级、不同院系的学生，一名学生除了参与体育社团外，还可以参与别的社团，这样就大大扩大了体育文化的传播范围，提升了传播速度，扩大了传播效果。

3. 体育社团是学校体育文化建设的一支主力

学校体育文化不及学校德育文化那样容易渗透到教学活动中，因为德育文化的渗透主要以知识渗透、观念渗透为主，而体育文化的渗透除了观念、知识的渗透外，还包括实践活动的渗透，需要将各种渗透方式融合起来，因此有一定的难度。但学校体育社团可以促进体育文化的多层次渗透，体育社团开展的体育活动形式多样、内容丰富，涉及很多项目，从而为学校体育文化建设奠定了良好的基础。体育社团活动除了各个项目的比赛外，还有一些休闲娱乐类活动，如知识竞争、专题讲座、体育影片观赏等，从而进一步丰富了学校体育文化，使学生的多层次和多样化需求得到了满足，因此说学校体育社团是学校体育文化建设的主要力量之一。

（二）体育社团文化的发展

为了使体育社团在传播学校体育文化和促进体育文化建设中的重要作用得到最大限度的发挥，需重视体育社团文化的发展，下面对体育社团文化发展的策略进行分析。

1. 注重基础性建设

现阶段，我国很多学校的体育社团还不具备完善的基础设施，这对体育文化的传播造成了阻碍。学校应充分认识到体育社团对传播学校体育文化和推动学校体育文化发展的重要性，基于这一认识而从学校实际出发扶持体育社团基础设施建设，为体育社团提供资金支持、政策支持及其他资源支持，为体育社团活动的正常开展提供基础保证，使体育社团的作用得到充分发挥。此外，体育社团传播体育文化的效应直接受到社团自身宣传力量的影响，因此学校要多为社团提供宣传机会和平台，充分发挥社团的作用，使师生进一步认识体育文化，积极参与体育运动，形成积极健康的生活方式。

2. 加强规范化管理

学校体育社团是学生自发组织而建立的，学生自主参与社团活动，并进行自主管理，但因为学生缺乏管理经验，导致出现一些不良现象，如管理混乱、无序等，不仅对体育社团本身的发展造成了制约，也对学校体育文化传播与建设造成了严重影响。这就要求学校有关部门加强对学校体育社团的规范管理，制定相关制度而提高管理的有效性，制度中应明确规定社团内部不同部门或成员的职务权责，明确团费标准、考核标准、活动原则、经费使用要求等，从而使体育社团的运行更规范、有效。此外，学校要注重对体育社团活动绩效的评估与考核，根据考核结果而给予表彰或进行适当惩罚。

3. 推动可持续发展

学校体育社团的可持续发展对学校体育文化的传播及建设有直接的影响，为推动学校体育社团的可持续发展，需做好如下工作。

第一，有关部门支持学生自发组织类型多样、内容丰富的特色化体育社团，并鼓励学生参与体育社团活动。

第二，促进体育社团活动形式的多样化和活动内容的丰富化，除了开展体育赛事活动外，还要开展一些具有普及意义、传播意义的体育活动，如专题讲座、体育晚会、体育交流会等，从而有效传播学校体育文化，提高学生对体育文化的认识水平。

第三，建立运动队，学校倡导专业体育教师或教练员指导体育社团的运动队训练，使学生科学参与体育运动，提高运动水平，在学校或校际体育比赛中取得好成绩，从而进一步促进学校体育文化的对外传播，将学校的特色体育文化展示给社会大众。

总之，学校体育社团对传播学校体育文化，促进学校体育文化建设与繁荣具有重要意义，学校要依托体育社团的作用而在各个方面全面渗透体育文化，促进学校体育文化与学校体育社团的共同发展，进而促进学生的全面发展，如增强体质、提高知识能力水平、提升道德素质等。

三、学校体育文化的媒体传播

（一）学校体育文化传播的主体

学校体育新闻传播以体育教师为主体，学生体育社团为新鲜力量，学校体育部、体育院系或体育教研室等体育行政管理部门发挥组织管理功能。学校体育新闻的特征既包括一般新闻传播的普遍性，也包括自身的特性，学校所有的媒体途径都可以作为体育新闻传播的途径，此外学校体育行政部门也可以采用一些较为特殊的方式进行体育文化传播。

（二）学校体育文化传播的功能

1. 教育功能

学校体育新闻传播具有重要的教育功能，其深深影响着学生的体育观念、体育精神、体育行为表现及课余体育生活方式等。学校利用新闻媒介而报道一些励志的体育事件或对优秀的体育人物进行宣传，从而对学生的体育观念产生深刻的影响，促进爱国主义精神在学校的弘扬，对学生的体育道德进行培养。另外，通过体育新闻传播，为学生获取体育信息提供便捷的渠道，使学生的求知欲得到满足，激发学生的体育兴趣，并使学生对体育的认识更深刻。学校体育新闻传播为学生参与校内外体育活动提供了动力，并使学校重要体育信息被更多师生及社会人士所了解。

2. 娱乐功能

随着教育领域竞争性的增强，学生的学习压力越来越大，教师的工作负担也很重，师生都很疲劳、焦虑，但师生可以从体育活动中缓解疲劳和愉悦身心。学校体育新闻传播能够使师生的疲劳感、焦虑程度减轻。体育新闻传播的内容非常丰富，师生在课余时间阅读体育新闻可以调节身心压力，克服不良情绪。此外，通过新闻传播媒介而传播科学的体育知识，能够对师生的体育行为进行正确引导，提高师生参加学校体育文化活动的积极性。

娱乐性是学校体育文化的重要特征之一，师生参与体育活动，虽然身心承受一定的负荷，但这种身心体验是愉悦的。很多有趣的体育活动都可以作为师生在课余时间调节自己的重要方式，参与轻松有趣的课余体育活动能够使师生的身心健康需求、身心调节需求得到满足。趣味性体育活动也日渐成为学校师生员工的课余娱乐方式之一。

3. 激励功能

学校体育新闻传播能够使师生的高层次体育精神需求得到满足，使师生在接受体育信息、参与体育活动、感受体育文化的过程中感受到自己的被关心、被尊重，并为相关主体之间进行情感沟通与思想交流提供良好的平台。通过学校体育新闻传播而对师生的体育行为规范进行培养，使其形成正确的体育价值观,产生强烈的归属感,这样学校成员的凝聚力和向心力都能够得到有效的提升。学校新闻传播对体育精神予以弘扬,对师生的思想观念、行为举止产生深刻的影响,激励他们勇往直前、积极向上、敢于创新,为学校、为祖国争光,营造出奋发向上、振奋人心的良好校园文化氛围。

(三)体育新闻传播的途径

1. 广播

学校新闻媒体中最早出现的是校园广播,它是学校宣传的重要媒介,利用广播宣传是一种非常简单和直接的传播方式。校园广播作为学校传播中非常普遍的一种渠道,其优势主要表现在简短、及时、快捷、易被接收等方面。用广播来通知突发事件更能体现广播的优势和重要性。

2. 宣传橱窗

宣传橱窗也是校园中常见的宣传媒体之一,其具有目的性、针对性、灵活性、时效性等特征,成本不高,形式不复杂,而且有审美性、创意性,是学校体育文化新闻传播的可靠选择。

学校宣传橱窗不仅能够给师生传递重要新闻、信息,美观的版面设计还能使师生体会体育之美、设计之美。宣传橱窗是学校的一道风景,学校的文化气息能够集中反应于此。宣传橱窗营造出的健康活泼、拼搏向上的文化氛围为学校体育文化建设提供了良好的环境。但是,宣传橱窗这种传播媒体也有自身的不足,如篇幅有限,展示时间有限,对受众的影响比较短,而且涉及一些比较复杂的手工制作,工作量大,再加上管理不善,一些重要的宣传内容很容易被各种广告宣传海报覆盖。

3. 网络

学校近年来流行一种新兴新闻媒体形式——校园网络,其特点与优势在于内容丰富、快速更新、图文并茂、形象生动、覆盖面广、影响深远。校园网是学校体育新闻传播的现代化手段,利用校园网传播体育文化,可以有效拓展传播范围、扩大传播的影响力。校园网络这种新兴新闻传播媒介已在许多学校成为主流传播渠道。学生利用校园网平台可以第一时间了解国内外的体育新闻,了解丰富的健康信息、学习科学的运动方法,从而拓展自己的知识面,丰富自己的体育知识,提升自己的体育素养。

总之,学校体育新闻传播能够引导和规范学生的体育行为,其深刻的文化意蕴和价值提高了学生的文化素养,营造了积极健康的校园文化氛围,抵制了不良文化对学生的侵蚀。体育新闻传播倡导科学、健康、文明的生活方式,引导学生追求健康、高尚的生活目标,对学生形成健康、健全的人格起到了至关重要的引导作用。

第三节 我国学校体育文化建设与发展的思路

一、我国学校体育文化建设的思路

(一)加强硬件保障,推进学校体育物质文化建设

学校开展体育活动,必然离不开体育场馆、体育器材、体育设备等基础物质条件,这是构建学校体育文化环境的基本前提和保障。学校有关部门应将体育文化设施建设纳入学校整体建设规划中,有计划、有步骤地完善学校运动场馆、体育设施建设,创造良好的校园环境。

学校还要不断开发与创新运动项目,举办丰富多彩的体育文化活动,提高学生的参与积极性,进而不断强化学校体育物质文化建设的思想教育性。

(二)加强科学管理,推进学校体育制度文化建设

学校体育文化系统的正常运行离不开学校体育制度文化的支持和保障,学校体育物质文化与精神文化的发展也离不开制度文化这一必要条件。学校应建立校园体育文化管理体制,并注意分工明确,责任到人。制度面前人人平等,有关管理人员要身体力行,发挥好带头作用。

学校领导要明确学校体育的发展目标,立足实际需求,统筹规划和建设学校体育文化,不断建立健全适合本校实际的管理机制,保障学校体育文化活动的正常开展。学校体育文化建设工程非常复杂,只有上级加强管理,各部门通力配合,才能保证学校体育文化的可持续发展。

(三)加强思想引导,推进学校体育精神文化建设

学校体育精神文化是学校精神文化中不可缺少的重要组成部分,是学校体育文化的核心和灵魂。学校体育文化是学校体育的窗口,学校体育精神文化则是学校体育教育的重要窗口。学校体育精神文化作为学校体育思想文化的集中表现,积极影响着学生的思维方式、价值判断、精神风貌、

道德情感、人格塑造、行为习惯等各个方面。学校要注重构建与完善学校体育文化等软环境，紧跟时代步伐，结合学校体育文化的发展需要而创新体育文化，促进先进体育文化的繁荣发展，从而以特色鲜明、时代气息浓厚的学校体育精神构筑校园文化的主旋律。

（四）加强形式创新，推进学校体育特色文化建设

不同学校的规模、办学类型、办学条件以及师生结构等都是存在差异的，再加上地理位置、气候条件、社会环境等方面的不同，决定了不同学校的办学思想、教学理念有差异。在学校体育文化建设中，学校应结合自身办学优势和特点而开展独具特色的体育文化活动，丰富学生的课余文化生活。①

二、我国学校体育文化发展趋势的思考

学校体育文化建设中要结合时代的需要、社会的需求而确定发展方向，发展方向要与时代需要、历史规律相符，要能够使社会需求得到满足，要对促进社会进步有积极意义。学校体育文化发展应以学生为本，将出发点确立为学生参与、享受体育，并从中获益，将最终目标确立为促进学生健康成长、全面发展，使学生终身受益。下面结合社会发展需求和时代需要来探讨我国学校体育文化的建设与发展趋向。

（一）确立“增进健康与培养体育能力”的目标趋向

一个国家的综合国力最直接地反映在该国居民的综合体质上，人体体质也是客观反映人体生命活动的物质基础。体质的内涵非常丰富，包括体格、机能、本能、适应能力、精神状态等，如图 4-1 所示。健康是人类的永恒追求，学校教育以学生健康为基础，学校体育教育以增强学生体质、促进学生健康为基本目标。学校教育目标的制定与发展方向的确立都以学生健康为根本依据。

学校体育文化建设与发展以增进学生健康为基本目标，同时也应注重对学生体育能力的培养，可以说促进体质健康和培养体育能力并重。培养学生的体育能力最终也是为了促进学生健康和社会适应力的提升，具备一定体育能力的学生能够将体育锻炼延伸到课外、校外，甚至未来步入社会也能自觉锻炼，将终身体育锻炼作为自己的一种生活态度，从而以健康的

① 郭成．校园体育文化[M]．北京：中国科学文化出版社，2003.

体魄为社会主义建设做贡献。

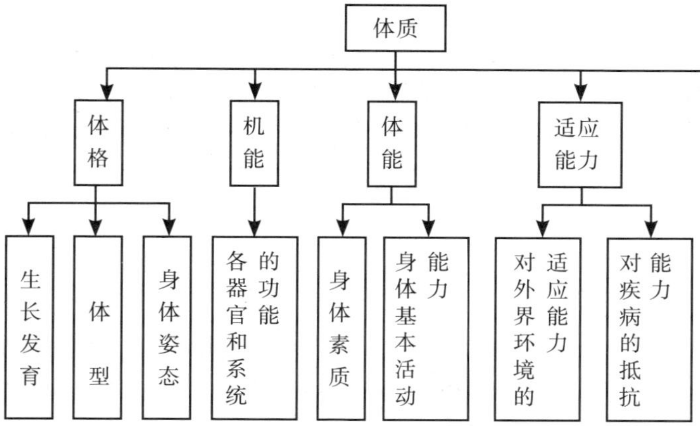

图 4–1　体质的构成[①]

学生要先掌握基本的体育技术、运动技能才能顺利参与体育锻炼，从而增强体质，掌握运动技能是培养学生体育意识与体育能力的基础，而增强学生的体育意识与能力又有助于学生更好地掌握复杂的运动技能。随着学校体育的不断发展，学校体育教育作为学校体育文化建设的重要内容之一，其越来越倾向于既增强学生体质，也培养学生体育能力，健康教育和运动教育并重。

（二）注重学生个性的趋向

现阶段，个性化教育理念在全世界都很流行，世界各国对学生的个性化发展都很重视，这逐渐成为世界教育的一个共同特征和趋势。我国提倡素质教育，而素质教育的核心就是个性化教育。个性化教育与全面教育并不冲突，全面教育提倡全面培养学生的综合素质，促进学生全面发展，但有学者指出全面发展的学生没有特点和专长，因此要注重个性化教育。个性化教育应该以全面教育为基础，在学生全面发展的基础上重点培养与发展学生特长。践行个性化教育理念，要求对学生的个体差异、人格特征予以尊重，并依据客观差异而进行个性化教育，这是学校体育的发展趋势之一，也是学校体育文化发展的重要内容。

（三）对师资要求趋于复合型人才的趋向

在新形势下，学校体育行政部门不再像以前一样只是纯粹的教育组

① 毛亚杰．大学生健康教育[M].北京：北京理工大学出版社，2014.

织，而是一个以体育科研、体育教学、运动训练、体育竞赛、社会体育等为主体，以追求社会效益为目标的实体。在这一趋势下，体育师资的组成不仅仅包括传统的体育教师，还包括体育教练、体育科研工作者、与社会体育对接的体育工作者等，这需要我们重新界定体育教师的知识结构，对此，有关部门对更具有长远意义的体育教学制度与方针进行制定，对当前的体育教育进行改革，强调体育师资向复合型人才的方向发展，而这也是我国学校体育文化发展的一个重要方向。

（四）以兴趣爱好为主，实现终身体育的趋向

学校体育文化建设中特别要注重培养学生的兴趣爱好，体育教师在良好的教学环境中讲授体育知识、传授体育技能，在学生练习过程中进行科学引导，激发热情，调动学习动机，促使学生主动参与体育活动，并在课后自觉进行体育锻炼，养成良好锻炼习惯，形成终生体育观。在学校体育文化建设中要注意挖掘丰富的教材资源，注重体育锻炼的实效性，培养学生的体育文化素养，改善体育教学机制，使体育教育真正为实现终生体育服务。学校体育应该从教学目标、内容、组织方法和考试等方面进行改革，围绕“健康育人，以人为本，崇尚健康”的指导思想，根据教学目标，分层次、分阶段地运用进行教学，培养学生的终身体育思想、能力和习惯。

终身体育思想对促进人类健康水平的提高起着巨大的作用。学校体育文化未来的发展趋势是体育课将不再成为学生的“必修课”，而是作为终身体育的一个环节与社会体育越来越紧密地联系在一起，形成完整的体系，这是社会发展对学校体育文化发展的必然要求。

当前校园体育与社会体育联系较少，并各以其自身的目标和任务体系发展。学生在学校参与体育活动，到社会后基本不参与，学生缺乏走向社会后满足自身体育需求的意识、方法与能力。随着社会的发展和进步，学校体育与社会体育的联系将愈加紧密，相互交错，学校体育已不仅只是体育课和课外活动，而将进一步拓展、延伸。由此可见，校园体育必将成为社会体育的一部分，在学校体育文化建设与发展中要加强与社会体育的联系，切实培养学生的终身体育意识、习惯与能力。[①]

---

① 王平，陈昱，冷迎辉等．人文奥运背景下的校园体育文化[M].东营：中国石油大学出版社，2008.

第四节 学校体育文化与家庭体育、社会体育的协同发展

一、学校体育与家庭体育、社会体育协同发展的内涵

为了全面推进学生的发展，培养学生的终身体育意识与习惯，学校体育、家庭体育、社会体育逐渐相互融合、相互渗透，并坚持以人为本的原则而共同建立相关组织，采取保障措施，共同为促进学生健康成长和全面发展而贡献力量，共同服务于对学生终身体育意识与习惯的培养。在这个协同与融合发展的关系中，居于中心地位的是学校体育，而且在家庭体育和社会体育活动的开展中，学校也提供辅助作用。

从终身体育的角度而言，单纯依靠学校体育不可能使学生养成终身体育锻炼的习惯，因此要将学校体育和家庭体育、社会体育有机结合起来，使三者共同发展、协调发展。在学生受教育期间，加强学校体育与家庭体育的互动，在学生走向社会后，加强家庭体育与社会体育的互动，将学校体育、家庭体育和社会体育有机衔接起来，使学生在不同阶段都积极参与体育运动，促进终身健康，实现终身获益的目标，这才真正实现了终身体育的目标。

二、学校体育与家庭体育、社会体育协同发展的必要性

（一）促进终身体育发展的需要

终身教育的发展促进了终身体育的产生，在终身教育体系中，终身体育是不可或缺的组成部分之一。学生在一生中的每个阶段都接受体育教育，都积极参与体育锻炼，这就是学生终身体育的发展。终身体育理念要求加强学校体育、家庭体育和社会体育的协同发展，使人的一生与体育密不可分，使人一生的体育教育、体育锻炼更加完整、系统，有计划性、目的性，实现终身体育发展目标。终身体育强调人人都要坚持锻炼，不管在什么时候都不能放弃体育锻炼，而且终身体育锻炼应该是自觉积极的，充分发挥能动性，坚持到底。在学校体育、社会体育及家庭体育的协同发展中，要深入挖掘丰富的、有实效的且具有普遍意义的体育资源，为终身体育的

发展奠定良好的基础条件。总之,终身体育的发展离不开学校体育、家庭体育及社会体育的有机整合与相互融合。

(二)有利于形成终身体育意识

在社会主义现代化建设中,我国非常重视全民健身与全民教育的发展,目的是促进全民体质健康水平的全面提高,这符合终身体育思想。在全民健身系统中,学校体育、社会体育、家庭体育都是不可或缺的重要组成部分,全民健身的整体质量与发展水平直接由这三个组成部分的协同发展程度及效果所决定。

家庭和社会体育活动的开展可以使用学校的体育场地设施,家庭体育是学校体育的拓展与延伸,弥补了学校体育的不足,而家庭体育、学校体育本身也都是社会体育的构成因素。社会体育为学生和家庭成员提供社会实践场所与环境。可见,家庭体育、学校体育、社会体育之间有着千丝万缕的联系,它们相互作用、相辅相成,只有将三者有机整合起来,才能形成强大的力量,从而促进全民健身这个大系统的运作与发展。在学校体育、家庭体育和社会体育的相互融合中,要使学生积极参与学校体育活动、家庭体育活动和社会体育活动,培养学生的终身体育观,使其形成终身体育意识与习惯。

(三)促进学校、家庭、社会体育功能的实现

随着经济的飞速发展和社会竞争的加剧,人们面临着越来越多的生活压力,也出现了各种各样的心理问题。而体育活动对缓解人们的压力、调节人们的生活及疏导人们的心理均具有重要作用。学校体育、家庭体育和社会体育伴随人的一生,对人的身心及其他方面都产生了重要影响。

首先,学校体育对增强学生体质,培养学生健康心理品质、良好道德品质具有重要作用,对促进学生全面发展发挥着重要的功能作用。

其次,家庭体育使家庭关系得到有效改善,使家庭氛围和谐,促进了家庭凝聚力的提升。

最后,社会体育使社会成员的身心健康水平得到提升,使社会成员的关系更和谐,促进了良好社会互动关系的建立与巩固。

总之,通过学校体育可以为学生的全面发展打好基础,通过家庭体育可以使家庭生活方式变得更科学、健康,通过社会体育可以构建良好的社会关系与社会秩序,为人们生活提供良好的社会环境。推动学校体育、家庭体育及社会体育的协同发展,可促进三者功能的实现。

三、终身体育视角下学校体育、家庭体育和社会体育协同发展的策略

（一）改变落后观念

传统体育观念中，过分强调学校体育的责任，忽视了家庭体育和社会体育的重要性，而且对三者之间的关系缺乏清晰而深刻的认识，从而制约了三者的协同发展。对此，要及时转变落后观念，在推行素质教育的过程中将体育与健康教育充分重视起来，并充分认识到体育与健康教育不仅是学校的教育内容，也需要家庭和社会的全面配合，如此才能真正落实健康第一、终身体育的教育思想，才能推动全民健身发展，实现终身体育的目标。

学校体育、家庭体育及社会体育的协同发展需要学校、家庭及社会有关部门的主动自觉参与和积极配合，三者协同配合也是学校体育改革的一个主要出发点。21 世纪的体育教育不仅仅要从学校入手，还要加强学校与家庭、社会的友好合作与良性互动，使学生走出校门依然可以接受体育教育，从事体育活动。

传统学校体育教育具有一定的封闭性，因而制约了学校体育教育的长远发展和拓展，对此，要从社会大环境出发来发展学校体育，使学校体育与社会环境下的家庭体育、社区体育有机结合，构建一体化发展机制，各部分都有明确的职责与发展目标，营造全民体育的良好社会氛围，集合全社会的力量来发展体育教育，推动终身体育发展。学校体育、家庭体育和社会体育协同发展的模式具有突出的优势，只有认清这个优势，才能鼓励学生、家庭成员、社会个体积极参与其中，促进三者共同发展，使人终身受益。

我们必须清楚，体育教育不只有学校这一条渠道，还有家庭、社区这些渠道，家庭和社会同样能够在体育教育中发挥重要作用，弥补学校体育教育的不足，作为学校体育教育的拓展和延伸而对学生终身健康产生积极影响。所以学校要主动与家庭、社区相联系，主动推进学校体育与家庭体育、社会体育的融合发展，发挥每个体育教育渠道的重要作用。例如，通过学校体育教育，使学生将体育理论知识与运动方法掌握好，促进学生正确体育价值观的形成，为实现终身体育目标奠定基础；通过家庭体育教育保障子女有更多的机会接触体育和参与体育；通过社会体育教育培养学生的终身体育意识，促进其终身健康理念的形成。

（二）在终身体育思想指导下确立协调发展的目标

在学校体育、家庭体育和社会体育的一体化发展中，必须确立三者协

同发展的共同目标。确立这个目标要坚持正确的指导思想，如“以人为本”“健康第一”“终身体育”等，在这些指导思想下发现学校体育、家庭体育、社会体育在各自发展目标上的契合点，从而明确共同发展目标，而实现共同发展目标就需要三方共同努力。终身体育目标的实现离不开学校、家庭、社会的共同努力，它们都是终身体育体系的重要组成部分，也代表了实现终身体育目标必经的三个阶段。每个阶段都有相对独立的目标，但三者也有共同追求的最终目标，即促进全民健康，提升全民健康水平，促进社会生活质量的提高。如若三者的基本发展方向有偏差，追求的最终目标不一致，那么各自在终身体育系统中的作用都难以得到最大限度的发挥，所以必须保持三者基本发展方向的一致性和最终目标的统一性。

为实现学校体育、家庭体育、社会体育协同发展的目标，要提升社会各界的责任感，共同推动社会体育发展，有关部门要将社会体育的相关工作组织妥当，切实推进社会体育与学校体育、家庭体育的对接，使三者在统一的方向上实现共同的目标。此外，要继续宣传社会体育文化，促进居民体育观念的建立与强化，使其在外参与社会体育活动，在内参与家庭体育活动，同时支持与配合学校体育工作，学校、家庭、社会共同营造“家喻户晓，人人参与”的体育文化氛围，创建优良的体育文化环境，为实现终身体育目标而努力。

（三）建立一体化体育组织机构，学校发挥主导作用

学校体育、社会体育都有各自的组织，而家庭体育是自发性的，为了更好地实现三者的协同发展，需建立一个包括学校、家庭、社会在内的一体化机构来对它们之间的关系进行协调，一体化组织机构的科学运作对提高三者的融合发展效果具有重要意义。建立一体化体育组织机构，发挥机构在宣传终身体育方面的重要作用，引导全民树立终身体育观念。

现阶段，由于家庭体育的自发性和社会体育的复杂性导致二者的发展尚未达到一定的成熟度，而学校体育有组织性、计划性、目的性，发展较为成熟，因此建立学校、家庭、社会的一体化体育组织机构，需要充分发挥学校体育的主导作用，发挥学校在体育设施、体育人才、体育组织等方面的优势，从而在不影响学校体育活动正常开展的前提下将资源对外开放，为家庭体育、社会体育的发展提供良好的物质基础、科学指导及组织服务。学校体育向校外拓展与延伸后，校外体育活动的开展离不开社会体育组织的协助与配合，离不开社区环境的支持，也离不开家长的配合，这又能够带动社会体育与家庭体育的发展。

第五节　国外学校体育文化建设与发展对我国的启示

学校体育文化是一种区域文化,其与整体文化是有区别的,这种区域文化并不封闭,而是具有鲜明的开放性,学校师生在开放的学校体育文化氛围中广泛学习外来体育知识,参与外来体育运动,接受外来体育观念,形成开放的体育思想。外来体育文化的涌入也对我国体育文化的发展产生了重要的影响。现在,中西方文化交流密切,相互渗透,很多师生尤其是高校师生已对西方体育文化有了一定的认识,并能从中对西方文化的实质有一定的了解,这对于师生正确体育价值观的形成具有重要引导作用,西方学校体育文化的传播也对我国学校体育文化建设起到了一定的作用。

一、西方学校体育文化建设与发展的特点

(一)开放性与丰富性

西方学校体育组织从社会文化中吸取精华为自己所用,学校体育文化系统相对独立,在长期的实践中不断调整体育文化体系,不断充实体育文化内容,形成了丰富多彩的学校体育文化。西方学校中各种社会思潮、学术流派都可以并存,可见西方学校文化是极为开放的,这也使学校体育文化越来越开放,学校还采用各种传播方式而使不同风格的体育文化在校园扩散与传播。西方学校体育文化的内容不局限于各种体育比赛,还包括反映时代特征的一些体育讲座,或为适应社会发展需要而开展的各种有意义的体育活动,丰富多彩的学校体育活动的开展使得学校体育文化充满生机与朝气。

(二)创造性和超前性

西方校园中产生的许多新思想、新观念都以文化的形式,以其充满时代气息和求索的精神,强烈冲击着不合时宜的旧传统。传统旧文化与学生的超前思想之间产生了巨大反差,使得西方学生产生反抗、叛逆的心理,进而形成了“颠覆性”的思潮,这些思想行为构成了西方学校体育文化中独特的反抗性氛围。

(三)重视学生主体性的发挥

西方学校强调学生努力奋斗,树立自我形象,探索自身的同一性和人身意义。西方学习重视发挥学生主体作用,强调学生在学校教育和管理中的参与性,发挥学生的积极性和创造性,推动学校管理的民主化。校园里学生自行组织的活动很多,学生都愿意加入那些比较灵活,容易引起反响的"有奋斗目标"的组织,并在组织中发挥自身的主体作用。

二、西方学校体育文化的重要影响

改革开放以后,西方的各种书籍、电影等通过传播媒介大量涌入我国,西方学校体育文化也随之被更多的人所了解。需要指出的是,相当一个时期以来,我们在对外来文化的评价、鉴别,尤其是指导青年学生用马克思主义理论批判地吸收外来文化方面,做得很不够,导致一部分学生失去了对西方文化鉴别的理论准则。对此,我们必须科学研究学校体育文化,进一步认识其本质和规律,促进学校体育文化向多元化方向发展,扩大学校体育文化的内涵和容量,根据社会需求取舍外来文化,以完成学校体育文化的自我完善和更新。

西方学校体育文化对我国学校体育文化发展的影响主要表现如下。

(一)影响学校办学思想和组织结构

学校教育特别是高等教育具有吸收、整理、发展和创造新知识和新文化的职能,西方学校体育文化中各种学术思潮并存,这些思潮或多或少地会影响我国学校尤其是高校的办学思想,如西方高等教育重视应用性,为社会发展服务,有助于我们完善和深化教育改革,主动适应社会发展需要;西方校园既培养注重基础研究或纯学术的人才,又培养各种专门实用人才,这对我国高校建立多层次培养多规格人才的教育体系颇有借鉴意义。

(二)影响学生的价值判断、主体选择和思维方式

西方学校体育文化对我国大学生的人生观、价值取向、思维方式具有极大的影响,当代大学生在道德选择、未来职业及生活方式选择上都或多或少渗透着西方文化的影子。学生思想敏锐,富于批判精神,在文化的矛盾冲突中走在时代前列,他们对自身的期望颇高,却缺乏踏踏实实作长期艰苦奋斗的精神准备,内心充满矛盾与困惑,会以西方发达社会作参照来

评价现状，因此容易在认识社会和对待生活上陷于迷惘。

(三)激发学生的主体性，扩展教育内容，促进全面发展

学校的开放性开拓了学生的思维、视野。丰富多样的西方体育项目传入我国校园，既丰富了学校体育教育内容，也丰富了学校课外体育活动，从而丰富了学校体育文化，学生参与充满朝气与活力的各种体育活动，充分发挥主动性，学习适应社会需要的知识与技能，实现全面发展，最终满足国家建设和民族发展的需要。

三、我国借鉴西方学校体育文化发展经验的原则和要点

(一)借鉴原则

1. 立足国情的原则

我国借鉴西方学校体育文化发展的经验而进行国内学校体育文化建设时，必须立足于社会主义初级阶段政治、经济、文化等方面的国情，立足中国教育的实际情况，尤其要注重吸收民族传统文化的精华。

2. 扬弃的原则

我们应该学习、借鉴西方学校体育文化中积极向上的东西，但不能照搬，要取其精华，去其糟粕。要学习西方学校体育文化开放、创造、重视发挥学生主体作用的特色，扬弃那些过分强调个人主义的文化糟粕。既不能一味否定西方学校体育文化，也不能盲目地全盘吸收。

3. 改造与创新的原则

尽可能吸收西方学校体育文化的优秀成果为我所用，同时要不断改造和创新。在中国特色社会主义建设中，我国要在马克思主义的指导下推动学校体育文化前进，西方优秀学校体育文化成果与中国学校体育文化优良传统深度结合，经过选择的优化基因在现代化土壤中培植起新的文化系统，破除传统文化的束缚和中西文化的偏见，以开放的姿态不断发展与创新。[①]

① 程会娜. 大学生校园体育文化解析[M]. 西安：世界图书出版西安有限公司，2018.

（二）借鉴要点

中西方学校体育文化可以互相借鉴、学习和补充，我们应当发挥主观能动性，积极学习西方学校体育文化的优秀成果，创造良好的校园体育文化氛围。在吸收与借鉴时要注意以下几个要点。

1. 坚持党的教育方针

以社会主义思想占领学校思想文化阵地，充分发挥学校体育文化的认识功能、宣传教育功能、育才功能、娱乐功能，发挥学校体育文化在思想政治、理论素质、道德情操等方面的教化作用，学习西方学校体育文化"寓教于乐"的特点，将学校体育文化建设引向更深的层次。

2. 发动广大学生，发挥学生主体作用

西方学校体育文化重视培养与发挥学生的自治、自主能力，学生是学校体育文化的主体，发挥学生的主体作用是加强学校体育文化建设的重要环节。组织好学校体育文化活动能有效提高学生的文化素质和水平，同时也能培养他们的组织能力、实践能力，为其将来走出校园、进入社会、服务社会提供了良好的锻炼和实践机会。

3. 培育校园精神

学校体育文化建设应当把民族特色和时代精神有机结合起来，培育既发扬学校优良传统，又符合时代精神，适应历史任务要求的校园精神，以其多彩多姿和勃勃生机吸引和感染学生，使校园精神内化为学生的精神素质，从而增强学校的凝聚力和向心力。[①]

总之，我们要积极借鉴和学习西方学校体育文化，在分析与过滤的基础上加以吸收和学习，使中西学校体育文化在碰撞交融中形成新观念、新思潮，影响和提高学生的素质，促进学生全面发展，适应国家建设和民族发展的需要，这是学校体育文化可持续发展的必由之路。

四、国外学校体育文化建设及对我国启示的实证分析——以美国亚利桑那州立大学为例

美国亚利桑那州立大学（ASU）是一所教学与研究并重的高等院校，倡

① 秦黎霞．新形势下校园体育的开展及其文化创建模式研究[M]．北京：九州出版社，2015.

导素质教育理念，培养精英人才，学术力量雄厚，有良好的育人环境和多元化校园文化环境，从而为培养优秀人才提供了良好的环境。这所大学的体育文化极具特色，而且体育成就也非常显赫，这所富有创新精神的大学受到了世界人民的关注，也是世界很多学生向往的地方。

（一）亚利桑那州立大学的体育文化元素

1. 齐全的体育设施

ASU 开展的体育项目非常多，而且很多项目都有专门的场地，体育场地资源极为丰富，如网球场、足球场、棒球场、橄榄球场，甚至还有高尔夫球场。而体能训练室、游泳池、篮球场、壁球场都集中设在学生活动中心，其中还有大量的健身器材。学生在这里可以锻炼身体，教师和其他学校工作人员都可以在这里健身锻炼，活动中心和各种专门的体育场地充分满足了学校师生员工参与体育运动的基本需求。学校运动队训练也有专门的场地，如主体育场、篮球综合馆、游泳运动中心、运动员村等。除此之外，体能恢复室、理疗室等配套设施也很齐全。这所大学的体育场地设施极为丰富、完备，因此也承办了很多体育大赛。

2. 鲜明的体育标识

美国无时无刻不在宣传本国的理念，并依托高校而对外宣传文化与理念。美国的高校都有自己的体育标识，而且不同高校的体育标识都是独一无二的，展现形式包括有形和无形两种。一所高校的体育运动形象充分反映在该校的体育标识中，ASU 的体育标识主要色调是绛紫色和黄色，吉祥物为太阳魔形象，Logo 主要是魔叉，口号为“Sun Devil”。这所大学的体育标志融入学校环境中，在学校的各个方面都有不同程度的渗透，从而形成了独一无二的学校体育文化。用来对学校体育价值观、体育成就进行宣传的荣誉墙、新闻发布台、展示窗等设在体育部门办公场所和场馆大厅，这对学生产生了强烈的激励作用，激励学生向榜样学习，努力创造更辉煌的体育成绩。这所大学的体育 Logo 明显地刻在校园的道路、墙面、建筑上，运动员的运动服上也有醒目的 Logo。学生在很多公众场合会默契做魔叉手势，学校的凝聚力和向心力很强。

3. 影响力巨大的体育比赛

美国第一大体育运动是橄榄球，美国橄榄球凝聚的智慧与力量远远超过其他运动。美国高校橄榄球联盟比赛有时在 ASU 主体育场举办，精彩而火爆的比赛吸引了大量的学生观众，现场座无虚席。不仅比赛场上精彩纷呈，台下也会用礼花炮助兴，扩大声势，庆祝得分。中场休息时还有啦啦队跳舞助兴，比赛时长为3.5小时，激烈而欢快的比赛令人回味无穷。

4.商业化的体育品牌管理模式

体育在美国高校有着很重要的地位，美国高校体育在全国体育事业中也是非常重要的组成部分，美国有些高校的核心凝聚力主要来自体育，体育成为大学生生活中不可分割的一部分。美国高校依托体育而形成的核心凝聚力向社会乃至全国产生辐射力，影响全国体育文化的发展及大众的凝聚力。ASU的校园体育管理模式比较特殊，打造学校体育品牌，走商业化发展之路，学校高水平和特色化体育项目的商业化运作由专门的部门来负责，该部门建立学校赛事品牌，将该品牌推广到市场中进行营销，同时不断宣传品牌赛事，扩大赛事的影响力，与媒体建立合作关系而加大宣传力度，并不断寻求合作单位，将赛事品牌做大、做强。这所大学的体育赛事中，对外销售门票的体育赛事包括橄榄球比赛、篮球比赛、足球比赛、棒球比赛、排球比赛、摔跤比赛等，涉及多个高水平体育项目。

为了扩大对校园体育赛事的宣传范围提升赛事影响力，ASU深入挖掘体育标识的内涵及背后的故事，并将赛事相关信息通过媒体宣传的渠道向各个社会阶层传播，赛事海报被张贴在很多醒目的地方，吸引了大量的观众购买门票观看比赛。ASU体育品牌赛事的市场营销取得了良好的成绩，经济收益可观，并取得了良好的社会效益。

（二）亚利桑那州立大学体育文化建设对我国的启示

1.加大学校体育文化建设的力度

美国大学体育文化在全美体育文化中占据重要地位，学校高度重视对校园体育文化的建设，主要表现为加强体育场馆设施建设、体育精神文化建设，建立与完善学校体育管理制度，组建丰富多样的体育俱乐部，建立强大的运动队，举办影响广泛的体育赛事，采用众多的传播媒体进行宣传和推广，等等。我国高校体育文化建设虽然较之前有了进步，但体育在高校中的地位远远不及美国，体育核心价值观在学校中的渗透不够全面和深入，学校体育文化建设也缺乏学生主体的参与。针对这些问题，我国要进一步传播学校体育文化，并加大改革与创新力度，建设校园体育网，对学校体育文化进行多渠道传播，此外还要与社会体育组织相联系，将学校体育文化传播到社会中，使体育核心理念深入影响每一个人，带动社会体育的繁荣发展。

2. 倡导多元化体育价值取向

美国大学体育文化体现的是自身价值，大学生为自己和集体争荣誉。我国高校体育文化更多体现了强身健体、为国争光的价值观。大学培育体育价值观和体育精神，应结合自己的特色，把体育价值和体育精神融入日常体育活动中，通过活动为载体来推广和宣传体育精神与观念，对此可学习 ASU 的做法。

3. 发挥学生的主体地位

学生是学校体育文化的主体，是学校体育活动的践行者，学校要倡导“以人为本”，最大限度调动学生的积极性、主动性、创造性，鼓励学生张扬个性，充分发挥自身优势，使其成为学校体育文化的建设者、创造者，从而营造充满活力的体育文化氛围。

4. 打造校园品牌体育赛事

我国高校应学习 ASU 的经验，设计自己的体育标识，打造独具特点的体育品牌赛事，通过赛事的商业化运作而提升学校体育品牌的经济效益和社会效益，在体育赛事的举办中向社会展现新时代学生的精神和风貌。

第五章　学校体育文化建设的理论体系

学校体育文化是体育文化的重要组成部分，进行学校体育文化建设一方面能够充实和丰富体育文化的内容，另一方面能够对学校体育的发展起到引导作用，促进学校体育的发展和创新。想要做好学校体育文化建设工作，首先必须要建立起其理论体系，只有在科学理论的指导下，建设工作才能有条不紊地开展。本章我们将对学校体育文化建设的理论体系进行研究和阐述，具体内容包括学校体育文化建设的指导思想、原则、制度保障，学校体育精神培育以及学校体育文化建设的效果评价。

第一节　学校体育文化建设的指导思想

一、坚持校园体育文化建设的宗旨

进行校园文化建设，必须要在马列主义理论的基础上，坚持解放思想、实事求是、与时俱进、开拓创新。要从我国的基本国情出发，结合学校特色，以广大师生为对象，以学校为平台，构建起具有中国特色的校园体育文化体系并对社会体育文化起到示范性、辐射性和引导性的作用。

进行校园体育文化建设，最重要的就是要发挥体育的育人作用，将爱国主义精神、集体主义精神和社会主义教育都融入各项校园体育文化活动中，使学生在寓教于乐中感受积极向上的文化熏陶。

进行校园体育文化建设，工作的关键是要将学生培养成德、智、体、美、劳全面发展的社会主义接班人，所有活动都必须围绕这一宗旨展开。应该让学生参与到校园体育文化建设的过程中去，使学生在体育文化建设的过程中逐渐领悟到马列主义的真谛，学会用马列主义的基本理论、观点和方法解决问题，形成正确的世界观、人生观和价值观。

二、校园体育文化建设必须和思想政治道德建设相结合

一方面，校园体育文化建设从本质上说就是一种教育活动，能够起到向学生传授知识、培养道德的作用；另一方面，校园体育文化建设和学生息息相关，对正在成长发育中的学生有重要的影响作用。因此，校园体育文化建设必须要和道德建设结合在一起，在向学生传授体育文化知识的同时，引导学生形成正确的道德观念，成为全面发展、德才兼备的新时代人才。

校园体育文化建设中，应该积极引导学生树立起具有中国特色的社会主义共同理想；树立正确世界观、科学的人生观和价值观；教育学生遵纪守法，贯彻公民道德建设实施纲要，弘扬爱国主义精神，开展以为人民服务为核心，以集体主义为原则，以诚实守信为重点的思想道德建设，引导学生在遵守基本行为准则的基础上追求更高的思想道德目标。

第二节　学校体育文化建设的原则

一、立足校园原则

学校体育文化建设应该从学校的实际情况出发，立足校园，充分考虑学校师生的发展需要，建设能够调动学校师生对体育的热情，促进学校师生全面发展的体育文化。只有立足校园，才能展现学校体育文化的“学校”特色，展示学校体育文化区别于社会文化的特别之处，为学校体育文化的发展提供源源不断的动力。但是归根到底学校体育文化也是社会体育文化的一种，因此在学校体育文化的发展过程中，还应该在立足校园的基础上，不断从社会文化中汲取营养，丰富学校文化的内容。值得注意的是，在吸收社会体育文化时，必须要做好筛选工作，一方面要保证吸收到社会文化中的精华部分，提高校园体育文化的质量；另一方面要防止将社会文化中落后的部分吸收进来，避免给学校师生带来消极的影响。此外，还应该发挥学校体育文化的辐射影响作用，将学校体育文化传播到社会之中，促进社会文化的发展。

二、与深化教育改革同步原则

随着社会改革的深入,人们对教育提出了新的要求,传统教育培养出来的智力人才已经无法适应现代社会发展的需要,现今社会缺乏的是同时具备经济头脑、动手能力、管理才干和开拓精神的全面发展型人才。新型人才的培养是多方面努力的结果,单纯依靠课堂教学显然力不从心,而校园体育文化活动的开展能够在一定程度上弥补课堂教育的不足,为学生提供能力发展的机会和场所。比如体质测试活动、拓展训练活动、街头体育活动等,都能从不同的方面发展学生的不同能力,对于学生的全面发展具有重要的促进作用。因此,在教育深化改革的过程中,应该充分重视学校体育文化建设的重要性,发挥学校体育文化活动在新型人才培养中的作用,坚持学校体育文化建设和教育深化改革的同步进行,促进二者的共同发展。

三、"硬件"和"软件"相结合原则

所谓的硬件是指体育文化设施、体育文化队伍、体育社团组织、体育文化环境等;所谓的软件是指体育文化种类、体育文化心理、体育文化制度等。"硬件"和"软件"都是学校体育文化建设过程中必不可少的条件,缺一不可,其中,"硬件"是"软件"建设的基础,"软件"是硬件建设的条件。在学校体育文化建设的过程中,必须要同时重视硬件和软件的作用,不可偏废。但是同时也应该因地制宜,灵活变通,不能因为硬件或者软件的原因阻碍学校体育文化的建设。比如,对于一些硬件条件比较差的学校,不能因为硬件条件有限就放弃学校体育文化的建设,而是要在现有硬件的基础上,充分发掘和利用学校的资源,建立起符合学校实际状况的学校体育文化,并在创造和发展的过程中不断增强基础设施建设,促进硬件的发展。对于一些硬件设施比较优越的学校,应该充分把握硬件资源的优势,着重致力于"软件"的建设,将软件的水平提高和硬件资源相匹配甚至超过硬件资源的程度,促进二者的全面、协调发展,最终实现促进学校体育文化建设的目的。

四、普及与提高相结合原则

校园体育文化是属于全体师生的文化,这就要求其必须具备普及性,能够满足大多数人的要求；但是与此同时，每个师生个体之间都存在着差异，不同个体的体育文化水平也不相同，这就要求体育文化活动要显示出个体差异，满足不同水平的人群的个性化需求。比如，在学校体育文化建设的过程中，应该举办一些能够满足大部分人群的普及性文化活动，如群众性文体活动、体育知识科普讲座等；对于一些体育文化水平较高的人群，应该举办一些具有提高作用的体育文化活动，如体育知识竞赛、体育文化演讲等。只有从师生的实际需要出发，既做好体育文化的普及工作，又注重对一些高水平人群的提高工作，才能真正展现体育文化建设的价值，充分发挥体育文化建设的作用。

五、繁荣文化活动与克服反文化现象并举的原则

在学校体育文化建设的过程中，一方面要倡导全体师生以学校体育文化为基础，开展丰富多彩的学校体育文化活动，创造大量具有校园特色的文艺作品，促进校园文化活动的繁荣发展，为校园师、生、员工提供良好的精神文化熏陶，以寓教于乐的形式培养学生的爱国主义精神、集体主义精神等中华民族优良精神传统；另一方面，要在学校体育文化的建设中，严厉打击一些不良的文化风气，将包括“课桌文学”“厕所文学”等在内的以破坏美好事物为目的的不良文化“赶出”校园，肃清学校的风气，保证学生思想的健康和积极。开展繁荣的文化活动和打击不良的文化风气是相辅相成的关系，只有用社会主义的各种健康有益的思想文化充实师生员工的精神空间和业余空间，才能抵制各种腐朽、没落、不健康的思想的侵蚀。

六、时代文化与传统文化共同发展原则

由于社会的发展和全球化进程的加快，不同文化之间的交流、碰撞越来越频繁。体育文化作为社会文化的一部分，正处于建设和探索过程中，势必需要面临各种文化的抉择、处理问题。针对这种局面，一方面需要肯定时代文化的主体地位，建立符合现代生活实际的校园体育文化；另一方面也应该充分挖掘传统文化的价值，取其精华，弃其糟粕，发挥传统文化的作用。此外，还要做好时代文化和传统文化之间的协调工作，防止二者之间的冲突，使二者各司其职，共同促进校园体育文化的建设。

七、以学生为主体、教师为主导原则

学生是教育活动的主体，应该在教育活动中起到主体作用，校园体育文化建设从本质上来说也是一种教育活动，学生也应该以主体的地位参与其中。校园体育文化建设中，应该充分重视学生的主体作用，发挥学生的主观能动性，放手让学生参与到学校体育文化的建设和管理工作中。这样做一方面能为体育文化建设提供无穷的动力，促进校园体育文化的繁荣发展，另一方面也能锻炼学生的能力，促进学生的全面发展。此外，教师也是校园体育文化建设的主体之一，但是教师在建设的过程中主要起到引导的作用，首先教师要以榜样的身份以身作则，其次教师应该引导学生形成正确分辨积极文化和消极文化的能力，最后教师可以在学生进行校园体育文化建设的过程中为其提供帮助和辅导。只有教师和学生都积极参与到校园体育文化的建设中，学生充分发挥其主体作用，教师做好其引导工作，两者协调配合，才能促进校园体育文化的繁荣发展，才能让师生都在学校体育文化的建设过程中获得全新的发展。

第三节　学校体育文化建设的制度保障

一、建立制度保障的原因

（一）学校体育管理中间环节薄弱

我国教育部门和学校基本上从宏观的角度制定了学校体育管理的方针，能够为学校体育教育和体育活动的开展提供大方向上的引导，对于校园体育文化的建设也有一定的引导和保障作用。但是从微观的角度上说，我国学校在体育工作的管理中普遍存在结构混乱、层级不清、基层组织比较闭塞、缺乏具体的管理办法等问题，这就导致我国学校体育管理的中间环节比较薄弱，只有加强制度建设才能使这一问题得到改善。

（二）管理对象缺乏体育自觉性

虽然我国的学校体育已经发展到一定的阶段，但是受到一些因素的影响，尚有一部分学生还没有对体育形成正确的认识。在这些学生的思想中，体育学习只是完成学习任务、获得学分的一种方式，他们不仅没有养成体育锻炼的习惯，对体育文化也完全不感兴趣。学生是体育文化建设的主体，如果学生缺乏对体育的热情，学校的体育文化建设也很难取得较好的效果。因此必须要通过建立制度的方式保障学校体育文化的建设，让学生亲自参与到学校体育文化建设的过程中，逐渐形成对体育的正确认识，养成体育自觉。

（三）学校体育社团管理组织工作存在一定问题

社团是学校中最重要的学生组织之一，能够为学生组织和参加各种学校活动提供途径和平台，对于促进学生的全面发展具有重要的作用。而体育社团能够组织各种体育活动并吸引学生参与到活动中，在学校体育文化建设中扮演了非常重要的角色。但是在学校社团快速发展的同时，由于学生管理知识的不足、管理经验的缺乏等原因，其在组织和管理上的问题也逐渐暴露出来，很多社团普遍存在组织松散、规章制度不明确、发展目标不清晰等问题。因此，为学校体育文化建设制定一定的制度保障，能够促进学校体育社团的规范发展，充分发挥其在学校体育文化建设中的作用，促进学校体育文化建设的快速发展。

（四）学校内部管理机制落后、管理效率低下

我国大部分高校采用的管理机制为以行政部门管理为主、体育管理部门内部调节为辅的模式。这种模式的弊端在于，行政部门对体育实践的认识不足，制定的政策很有可能和体育实践状况不符，管理效率比较低；并且这种模式下的管理者对体育学科的认识有限，很少能从整体的角度考虑学校体育与竞赛体育、社会体育之间的关系，容易造成学校体育和其他体育的割裂，不利于学校体育的发展和学校体育文化的建设。从制度上改善这种落后的管理机制，有助于提高管理的效率，促进学校体育文化建设的发展。

（五）学校学生健康意识薄弱

虽然近年来我国国民的生活水平不断提高，但是由于运动量不足、电子产品使用时间过长、学习压力大等原因，我国学生的体质水平出现了不升反降的状况。根据国民体质健康调查结果显示，我国学生的体质水平不仅和十年前相比有所降低，和国外的青少年相比也处于劣势。

造成这种状况最根本的原因就是我国学生的健康意识比较薄弱，很多人没有认识到体育运动的重要性，在日常生活中也没有形成体育锻炼的习惯。尤其是一些年级较高的学生，比如大学生，由于父母的管束较少并且

自律性不强,健康意识更是非常薄弱。为此,通过制度建设保证学校体育文化建设工作的顺利开展,有助于增强学生的健康意识,促使学生养成体育锻炼的习惯,提高我国青少年的体质健康水平。

二、学校体育管理制度的原则

(一)整体性原则

学校体育管理制度的整体性原则主要包含以下两种含义。

(1)学校的管理制度是一个有机的整体,其中包含若干个子管理系统,包括智力教育管理系统、道德教育管理系统、体育教育管理系统等。体育教育管理系统作为学校管理系统的一个部分,应该正确处理部分和整体之间的关系,在服从整体管理制度的基础上,不断进行调整和改善,在适应学校整体管理制度的同时使自身更加完善。

同时,负责学校整体管理工作的相关人员也应该重视整体和部分关系的处理,在顾全大局的同时,也不能忽略体育教育管理工作,给予其充分的重视,发挥体育教育在学校教育中的作用,为国家培养全面发展的人才。

(2)虽然对学校的整体管理体系来说,体育管理体系只是其中的一个子系统,但是就体育管理体系自身来说,它其中又包含若干个管理范围更小、更加具体的子系统。比如,按照管理的内容进行划分,体育教育管理系统中又包含体育教学管理、课外体育活动管理、体育竞赛管理等管理体系。对于不同的管理内容,需要采用的管理方法也不相同,因此就体育管理体系来说,也应该在做好整体管理工作的同时,照顾到各个部分的具体管理工作,共同为了实现体育管理的整体目标服务。

(二)周期性原则

教育具有周期性的特点,小学阶段、初中阶段、高中阶段、大学阶段,以及每个阶段中包含的每个学期、每一个周、每一堂课,都以周期的形式呈现出来。教育的这种周期性特点,决定体育教育的管理也必须要按照周期性原则进行。

根据周期性原则的要求,学校要在体育发展战略、学校体育目标、体育教学大纲、体育锻炼标准等众多学校体育事项的管理工作中,都要构建科学、统筹的思路和框架,使不同的学习阶段、不同的年级和不同的学期之间都能相互衔接,使学生在持续周期的体育学习中不断发展提升。

周期性原则还要求在学校体育管理的过程中采用计划管理的方式,根据学校的实际状况和预期制定管理计划。管理计划是管理质量的保证，对于提高管理效率具有重要的作用。管理计划的制定也必须要以教育的周期性特点为依据，比如无论是制定学校的体育工作计划、体育教学计划还是训练计划，一般都要以学期或者学年为单位。

此外，学校体育的周期性在季节、气候上也有一定的体现，体育工作和体育活动的安排一般也会将季节和气候因素纳入考虑的范围，比如一般会在气候比较适宜的春季和秋季举办学校运动会，夏季多开设游泳活动，冬季多开设滑冰、滑雪活动等。

（三）有序性原则

学校体育管理是一项繁杂的工作，具有管理对象非常广泛、工作内容非常多样、管理任务非常繁重的特点，这些特点决定在进行学校体育管理时必须要遵循有序性的原则，只有将所有工作都整理得井井有条，才能保证工作的速度和正确率。

按照有序性原则的要求，首先必须要在学校内部设置一个多层次的有序管理结构，该结构的构成为：学校主管体育工作的校长—体育卫生领导小组—教务处—体育教研组—体育教师—班主任。这个管理结构中应该包含决策层、管理层和执行层三个层次，各个层级在相互配合的基础上各司其职，提高管理工作的针对性，获得最佳的综合管理效果。

其次，有序性原则还要求学校体育管理工作的过程也要遵循一定的顺序。一个科学合理的管理过程应该包含计划、实施、检验三个步骤，所有的学校体育管理工作都应该按照这一过程进行。如果学校体育管理工作的开展违背了过程有序性原则，很可能会陷入一片混乱之中，导致管理效果不佳，阻碍学校体育的发展和体育文化的建设。

最后，有序性原则还要求在进行学校体育管理时要分清主次、轻重、缓急，先抓主要矛盾，解决主要问题，然后再进行细节问题的处理，形成以主要矛盾带动全局发展、再逐渐完善全局的管理模式。

三、学校体育管理制度的方法

（一）法律管理法

法律管理法是指以相关的法律、法规为依据开展学校体育管理工作的方法。法律法规具有普遍性、强制性、规范性等特点，在其适用范围内有着普遍的约束力。学校体育管理工作依据的法律法规主要是教育与体育的法律法规、学校体育的法规等，这些法律法规为学校体育管理秩序的维护和各种管理关系的调整提供了理论支持，对于促进学校体育事业的发展具有重要的作用。

（二）行政管理法

行政管理法是指以行政组织的职能和手段为依据开展学校体育管理工作的方法。行政管理法的优势在于，具有较强的权威性、指令性、针对性和自上而下的组织性，能够有效对学校的体育管理工作进行组织、指挥、控制、调节，提高学校体育管理工作的效率和质量。

（三）教育管理法

教育管理法是指运用宣传教育的手段和形式，对学校体育进行管理的方法。教育管理法的优势在于，具有较强的说理性、引导性等特点，被管理者能够在受教育的过程中理解相关的政策，接受其合理性，继而产生遵守管理制度和管理方法的自觉性和积极性，使管理工作顺利推行，促进学校体育事业的发展。

（四）奖惩管理法

奖惩管理法是指对先进人员进行表彰或者奖励，对落后人员进行批评或惩戒的学校体育工作管理方法。这里的“奖惩”都可以以精神或者物质的方式进行，就奖励来说，可以以口头或者书面的方式进行表扬，也可以以升职、加薪、物质奖励等作为表扬方式；就惩罚来说，同样可以进行口头或者书面批评，或者对相关人员进行降职、减薪等处理。在采用奖惩管理法的时候，必须要建立起一套明确合理的奖惩机制，做到实事求是、有理有据、公开透明。奖惩管理法具有一定的竞争意识，符合体育文化中的“竞争”文化，是学校体育管理中非常常用的一种方法，对于促进学校体育事业的发展具有重要的作用。

四、学校体育管理制度的建议

（一）树立“健康第一”为主导的校园体育文化思想

学校体育文化能够对学生的行为产生重要的影响。在我国学生健康意识普遍比较薄弱的情况下，应该发挥体育文化的熏陶和影响作用，树立“健康第一”为主导的校园体育文化思想，引导学生正确认识健康的重要性，提高学生的健康意识。

（二）调整和优化学校体育管理组织体系

进行学校体育管理组织体系建设，应该从两方面入手。首先，应该建立起体育管理的外部联合机制，即学校体育管理部门和校外单位、学校内的非体育管理部门联合起来，构成学校体育管理的宏观结构，从宏观层面对体育管理工作进行统筹规划；其次，优化学校体育管理的内部机构，建立起层级分明、结构合理、高效有序的校内学校体育管理执行机构，使学校内的体育管理工作高效、有序地推进。

（三）充分发挥学生的主体作用

学校的体育文化建设必须以学生为中心，充分发挥学生的主体作用。首先，应该引导学生参与到学校体育文化的建设中，使学生自发地组织和参与体育文化活动；其次，各项体育文化活动的开展必须要充分考虑学生的兴趣爱好和发展需要，以激发学生对体育的热情；最后，应该尊重学生的多样化和个性化，举办内容丰富多彩、形式多样的体育文化活动。学生是学校体育文化建设的主要对象，只有充分发挥学生的主体作用才算真正实现体育文化建设的价值和意义。

（四）重视体育竞赛活动

竞赛活动具有吸引力和影响力较大的优势，是体育文化建设最为重要的途径之一。学校应该充分认识到体育竞赛活动的重要性，积极推动校内体育竞赛活动的开展，以体育竞赛的方式提高学校师生对体育的重视程度和兴趣，在学校范围内形成一种提倡体育、重视体育的文化氛围。

（五）规范学校体育社团的管理

学校的体育社团是学生发展体育兴趣和能力、组织和参与各项体育活动的重要平台，做好体育社团的管理工作有助于在最大限度上发挥社团在体育文化建设中的作用。应该改变目前学校社团主要由学生自行管理、自行决策的现状，使学校的管理人员、专业的体育教师都参与到社团的管理中去，形成以学生为主，学校管理人员和专业体育教师为辅的社团管理模式，在给予学生充分自由权利的同时，为其提供专业的指导，促进学校社团的健康、规范发展，为学校体育文化的建设提供有力的支持。

第四节 学校体育精神培育

一、学校体育精神的概念

学校体育精神是指，校园人以校园为主要空间，以校园体育环境为依托，在体育活动中所形成的趋同性心理、价值取向、精神追求、道德情感和思维方式.它直接反映出校园人的体育道德品质、体育活动方式和体育意志品质等，是一所学校体育风格的体现。①

二、学校体育精神的内涵

一般来说，学校体育精神的内涵主要体现在体育价值观念、体育精神、体育情感、体育道德、体育行为风尚等几个方面。了解与把握学校体育精神这几个方面的内涵无论是对于师生的发展还是学校体育教育的发展都具有十分重要的意义。

（一）体育价值观念

体育价值观念是指导和推动一个人进行体育活动的思维和价值取向，能够体现出一个人对待体育的态度。当一个学校内的大部分师生都能认同学校的体育价值观念时，就会在学校内形成一种趋同效应，进而对学校的体育风气、体育环境、锻炼氛围、运动流行等都产生积极的影响，最终影响学校师生对待体育的态度和行为方式。

（二）体育精神

体育精神是通过体育运动而形成并集中体现出人类运动智慧与进取心理的意识总和，是体育运动和体育教学的最高层次，对体育实践活动起着导向作用，并规定着体育文化模式的选择。体育精神的主要内涵包括体育运动中展现的拼搏进取精神、公平竞争精神、艰苦奋斗精神、集体主义精神以及改革创新精神。

---

① 郭成 校园体育文化[M].北京：中国科学文化出版社，2003.

（三）体育情感

体育情感可分为接受、兴趣、形成观点立场、自觉表现四个层次，高校大学生未来对运动方式的选择和喜好程度，深受早期参加体育锻炼时获得的心理感觉影响，但由于高校体育教材内容过于陈旧，以及现有的教学条件只能使学生粗略地掌握和了解技术动作阶段，不能完全满足某些学生的健身需求，造成了情感目标长期处于接受层次，很难使情感目标发展到高层次。

（四）体育道德

体育道德是指运动员、教练员和裁判员在体育活动中应当遵循的道德规范，是体育运动中各种社会角色的行为规范的总和，而良好的体育道德是体育文化建设精神层面的重要内容。有调查表明人类良好人格的形成以及思想品德的培养可以通过体育活动来完成。

（五）体育行为风尚

体育风尚是指校园中盛行的体育习惯、体育风气等氛围。良好体育风尚能够使校园充满生机与活力，在这种良好的气氛中学习和生活有助于师生们形成积极向上的精神面貌和奋发图强的精神状态，同时也能够促进良好的学风、校风的形成。

三、学校体育精神的基本特征

（一）社会性

一方面，体育文化是社会文化的一部分，是在社会实践的基础上发展起来的，受到社会发展的生产力、生产关系以及社会价值观念的影响和制约。另一方面，校园体育文化是社会体育文化中的先导性文化，对社会体育文化，以及整个社会文化都有积极的引导作用，能够反过来影响社会实践。学校体育精神的社会性正是学校体育之所以存在的价值和意义。

（二）传统性

学校体育文化的传统性主要体现在其民族性上，即在构建校园体育精神文化的过程中，要继承和弘扬民族传统体育文化中的优秀成果，民族体育优秀文化成果是一个民族在体育方面世代传承、总结和沉淀的成果，具有鲜明的民族体育文化特色,并对现实社会体育文化产生着积极的影响。

继承、弘扬和发展民族传统体育是学校体育文化建设中的重要任务之一。就学校和体育教师来说,应该做好引导工作,在校园内进行民族传统体育文化的宣传,开办各种形式的民族传统体育文化活动,形成重视民族传统体育文化、提倡民族传统体育文化的氛围,为民族传统体育文化的继承、弘扬和发展提供有利的环境支持。就学生自身来说,应该主动学习和民族传统体育文化相关的知识,积极参与民族传统体育文化活动,做民族传统体育文化的继承者、弘扬者,推动民族传统体育文化的进一步发展。

(三)科学性

科学性是校园体育精神文化的主要标志,是其作为社会体育文化中的先导性文化的基本要素和条件。学校,特别是高等学校是各种文化信息汇聚的地方,文化信息的丰富和师生员工思想的活跃,是其他环境很少能与之相比的,宽松、多元性的文化氛围,又为外来体育文化的撞击和融汇,并为形成新的体育文化的萌芽提供了土壤,所有这些都决定了校园体育文化必然要体现现代科学性的特征。

(四)渐进性

任何文化、精神的形成都不可能是一朝一夕的事情,校园体育精神的形成也是如此,经历了一个漫长的渐进性过程。一方面,校园体育精神的形成以社会实践,即学校开展的各种体育文化活动为基础,无数次活动效果的叠加才能促进体育精神的发展和形成;另一方面,学校体育精神的形成需要人们思想观念、价值取向、思维方式的转变,而这些转变也是逐渐发生的。

四、学校体育精神培育的方法

(一)树立正确的体育观

1. 体育是生活的重要组成部分

一方面,社会的发展促进生产力的提高和生产方式的转变,人们逐渐从繁重的体力劳动中解脱出来,但是各种“文明病”“富贵病”的出现使人们开始意识到体育的重要性;另一方面,体育逐渐发展出更多的功能,除了基本的强身健体功能外,还具备了人际交往、休闲娱乐等功能。基于当今社会的现实状况,体育逐渐成为人们社会生活的一部分,在人们的生活中扮演着不可或缺的角色。学校师生应该充分认识到体育和生活的紧密联系,肯定体育在生活中的重要性,将体育作为生活的重要组成部分。

2. 体育是一种竞争

当今社会是一个充满竞争和挑战的社会,人们必须具备积极的进取精神和较强的竞争意识才能在社会中脱颖而出。而体育运动的核心思想就是"竞争",竞争是体育发展的动力。

一方面,体育运动的竞争是一种全面的竞争,既包括体力上的竞争,也包括智力上的竞争,学生可以在感受竞争魅力的同时发展自己的体力和智力;另一方面,体育运动的竞争性要求学生必须要不断提高自己的能力,学生能够在这个过程中逐渐克服自己的惰性、培养顽强的意志和不断向上进取的精神,最终使自己在生活中受益。

学生应该认识到竞争的重要性,将体育运动作为培养自己的竞争意识和竞争能力的重要途径,不断增强自身对社会的适应能力。

3. 体育是一种娱乐方式

体育刚开始就是作为一种娱乐方式诞生的,在后来一段很长时间的发展中,体育的竞技和锻炼功能变得更加突出,但是随着社会的发展和人们需求的改变,如今体育的娱乐功能又逐渐凸显出来。新的体育形式出现,新的体育场地和体育器材的加入都让体育运动的吸引力得到较大的提升,人们在体育活动中获得游戏的愉悦和放松。体育以其既能锻炼身体,又能使身心放松的优势,逐渐成为越来越多人的娱乐选择。

4. 体育是一种消费方式

随着越来越多的人参与到体育运动中去,人们的体育消费不断增多,体育行业逐渐成为一个新的经济增长点。无论是购买体育器材和装备、学习体育技能、还是观看体育比赛等,都需要进行相应的消费才能获得体育产品或者服务。在学校体育精神的培育过程中,一方面要引导学生建立体育消费观念,为自己的身体健康进行投资;另一方面也要引导学生正确消费、理性消费,防止盲目消费、过度消费。

5. 体育是促进自我个性完善的一种途径

体育除了能够增强人们的体质、发展人们的各种运动技能,对于促进人们个性的完善也有非常重要的作用。

首先，体育运动要求人们掌握一定的运动技能和运动智能，运动者需要进行相应的学习和锻炼。在这个过程中，参与者能够发现自己在体力、学习方法、意志力等方面的薄弱之处，以及自己个性中比较优秀或突出的部分，便于正确地认识和评价自己，为自己后续的个性发展提供参考。

其次，体育运动一般是一项群体活动，参与者在运动的过程中需要和别人进行交流沟通，学会和别人进行合作，学会在合适的位置上发挥自己的长处。这对于培养参与者的团队合作意识、增强参与者的团队合作能力都具有非常重要的意义。

最后，体育运动是一项需要参与者具有较强的意志力和拼搏精神的活动，参与者在体育运动的过程中需要克服身体和心理上的困难，保持继续下去的决心和毅力，对于锻炼参与者面对问题和解决问题的勇气具有重要的作用。

6. 体育是一项健身健心的方式

任何事物的发展都具有两面性，科技也是如此，科技带来生产力的发展和生产方式的变化的同时，也给人们带来诸如“文明病”“富贵病”等弊端。生活节奏的加快和生活压力的增大，不仅给人们带来身体上的疲惫，还让人们的心理也承受着巨大的负担。而体育作为一项具有娱乐性质的身体活动方式，一方面能够弥补人们运动量的不足，另一方面也能帮助人们释放压力，在运动中获得愉悦和放松的体验，是人们健身健心的理想途径，对于提高人们的健康水平具有重要的作用。

（二）增强学生的体育意识

1. 强调体育意识教育

在传统的学校体育教学模式中，教学的重点一般都集中在增强学生的体质、教授学生体育知识和基本的体育技能上。这种教学模式具有能够保证教学组织的规范性、保证学生学习知识技能的系统性等优点，但它同时也忽视了体育在育人方面的作用，没有在体育教学中促进学生在情感、意识、习惯等方面的发展。

体育教育的本质是一种教育，这就要求它不能只有“体育”上的功能，还要具有“教育”的功能，从身体和心理两个方面促进学生的全面发展。学校和教师应该转变传统的教学观念，在教授学生体育知识和技能的基础上，发挥体育教学的育人作用。一方面，要在体育教学的过程中培养学生的体育意识和健康意识，使学生认识到体育和健康的重要性，养成进行体育锻炼的自觉性和积极性；另一方面，要对学生进行终身体育教育，使学生在学习的过程中逐渐树立起终身体育的意识。

2. 加强体育理论的传授

知识的积累有助于促进人们更加理智、更加全面的评价事物，正确认识事物的价值。就学生来说，随着文化知识的增长，逐渐改变了他们对体育的直观印象，他们能够利用知识从多个角度对体育进行更加客观的评价，并最终形成他们的体育意识和体育行为。

因此，想要增强学生的体育意识，必须要做好体育理论知识的传授工作，使学生从根本上理解体育，接受体育。在体育理论知识的传授过程中，要将体育运动的基本理论知识和学生的学习实践联系起来，使学生在理论中加强实践能力，在实践中加深对理论知识的理解，促使学生在学习的过程中实现从“要我学体育”向“我要学体育”的转变。

（三）提高学生的体育文化素养

提高学生的体育文化素养主要应该从以下几个方面入手。

（1）提高学生的体育知识水平。学生应该掌握的体育知识主要包括体育基础知识、体育保健知识、身体锻炼与评价知识、竞技运动知识等，掌握体育知识是培养体育文化素养的关键。

（2）发展学生的体育技能。学生应该掌握的体育技能包括基本运动技能、身体锻炼技能、娱乐体育技能等，学生的体育文化素养能够在运动技能的发展中自然提升。

（3）培养学生的体育意识。体育意识包括对体育的认识、理解、参与态度等，良好的体育意识是提高体育文化素养的必需条件之一。

（4）体育兴趣和体育习惯。体育兴趣和体育习惯是人们参与并坚持体育运动的动力，只有热爱体育并将其内化成一种固定的生活方式，才能在体育运动中感受到乐趣，才能长久地坚持体育运动。

第五节 学校体育文化建设效果评价

一、校园体育文化建设效果评价的重要性

(一)有利于促进我国人才建设的发展

学校是为国家培养人才的地方,学校的教学质量能够影响人才的质量,并最终影响到一个国家的发展。体育教育是学校教育的重要组成部分,对学生的身心发展具有不可替代的作用,是影响整体教育效果的重要因素之一。

因此,学校的体育文化建设从学校层面来说起到的是促进学生的身心全面发展、促进学校体育事业进步的作用,但是从国家层面来说,它具有为社会主义事业建设培养全能型人才,促进国家发展的作用。对校园体育文化建设进行效果评价,有助于及时发现建设过程中的一些问题,便于及时进行策略和方法上的调整,不断提高建设的效率,为我国的社会主义事业提供更多人才。

(二)有助于促进精神文明建设的发展

学校是各种知识文化、精神文明活跃和传播的重要阵地,学校的氛围对师生有着重要的影响和熏陶作用。一方面,进行学校体育文化建设能够促使学校师生树立体育意识,领悟体育精神,增强师生的竞争精神、拼搏精神、坚韧意志等,提高其精神文明水平;另一方面,学校体育文化作为一种社会先导文化,对于其他社会文化具有引领功能、辐射功能等,能够促进整个社会文化和精神文明的发展,为精神文明建设提供了积极的推动作用。

对学校体育文化建设效果进行评价的目的是总结建设经验,发现并改善不足之处,最终建立一套学校体育文化建设的方法以及评价体系,为之后的建设工作提供依据,促进校园体育文化的发展以及我国社会主义精神文明建设的发展。

(三)时代发展对学校提出的必然要求

对学校体育建设的效果进行评价,是时代发展对学校提出的必然要求,主要原因如下。

（1）我国正处于社会主义市场经济建立和完善的过程中，许多文化、制度、教育等也随着社会经济制度的改变而处在新的发展之中，学校的体育文化发展也是其中的一项。新的历史发展时期应该建立什么样的校园体育文化，应该怎样在新的历史发展时期建立校园体育文化等疑问成为摆在人们眼前的新问题。因此，加强学校体育文化建设效果评价，事实上是在总结经验、找出教训的基础上，以建立一套适应新的历史时期所要求的体育文化建设的新的机制和目标，这是学校对时代发展特征的一种主动适应，更是学校办学理念变化的一种需要。

（2）随着社会的发展和科技的进步，知识在社会生产中的作用越来越突出，我们已经进入了知识经济时代。在知识经济的时代背景之下，学校的体育文化建设面临着新的挑战。

所谓的知识经济时代，主要呈现出以下几个特点。

①知识成为经济发展的主要资本，知识要素成为经济发展中最重要的要素，知识产权迅速增值。

②知识的增长是技术发展的原动力，技术的发展是知识社会的基础。

在知识经济时代的要求和驱使之下，学校的体育文化建设成为一项必不可缺的事情，只有用各种文化知识武装学生，学生才能在新的时代背景之下获得更好的发展。对学校体育文化建设的成果进行评价，有助于学校体育文化建设的工作更加完善高效，提高建设效率，以适应时代发展的需要。

二、校园体育文化建设效果评价的原则

（一）整体性原则

校园体育文化具有整体性的特点。一方面，校园体育文化归属于校园文化，是整个校园文化的一部分，校园体育文化的建设和评价都应该以整个校园文化为背景；另一方面，校园体育文化本身也是一个整体，其中包含着各种相对稳定的构成要素，这些构成要素既是单独存在的，彼此之间又相互联系。

基于校园体育文化的整体性特点，在进行校园体育文化建设效果评价时，首先应该将校园体育文化放在校园文化的大背景之中进行评价，可以评价校园体育文化在整个校园文化中的发展程度、校园体育文化对校园文化产生的影响等；其次再对校园体育文化进行分层次、分阶段的评价，既要单独评价每个构成要素，也要从关联关系、整体关系中评价每个要素，最终得出综合性的评价结果。只有在遵循整体性原则的基础上，将要素评价

和整体评价结合在一起，才能客观地通过现象看见事物的本质，才能从个别中总结出具有共性的、规律性的东西，以供之后的工作参考。

（二）科学性原则

校园体育文化作为一个文化系统，存在自身的科学发展规律。对学校体育建设效果进行评价，必须要从学校体育文化的发展规律出发，坚持实事求是，一切从实际出发，在坚持科学性原则的基础上开展评价工作。

只有坚持实事求是的态度才能做好一切工作。在进行校园体育文化建设效果评价的过程中，应该将构成学校体育文化的基本要素作为研究的对象，在坚持整体性原则的基础上，充分掌握各个要素的自身特征和要素之间的联系关系，并按照适合学校特征的评价指标体系，对校园文化建设效果进行合理的、客观的评价，达到比较全面地反映校园文化客观现实，进而为校园体育文化建设提供比较准确的参考数据的效果。

（三）比较性原则

比较能够使人们发现不足和问题，对于促进事物的发展和完善具有非常重要的作用。在进行校园体育文化建设效果评价时，也必须要坚持比较性原则，在不断的比较中促进校园体育文化建设体系的完善。

对事物进行比较，最重要的就是要建立一个科学、完善的评价指标体系，这个体系中应该包含纵向比较和横向比较两项比较内容。其中，横向比较是指，在进行校园体育文化建设效果评价过程中，既要通过评价对自身客观现实状况有准确地掌握，并对自身校园体育文化建设效果的情况在本地区同类学校中的排序，以及在全国范围内同类学校中的排序状况有一个清晰的了解，并通过对不同地域同类校园体育文化建设效果的评价比较，找出自身的优势和差距，这样才能知己知彼，为自身校园体育文化的下一步建设和发展的构思以及具体实施步骤安排奠定基础。而纵向比较是指，将本校校园体育文化建设的现状和过去进行比较，在纵向比较的过程中，要充分了解体育文化建设每个发展阶段的社会以及校园现实状况，结合不同的历史背景对建设效果进行评价。

通过校园体育文化建设效果评价体系指标，对自身不同时期校园体育文化建设效果情况进行综合性的评价，进而了解不同时期自身校园体育文化建设总体特点和各主要要素的基本情况，这样才能科学地掌握自身校园体育文化建设发展的脉络及沿革，总结经验，为现实所用。在校园体育文化建设效果评价的指标体系中，比较性原则是不可或缺的，也是必须坚持的重要步骤。

（四）创新性原则

选择和构建校园体育文化建设效果评价指标体系，要坚持创新性原则。所谓创新性原则，就是要结合时代发展的要求和中国国情，创造性选择和构建一些比较理想的评价指标，以提高评价体系和整体评估力度。坚持创新性，首先要学会借鉴。我们要学习国内外专家学者，在校园体育文化建设效果评价方面的经验和研究成果，为我们在校园体育文化评价指标的设置、指标的量化和测算等方面提供可资借鉴的经验。其次，要大胆创新。借鉴不等同于照搬，而是在吸取精华、总结经验的基础上，创造性的选择一些比较理想的评价指标。随着社会主义市场经济的建立和知识经济的迎面扑来，校园体育文化建设必然要受到全面的影响和冲击，在这种情况下，及时修订校园体育文化的评价指标体系中的量化标准及测算方法等是十分必要的。因为任何一种评价指标系统都不是一成不变的，只有与时俱进，不断完善、不断创新，才能够提高校园体育文化建设效果评价指标体系的科学性和可信度。

三、校园体育文化建设效果评价的方法

（一）个案调查法

个案调查法是指在校园体育文化建设的过程中，抽取一些比较有代表性的体育文化活动参与者，并对这些参与者进行调查、分析，以对校园体育文化建设效果进行评价的方法。个案调查法的采用时间可以是学校体育文化活动的举办过程中，也可以是体育文化活动结束之后，总的来说，搜集的信息越全面，越能够反映问题越好。

通过个案调查法得出评价结论之后，可以及时向学校体育文化建设的管理者、各种体育文化活动的举办者等进行信息反馈，使其了解学校在校园体育文化建设过程中的问题和不足之处，以便于及时对学校体育文化建设的方向和方法等进行调整和改善。

（二）抽样调查法

抽样调查法是指把一些比较具有代表性的和学校体育文化建设相关的问题总结在一些，制作成调查问卷，将调查问卷发放到和校园体育文化建设之间联系比较紧密的人群中，比如学生群体、教师群体、学校体育文化建设的管理人员等，搜集他们关于各种问题的看法和建议。对于收回来

的问题和建议，要按照事先设置的评价指标体系中的统计指标进行对照分析，最终得出其中比较有价值的部分，为之后的学校体育文化建设工作提供参考。采用抽样调查法的重点在于必须要选择合适的调查对象。

（三）社会调查法

社会调查法是指利用各种途径和方法，比如网络信息搜集、查阅各种文献资料等，了解社会中不同年龄阶段、不同职业等各层面的人群对学校体育文化建设的意见和建议。

这种调查方法具有调查范围比较广泛、搜集的意见和建议比较全面的优势，但是没有特定的调查对象和调查问题，调查工作会有一定的难度。

第六章 学校体育与健康文化建设与发展研究

随着时代的不断发展,全民健身运动在我国广泛开展起来,如今已在社会上形成了浓厚的全民健身理念,这对于学校而言也形成了较大的影响。在学校中形成浓厚的健身文化氛围,有利于学生生理健康、心理健康以及社会适应能力的发展。本章就重点研究与分析学校体育健身文化的建设与发展,以构建一个良好的学校体育健身文化体系。

第一节 学校体育与健康文化形成的背景及特征

一、学校体育与健康文化形成的背景

(一)西方体育与健康文化的冲击

早在远古时期,西方各个国家就比较重视身体力量的发展,古希腊都崇尚有健美体魄的力士体格形象并在皇室贵族成员和上流社会盛行一时。从国际健美运动的创始人尤金·山道到现代国际健美之父乔·韦德及本·韦德兄弟,以及21世纪的阿诺得·施瓦辛格等著名健美运动员的宣传、推广、影视传媒的合力作用,逐渐形成和导向了美国人的现代健身文化。随着时代的不断发展,美国逐渐形成了肌肉健身文化,进而造就了实力雄厚、影响力巨大的体育健身产业,这不仅极大地提升了国民体质,还促进了社会经济的发展。

美国依靠自己的经济实力和先进的科学技术向他国进行文化渗透,把自己的大众文化产品向全球倾销,在世界上形成了巨大的影响力。如今,美国的大众文化身影出现在世界上每个角落。美国的健身文化非常浓厚,

影响力巨大,在美国举办的一年一届的“奥林匹亚健美大赛”吸引了全世界健美爱好者的关注。

美国是一个崇尚肌肉的国家,肌肉文化充斥于影视、动漫、卡通、杂志、书籍和音乐,这些文化信息通过各种渠道传入中国。

(二)社会大众体育健身观向健康观的转变

现代社会是一个经济快速发展的社会,在当今市场经济发展的背景下,人们有了更多的余暇时间和经济能力去参加各种社会活动。在现代社会文明病肆虐的背景下,健身就成为人们一种重要的诉求。拥有健美的身体成为当今一种时尚,久而久之就形成了一种独特的健身文化。面对此种情景,社会上大量的企业、广告商等大肆宣传运动健身,人们的健身观念也因此得以不断发展。在生产企业、广告商和各种传媒的大力宣传下,人们的健身观和健康观都得到了进一步的提升。

近些年来,我国各大高校都开设了自己的健身房,社会上也出现了众多的健身俱乐部,到健身房或俱乐部参加运动健身成为时下社会的一种时尚。伴随着全民健身运动的发展,健身逐渐形成了一种文化体系,在这一文化体系下,学生可以根据自己的喜好选择不同的健身项目,从而取得理想的健身效果。越来越多的学生都希望通过参加各种各样的健身活动来改变自己的体型,增强自己的身体素质。可以说,伴随着时代的不断发展,社会大众健身观都发生了较大的转变。

(三)体育与健康文化与阳光体育理念趋同

我国各学校很早之前就开始大力宣传阳光体育的理念,这一理念与终身体育锻炼理念是一致的,都体现出对人的一生高度负责的态度,突显健康的理念。这就是一种健身文化的植入,在这一健身文化理念下,学生能养成自觉参与体育锻炼的意识和习惯,不仅能发展自身的体能,还能提高运动技能水平,潜移默化地影响着学生的成长与发展。

二、学校体育与健康文化的特征

学校体育健身文化的特征突出体现在健身性、娱乐性、时尚性、教育性和艺术性等几个方面。

（一）健身性特征

顾名思义，健身文化其中一个非常重要的特征就是健身性。这一健身性特征主要指的是运动实践。体育健身最为本质的一个特点就是增强体质，促进身体健康。大量的研究与实践证明，人们通过参加各种各样的体育活动，能有效增强人体的几大素质，如力量、速度、耐力、柔韧、灵敏等，这些素质的增强对于人体健康、快速适应周边环境均具有重要的作用。

（二）身心健康统一特征

健身运动不仅是一种活动，更是一种生活方式。它与竞技运动之间有着一定的联系但也有一定的区别。与竞技运动相同的是，二者都有一定的竞争性，能给人们提供一种积极、健康向上的消遣，给人们带来无穷的乐趣。二者的不同在于竞技运动以取得优异的运动成绩为目标，而健身运动则不注重运动成绩的获得，而在于获得理想的健身效果。体育运动都有一定的娱乐性，各种各样的健身活动也不例外。依据活动方式分类，可将体育健身活动分为观赏性娱乐活动和运动性娱乐活动两种。观赏性娱乐活动是指人们观赏各种体育表演和比赛，特别是观赏竞技运动；运动性娱乐活动是指人们亲自参加体育活动，这两种形式都具有一定的娱乐性特点，能深深吸引人们参与其中，获得愉悦的心理享受。

（三）时尚性特征

随着社会的不断发展，人们普遍面临着较大的生活、工作的压力，在校学生则面临着一定的学业压力。在这样的情况下，为了适应学校紧张的学习、工作和快节奏的生活需要，越来越多的学生积极投身于健身运动之中，健身成为一种时尚和潮流。社会上热爱健身的人越来越多，很多学生也逐渐成为健身运动的生力军，这些都无不显示出健身运动具有鲜明的时尚性特征。

（四）教育性特征

体育本身充满着锻炼和教育的要素，因此说体育健身文化也具有一定的教育性特征。某种意义上而言，健身属于教育系统的重要内容。健身的本身也是民众进行自我教育和自我娱乐的文化生活方式。因此，可以说体育健身也是接受教育和自我教育的重要手段和过程。人们参加健身运动的主要目的是增进身体健康，其中这一运动过程蕴含着深刻的教育因素，它是社会对人的发展施行总体教育的一环，对于塑造完美的体格，提高人的社会适应能力具有非常重要的意义。与一般的娱乐活动一样，健身运动同样具有陶冶、培养和教化三个方面的要素。随着人类文化的进一步发展，健身文化的教育性、陶冶性等特征也越来越受到重视，人们参加体育健身也是一个接受教育的过程。

（五）艺术性特征

有很多的体育健身活动与音乐之间有着非常密切的关系，如健美操、体育舞蹈等，音乐可以说是这些运动项目的灵魂。只有伴随着这些音乐节奏，尤其是完成健美操动作和形体舞蹈练习必不可少的组成部分。它可以丰富健美者锻炼时的想象力和表现力，培养健身者的美感和良好气质。另外健美训练的过程也是对人体雕塑的过程，这都体现了健美的艺术性。由此可见，这些健身运动都呈现出一定的艺术性特征。为更好地推广与普及这些运动，在今后可以以这些特性为突破口进行大力的宣传，让人们充分认识到健身文化的价值与特性，从而爱上健身，进一步推动我国大众健身文化的发展。

第二节　学校体育与健康文化的建设现状及发展路径

一、学校体育与健康文化的建设现状

（一）电子产品冲击学校体育与健康文化

虽然当前我国全民健身的理念日益深入人心，但在校园之中，很多学生对校园体育健身文化的期望值和期望性需求却不是很高，这种情况对于学生体育健身行为的养成是十分不利的。在当今社会背景下，各种电子产品进入了大学生的日常生活，占用了学生大部分的余暇时间，多种娱乐性的活动在很大程度上降低了学生对健身活动和体育健身文化的期望值，这对于他们正确的健身态度和健身价值观念的建立是非常不利的。除此之外，有一部分学校还存在场地器材短缺、经费不足等方面的影响，加之技术不足受到他人嘲笑的原因，更加重了学生对于学校体育健身文化的需求。在这样的情形下，学生的体育健身活动必然会受到很大的影响，这一点需要重点解决。

（二）体育与健康文化氛围不浓

总体上来看，我国很多学校学生的体育健身文化氛围不是很浓厚，这也直接影响到学生的体育健身态度和体育健身行为。长此以往，对于整个学校的体育教育发展也是不利的。

学校是学生生活和健身的主要场所和环境，因此营造一个良好、浓厚的学校体育健身文化氛围是非常重要的。学校体育健身文化氛围对于大学生从事健身活动的参与程度、参与形式和健身文化素养都有重要的影响。建立良好的校园体育健身文化氛围对于培养学生正确的体育健身意识和行为都具有重要的意义。

但是，据调查发现，目前我国仍旧有不少学校仍然没有建立和形成独特的体育健身文化体系，缺乏具有个性特点的健身活动形式，难以吸引广大学生投入体育健身之中。这不利于学生体育健身意识的建立、体育健身文化素养的形成，校园里没有形成规模的体育健身活动。在学校中，体育教学、课外体育活动等都没有形成具有特色的体育运动项目。校园体育文化氛围的建立是需要一定的时间的，对于学生的影响也是由小到大的过程，它不仅仅影响一批学生，对于每个时代的学生都产生一定的影响。因此，为帮助学生更好地参与体育健身，养成终身体育的意识和习惯，各学校必须要建立适合自身发展的学校体育文化体系，构建一个浓厚的体育健身文化氛围，提升学生的体育文化素养，促进学生的全面发展。

（三）体育与健康文化水平不高

发展到现在，与大众体育健身相比，学校学生的体育健身水平处于一个相对落后的局面，其因素主要体现在客观因素和主观因素两个方面。客观因素方面，如场地器材的缺乏，校园健身文化氛围不浓，缺乏对大学生建设行为的引导和指导；主观因素方面，如大学生对于健身的期望值不高，健身并不是娱乐活动的唯一形式，健身缺乏持久性和稳定性。这些都是造成大学生体育文化发展水平不高的原因。

据调查，在体育健身物质文化建设方面，场地器材不能够满足学生健身的需求，缺乏对场地、器材的维修和保养，场地和器材的功能性破坏严重；在健身的制度文化方面，健身条例、健身指导制度、场地器材维修保养制度都有待于完善和改进，相关的组织机构权责划分不清，“都能管，都不管”的现象在高校比比皆是，相关的规章制度、条例和法律法规的执行力不足。学生自觉地遵守相关健身制度的意识不强，破坏健身设施、在健身场所乱扔垃圾、健身暴力等行为经常发生；在健身精神文化方面，学校健身文化氛围不浓，学生的健身理念不明确，健身心理倾向不强烈等也是学生健身文化发展水平不高的具体表现。由于特殊的生活环境，学生体育健身文化发展水平不高的现状也制约了学校体育事业的发展和大学生体质健康水平的提高。为了提高学生的体育健身文化发展水平，我们必须要从多方面着手，发动国家和社会多方面的力量，努力调动学生健身的主观能动性和为其创造良好的健身环境。由于体育特有的实践性，学校健身文化的传递和继承以及整体知识的掌握，都与活动和练习紧紧地联系在一起，学校内拥有场地器材的多少、场馆设施的质量等一系列物质条件，都将极大地促进和制约着学校体育健身文化的传播与发展。因此，加强学校体育健身文化体系的建设至关重要。

二、学校体育与健康文化的发展路径

（一）加强学生运动健康管理和指导工作

根据调查可知，虽然大学生对健身有较好的认知，对健身活动有一定的兴趣，但是他们的健身意识不稳定，兴趣容易发生转移，实际健身行为不太积极，因此，加强领导，建立并完善学校健身制度和评价体系，对于学生积极参与运动健身具有重要的意义。

要想更进一步地推动学校体育健身文化的发展，还需要建设一个强有力的领导班子，这是极为重要的基础和前提。学校可以成立学生健身工作委员会，统一组织和管理学生校园健身活动，确保各项学校教育活动的顺利开展。另外，学校还可以根据自己的实际情况建立各种健身协会或健身社团，学校领导及相关部门要给予必要的引导和帮助。健身规章制度是构建校园健身文化的重要依据。通过制定学生健身规章制度，能确保学生各项活动的顺利进行，从而实现学校体育健身活动的法制化、规范化和科学化。在学校体育健身规章制度中，要明确学校各部门的具体职责，明确学生健身活动的地位，制定的实施方案要契合学校的具体实际。同时还要建立一个完善的师生合作监测制度，时时动态地监控学校健身活动状况，促进学校体育健身活动的持续发展。另外，还需要建设一个学校体育健身活动的评价体系，融入各种健身评价内容，以此来提高学生的健身效果。最后，各学校还要根据自身的具体实际建立健身项目现场辅导站和网络指导站，针对各种健身问题进行深入细致地分析，努力激发学生参与体育健身锻炼的积极性，促进健身质量的提高。

（二）积极改善学校体育运动环境

通过调查与研究发现，目前我国有一部分学校存在着体育健身资源匮乏的现象，在这样的情况下，学生的体育健身需求难以得到有效的满足。从观念上来讲，大部分的学生都建立了良好的健身观，充分认识到体育健身的价值与意义，这种观念与认识能促使他们积极主动地利用校园健身资源来满足自己的健身愿望。如果学校体育健身资源不足，则在一定程度上影响学生体育锻炼的积极性和效果。可以说，绝大多数的学生都愿意在校园里与同伴一起参加健身锻炼，在健身锻炼中，既锻炼了身体又增进了彼此间的友谊。因此，学校领导及相关部门一定要结合学校实际条件充分挖掘体育健身资源的潜力，为学生的体育健身活动创造良好的物质条件。

体育健身活动对于学生而言具有非常重要的意义，学校相关部门要加大这方面的经费投入，积极改善学校体育健身设施状况，扩大体育健身活动占地面积，建设小型多样的健身场所，增添必要的现代体育健身设施。还可以购置一些健身器材摆放在校园操场上，让学生积极主动地参与体育锻炼，养成自觉参与体育健身锻炼的良好习惯和意识。

建设一支高素质的体育教师团队也是非常重要的。学校体育教师要不断提高自身的业务水平和能力，逐步完善自身的知识结构体系，同时，还要不断深化高校体育课程改革，加强体育课程教学的创新，编写出有本校特色的健身教育校内教材，从而形成学校健身教育特色课程和健身教育的课程体系。另外，高校体育课和课外活动时间是学生开展健身活动的主渠道，要充分利用“三课两操”的时间开展健身游戏、健身体操和健身舞蹈等系列活动，让学生在体育锻炼中充分感受体育文化的魅力。

（三）努力营造良好的运动健康文化氛围

1. 健身文化活动要丰富多样

学校体育健身文化的核心内容是各种形式的健身活动。学校通过开展“校园健身文化系列活动”，能够加强校园健身文化宣传教育力度，使文化与健身呈现良性互动，这样既可以让学生对健身文化有一个直接的感性认识和良好的情感体验，也能够让他们进一步了解健身的价值与意义，树立正确的健身观，养成积极参与体育锻炼的好习惯。

2. 定期举办校园“健身节”

定期举办体育健身节也是营造良好的学校体育健身文化氛围的重要

举措。"健身节"可以包括健身表演、健身比赛、健身文化宣传教育等多方面的内容,也可以开展一些体育讲座、演讲等。"健身节"不仅要开展各种有趣的健身活动,还要让学生在健身趣味活动中感受到健身锻炼的快乐文化生活,并为他们提供一个展示自我和发现自我的平台。健身节的各项活动,全校师生都可以参加,这也是对外宣传学校的一个好机会,通过这些活动的举办能形成一个良好的学校体育健身文化氛围。

3. 改革校运会

为了学生适应日益增长的校园健身文化需求,可以把以运动竞赛为主的校运会转变为融健身、竞技、娱乐、艺术、文化活动为一体的现代体育活动。项目编排可结合学生的兴趣,民族特色、地方特色和传统特色开设一些新的健身体育项目和表演项目,如广播体操、健美操、狮舞、龙灯舞、多人多足、毽球等。把现代文化与民族文化、地方文化和传统文化相互交融,使校运会充满文化气息,丰富和促进校园健身文化的发展。

4. 渲染氛围

在学校体育教育中,体育教师要带领学生积极主动地去渲染良好的体育健身文化氛围,在这一浓厚的健身文化氛围下参加活动锻炼能很好地提高运动锻炼的效果。在平时的校园生活中,积极开展以校园健身为主题的各种形式的比赛活动,如"美在健身"绘画比赛、"健身诗歌"征集比赛和"在健身锻炼中成长"征文比赛等。通过比赛活动,让学生把参加健身活动中的精彩瞬间、感人场面和自己在健身活动中的经历、感悟等描绘成画,编织成诗,撰写成文来提升学生对校园健身文化的认识。营造浓厚的校园健身文化氛围。另外,要充分运用学校的网络、报纸、广播和板报等媒体,有目的、有计划地开展宣传活动,提高大学生对健身的认识,树立正确的健身观。另外还可以邀请奥运会获奖运动员来校作报告或讲座,宣传奥运健儿顽强拼搏的精神,让学生进一步了解奥运精神,充实校园体育健身文化体系,在这样良好的健身环境下,学生参与体育健身的积极主动性会大大增强。

第三节　促进学生身体健康的体育健身指导

一、影响学生生理健康的因素

(一)社会和家庭的影响

社会和家庭是影响学生生理健康的重要方面。青少年的身体健康在社会上没有引起广泛的重视,缺乏促进青少年身体健康的良好社会环境,一些不良社会风气严重影响了青少年健康成长。在家庭环境方面,家庭结构变化使得青少年得不到完整的父爱和母爱,不仅影响了青少年的身体健康,也损害了其心理健康。此外,家长对青少年文化成绩的重视远远超过体育成绩,这种情况导致青少年参与体育锻炼的时间并不是很多,进而影响身体健康成长。

(二)教育体制的影响

我国应试教育的体制现状在短时间内是不可能改变的,决定了应试教育短期内不可能发生根本性的转变,依然会有部分学校以应试教育的模式办学,重文轻体,将体育学科视为边缘学科,忽视体育教育,从而影响了学生的身体健康。

(三)不良饮食习惯

在当今社会背景下,很多的青少年学生都会受到家长的溺爱,很多学生也养成了挑食、爱吃垃圾食品、饮食不规律的不良习惯,长期进食垃圾食品必然会损害身体健康,这一状况需要今后加大力度改变。

(四)缺乏锻炼

现代社会是一个信息化社会,各种互联网产品充斥着人们的生活,玩电脑、手机等成为青少年度过休闲时间的主要方式,而原来很受青少年喜欢的跳绳、沙包、毽子等有趣的有益于身体健康的运动项目渐渐退出青少年的生活。据调查发现,主动参与体育锻炼的学生很少,这一状况不容乐观,这对于学生身体健康的发展是十分不利的。

二、不同季节体育锻炼的安排

（一）春季体育锻炼

通常情况下，在春季，人体各器官功能的水平都比较低，肌肉和韧带都显得比较僵硬。因此进行适当的体育锻炼是尤为必要的。在春季参加体育运动锻炼，选择的运动项目或运动方式要以能加速体内的新陈代谢为主，能有效提高人体各器官的机能水平。另外，要尽可能选择以有氧代谢供能为主的运动项目，运动负荷的安排还要合理，符合个人的身体条件。另外青少年在参加体育运动锻炼时，还要做好充分的准备活动，从而避免运动损伤，为机体顺利参加运动锻炼提供良好的条件。

（二）夏季体育锻炼

一般来说，夏季比较炎热，有很多的学生不愿意在炎热的天气条件下进行锻炼，这不利于青少年体育运动锻炼的连续性，不利于青少年身体素质的提高。因此，青少年参加体育锻炼，还要充分考虑气候的影响。尽管会受到气候条件的影响，但也不要荒废了体育锻炼，要持之以恒地参加体育锻炼，这样才能促进自身身体素质的发展和提高。在体育锻炼的时间选择方面，学生一定要结合自己的实际情况合理地安排锻炼的方法和时间。运动项目的选择上，可以选择羽毛球、网球等喜闻乐见的运动项目。在运动结束后一定不要忘了补充水分和各种营养素。

（三）秋季体育锻炼

秋季气温比较适中，非常适合人们参加体育运动锻炼。对于青少年而言，他们可以依据自己的兴趣选择适合自己的体育项目，如各种球类运动、健身跑、自行车等。需要注意的是，秋季一般早晚气温低，昼夜温差大，因此在参加体育锻炼时要根据气候变化情况适时增减衣物，避免出现感冒的现象。除此之外，秋天天气比较干燥，青少年在参加体育锻炼时还要注意补水，以维持机体所需。

（四）冬季体育锻炼

大量的实践与事实表明，学生在冬季参加各种形式的体育运动锻炼，能有效提升自身体质水平，获得健康发展。冬季可供青少年参加的体育运动项目有很多，其中冬游、滑冰、滑雪以及各种球类都深受青少年的欢迎。

由于冬季身体机能惰性较大，因此需要做好充分的准备活动，避免运动损伤。

三、不同体质学生的体育锻炼

每一名学生的体质都是不同的，一般情况下，可分为健康型、一般型、体弱型、消瘦型和肥胖型等几种体质类型。针对不同体质的学生要安排不同的体育锻炼。

（一）健康型人群的体育锻炼安排

这一类型的学生身体都比较健壮，热爱参加各种各样的体育运动锻炼，能承受较大的运动负荷。这一类型的大学生可以结合自身实际选择一两项运动项目作为重要的锻炼手段，坚持不懈地进行体育运动锻炼，能更进一步地增强体质水平。

（二）一般型人群的体育锻炼安排

这一类型的学生体质并没有什么不同，也没有什么大的疾病。有很多学生认为自己无病，不需要参加体育运动锻炼，这种认识是非常错误的。终身体育理念告诉我们，体育运动锻炼伴随人的一生，人们要建立起运动锻炼的热情和恒心，不能流于形式。在选择运动项目时，这一类型的大学生应选择那些富有趣味性的、能切实取得锻炼效果的运动项目，如篮球、足球等各种球类，这些球类的趣味性比较强，能激发青少年积极参加运动锻炼的兴趣，获得身体健康发展。

（三）体弱型人群的体育锻炼安排

这一体质类型的学生更应该积极地参加体育运动锻炼，以增强体质、战胜疾病。学生在选择运动锻炼方式时，需根据个人情况选择适宜的运动项目，如慢跑、太极拳、有氧健身操等都是有效的运动项目。学生要按部就班地参加体育健身锻炼，循序渐进地提升自身体质水平。

（四）消瘦型人群的体育锻炼安排

在当今社会背景下，消瘦型的青少年占据着一定的比例。这一类型的青少年向往自己的身体更加壮实和丰满，因此需要选择合理的健身手段和方式，如参加足球、篮球等球类项目，以及游泳、骑自行车等都是很好的项目。坚持参加这些项目的锻炼通常能取得不错的锻炼效果。

（五）肥胖型人群的体育锻炼安排

在当今社会背景下，高科技在带给人们实惠与便利的同时也带来了诸多的社会文明病，如肥胖症就是其中的一种。这一类型的学生参加体育锻炼的主要目的就是减肥，塑造良好的体型，他们可以选择一些有氧运动或者有氧无氧混合运动，如游泳、骑自行车等，坚持下去，一般都能取得不错的减肥减脂的效果。

第四节　促进学生心理健康的体育健身指导

心理健康也是学生健康发展的重要方面，伴随着社会的发展，很多学生都出现了一系列心理方面的问题，因此学生的心理健康教育也不容忽视。

一、学生心理健康的标准

（一）智力正常

智力是人的记忆力、观察力、想象力、思维能力、实践能力等能力的集合，是指人们认识、理解客观事物并运用知识、经验等解决问题的能力。智力正常指个体具备了生活、学习、工作的最基本的心理条件。目前，人们已经发明了一些智力测试的方法和工具，比如美国的韦克斯勒的智力测验和法国的比内—西蒙的智力量表。世界卫生组织还采用“智商”的概念作为衡量智力的数量化指标，智力正常的最低标准为智商值在 85 以上（包括青少年和儿童），属于心理健康范畴；智商值在 70 以下为低能，属于心理疾病范畴；智商值在 70—79 为智力缺陷，属于心理缺陷范畴；智商值在 130 以上为智力超常，属于心理健康范畴。一名心理健康的学生必定是智力正常的人，智力正常是学生心理健康的重要标准。

（二）适应环境

适应环境是指个体能够通过调整自己的心理和行为而满足客观环境

的需要，与环境建立和谐关系的能力。适应环境主要包含以下三个方面的具体表现。

1. 适应自然环境

适应自然环境是人类获得生存的基本要求，一个心理健康的人应该能够适应各种人类能够生存的自然环境，即具备最基础的生存能力。

2. 适应社会人际关系

人是社会动物，在社会生活中无法避免和别人进行交往，因此人际交往能力是人们在社会生活中必须具备的能力。能否适应社会人际关系一般被用来衡量一个人对社会的适应水平，人际交往能力也是判断一个人心理是否健康的重要标准。一个心理健康的人，应该具备和人正常相处的能力。

3. 适应不同情境

情境指的是个体行为发生时的现实环境，从广义上解释包括社会形态、历史进程、国际形势等；从狭义上解释是指比赛、考试等场合，狭义的情境是在广义情境的背景之下发生的。适应不同情境就是指，个体能够在不同的时间、空间保持心理的平稳，充分发挥自己的心理潜能和优势，指导自己的行为，为自己的目标服务。

（三）人格健全

人格是指人在社会生活中所表现出来的各种心理和行为特征。人格健全具有以下几个方面的表现。

1. 具有自我扩展的能力

能够培养和发展自己的兴趣爱好，与他人进行往来，参加各种各样的社会活动。

2. 具有与他人交往的能力

能够和社会中的其他人建立健康的亲密关系，在与人交往的过程中保持同理心、同情心，接受别人和自己在思想上的不同，不嫉妒他人，不过分存在占有欲。

3. 具有安全感和认同感

能够在遇到各种事情时保持情绪的稳定，能够接受生活中的挫折和打击，能够认同生活的价值，对生活充满希望。

4. 具有现实性

能够对生活中的各种事物进行清晰的认识，了解其现实状况而不是自己想象的状况，然后做出符合现实的判断和行为，适应各种环境和情境。

5. 具有自我意识

能清楚准确地知晓自己的所有和所缺，能够理解真实的自我与理想的自我之间的差别，也知道自己与他人对于自己认识的差别。

（四）情绪稳定

情绪是指人们在从事某种活动时产生的愉快或者不愉快的心理状态。一般可以从人们的情感表现中判断一个人的情绪是否稳定，如果一个人经常表现出过度愤怒、悲伤或者喜怒无常、悲喜交加等，则说明其情绪不够稳定。情绪上的不稳定还可能会导致出现身体健康问题，如生理机能紊乱、各种脏器疾病等。而一个人如果经常保持精神上的愉悦，情绪起伏也不大，则说明其情绪稳定，有助于身心健康。一个心理健康的人，应该具备调节情绪、使自己保持积极和平稳的情绪状态的能力。

（五）行为协调

这里的行为指的是意志行为，即受到意志支配和控制的行为。一个心理健康的人，其意志应该表现出以下几种特点。

1. 自觉性

自觉性是指个体能够明确界定自己行动的范畴，认清自己行动的目的和意义，并能够为了实现目标和任务而主动的支配和调节自己的行动的心理品质。自觉性是人们支配自己的行为而完成目标过程中必不可少的心理品质，拥有了自觉性人们才能在清晰认识现实条件的基础上，不受外力干扰地实施行为以完成任务和目标。

2. 果断性

果断性是指个体在对现实状况进行分析的基础上，快速做出决策并且执行的心理品质。果断性是行动力的体现，是一个心理健康的人必备的心理品质之一。

3. 自制性

自制性是指个体能够排除一切干扰因素，坚定地执行已经做出的决策以实现目标的心理品质。自制性要求人们要克服自己的各种负面情绪和行为冲动，主动制止和排斥与执行决定无关的行为，对于人们的发展具有非常重要的意义。

二、影响学生心理健康的因素

（一）生物因素

1. 遗传因素

在学生的身心发展的过程中，遗传因素占据着非常重要的地位。遗传因素在人的心理健康方面产生的最显著的影响为某些精神疾病的发生，大量的临床医学证明，人的精神疾病的发生都和遗传因素有着密切相关的关系，一些家族中具有精神疾病遗传历史的个体，患精神疾病的概率会远远大于一般人。因此，一定要重视遗传因素对学生心理健康的影响。

2. 内分泌系统的影响

内分泌系统也会对学生的心理健康产生极为重要的影响。内分泌系统能够通过分泌各种激素对人的生长发育、机体代谢进行调节，还能够通过激素控制人的情绪，使人们呈现出各种不同的心理状态。比如，甲状腺分泌出的甲状腺激素就能够对人的生长发育和心理状态进行影响，当人体中的甲状腺激素不足时，人们就会呈现出骨骼发育不完全，身体矮小，智力低下，反应迟钝的状况；而当人体中的甲状腺激素过多的时候，人们又会呈现出精神亢奋，易怒暴躁的情况。因此，在平时的学习、生活和运动锻炼中还要注意人体内分泌系统的调节。

3. 生理疾病

生理疾病也是影响人的心理健康状况的重要因素之一。比如通过对存在心理健康问题的学生进行调查，发现其中曾经患过高热惊厥、头颅外伤或者其他一些疾病的学生所占的比例更大。心理问题还会随着疾病的发展状况发生变化，比如疾病比较轻微时，造成的心理问题一般也会比较轻微，可能只是比较易怒、不安等，而当疾病恶化时，人们的精神问题也比较容易随之加重，变成认知障碍、出现幻觉或者发生攻击行为等。

此外,人们的神经组织会因为受到细菌或者病毒的感染而发生器质性变化,进而导致人们出现心理障碍或者精神失常问题,如果这种状况发生在儿童身上,则有可能导致儿童发育迟滞或者痴呆。除了细菌和病毒感染外,脑外伤、化学中毒也能够造成类似状况。

（二）环境因素

环境也是影响学生心理健康的重要因素,这一因素又主要包括以下几个方面。

1. 营养因素

青少年时期可以说是学生生长发育最重要的时期,青少年必须获得充足的营养来支持自己的生长发育,如果出现营养不良状况,不仅会对其身体的生长发育造成不利影响,还有可能会导致各种心理问题的出现。比如,因为长期热量和蛋白质摄入不足而得营养不良症的小学生,早期可能会出现精神萎靡不振、注意力无法集中或者抵抗力下降等状况,严重者还会导致各种功能性障碍,不利于身体各项素质的发展。

2. 家庭因素

大量的事实表明,和谐的家庭关系有助于青少年形成健康的心理状态,而不和谐的家庭关系则很有可能导致青少年发生各种心理问题。在家庭生活中,首先,家长需要处理好各种关系,保持伴侣之间关系的融洽,父母子女之间关系的和谐;其次,家长要对青少年有正确的评价,肯定其长处,指出其短处,帮助青少年形成对自我的正确认识;再者,家长应该充分理解青少年,根据青少年的实际情况对其做要求,防止因要求过高导致青少年产生紧张、焦虑等心理。此外,家庭生活中的一些重大事件对青少年的心理健康也会产生一定的影响,比如亲人去世、父母失业等。

3. 学校因素

青少年绝大部分的时间都是在学校中度过的。学校是青少年学习和生活的主要场所,学校中各项事物的发展都会对青少年的心理发展产生极为重要的影响。学校因素中对青少年影响最显著的是学校的教育思想、教师的素质、学生之间的人际关系等。

就学校的教育思想来说,一直以来我国学校教育中最难以解决的问题就是过于追求学生的学习成绩而给学生造成过大压力的问题。有些学校片面追求升学率,为了让学生取得更高的分数不断对学生施压,运用题海战术、延长上课时间等手段作为提高成绩的“法宝”，使学生长期处于超负荷的状态。这些手段违反了学生的身心健康原则，不仅容易给学生带来近视、颈椎病等身体健康问题，还会导致学生长期处于紧张的心理状态，出现失眠、神经衰弱、精神涣散等问题，不利于学生的身心健康发展。

就教师的素质而言，有些教师身上存在教育思想错误、素质低下等情况，在教学过程中不仅没有起到引导学生健康发展的作用，还有可能会对学生进行体罚、冷暴力等，容易给学生造成一定的心理阴影。

就学生的人际交往关系而言，同学之间的关系是青少年最重要的人际关系之一，能够对青少年的心理发展起到非常重要的作用。首先，青少年时期是一个人从幼稚向成熟转变的时期，正是需要倾诉对象的时期，如果不能和同学进行正常的人际交往，就有可能会因为缺乏倾诉产生心理上的孤独感；其次，青少年时期也是培养与人进行人际交往能力的重要时期，如果在青少年时期没有培养该项能力，可能会在今后的社会生活中也无法和人进行正常的人际交往；最后，如果在学校被他人孤立，可能会导致学生出现各种心理问题，不利于学生的心理健康。

4. 社会环境因素

社会环境包括经济环境、文化环境、生活环境等各种因素，这些因素或直接或间接地对青少年的身心发展产生影响。比如，社会意识形态会通过各种媒介信息影响青少年的思想，这也是各国设置电影、电视分级制度的原因；各种社会风气也会通过家庭、社区、同伴、传媒等途径影响青少年，良好的社会风气会引导青少年向积极的方向发展，而不良的社会风气则不利于青少年的身心健康；生活环境也会对青少年的心理发展产生影响，有些调查显示，长期生活在城市的青少年会由于住房单元化的原因缺乏和邻里、同伴之间的交流，不利于其培养人际交往技能。

（三）学生自身因素

处于青春发育期的学生，身心方面都会发生巨大的变化，身体发育极为迅速，心理情感变化比较激烈，在发生突发事故时，情绪波动较大，个性一般比较突出。由于青少年学生在这一时期比较缺乏社会经验和人生阅历，他们的思想并不成熟，无法正确处理和调节各种情绪，还容易受到别人诱惑和影响，因而很容易偏离正确的道路，出现各种心理健康问题。比如，我们常说的青春期叛逆问题，就是因为青少年的自我意识随着年龄的增长而增强，但是家长依旧采用之前的教育方法，这就容易导致青少年学生出现一些叛逆心理，进而导致各种心理问题的发生，这一点需要高度重视。

三、学生心理健康调适的方法

(一)心理健康状态及其调适方法

心理健康对于青少年学生的全面健康发展而言具有非常重要的意义。无论在任何阶段都不要忽视心理健康问题,青少年学生要在平时的生活、学习和运动锻炼中保持良好的心理状态,这就需要时刻做好心理状态的调适。

1. 增强自我保健意识

有心理问题的学生要做好心理健康的调适,而那些心理健康状态良好的青少年学生也需要经常进行心理卫生保健,形成自觉培养健康心理的意识。只有这样,才能防微杜渐,将危害学生心理健康的因素扼杀在"摇篮"中。

2. 增强心理防卫能力

青少年学生一般都比较活泼,个性十足,在平时的生活和学习中难免会发生一定的摩擦或不愉快的事情,在出现各种问题时,最重要的就是要保证思想的端正,利用思想对行为和个性进行调控,控制自己的不良情绪,努力让自己的情绪转移到正常轨道。

3. 遵循心理科学原理

青少年学生在处理各种心理问题时,只有以心理科学原理为依据,才能认清自身性格上的优势和不足,及时纠正不良心理状态,促进心理素质的完善与发展。

(二)心理缺陷状态及其调适方法

通常来说,存在一定的心理缺陷的人往往在心理适应、心理调节、心理平衡等方面存在一定的问题,虽然在严重程度上还达不到心理疾病的范围,但是也要给予高度重视,否则就容易出现各种心理问题。

一些学生造成心理缺陷最主要的原因是心理发育不健全和不成熟,其主要特征为性格和情感上存在缺陷,主要表现为难以适应社会集体生活,即难以和别人建立正常、健康的人际关系。存在心理缺陷的人群往往会由于无法适应社会生活和与别人进行正常人际交往而出现各种身心问题,造成身心功能的紊乱,进而影响其学习和工作,阻碍个人的正常发展。

心理缺陷处于健康的心理状态和严重的心理疾病之间，具有非常强的不确定性，在一定程度上会向着心理疾病的方向转化。如果治疗得当，就有可能会朝着积极的方向发展，转变为健康的心理状态；如果没有及时采取有效的手段进行干预和治疗，则有可能会朝着消极的方向发展，恶化成为心理疾病。

针对存在心理缺陷状况的青少年，主要有以下几种调适方法。

1. 开展心理教育

在心理问题已经成为一个普遍的社会问题，越来越多的人受到心理问题困扰的今天，开展各种心理教育活动，向广大群众普及心理健康知识已经成为一件十分有意义的事情。针对青少年开展心理教育活动，能够帮助青少年掌握一定的心理健康知识，使其能够利用这些知识对自己的心理健康问题进行识别和判断，进而及时发现自己的心理缺陷，为其及时接受心理咨询和治疗提供了可能，有利于防止其心理状况继续朝着消极的方向发展。

2. 开展心理训练

心理健康教育和心理训练相结合，是解决心理缺陷者向健康状态转化的重要措施。开展心理健康教育解决的是认识问题，只有认清了心理缺陷的危害，才有主动接受心理训练的可能。

（三）心理疾病状态及其调适方法

心理疾病是一种不健康的心理状态，确定一个人患有心理疾病，必须要有专业医生的诊断证书，只依靠个人的行为表现判断一个人是否患有心理疾病是错误的。针对患有心理疾病的青少年学生应该采用以下几种心理调适的方法。

1. 开展心理训练

心理训练可以说是必不可少的内容，尤其是针对心理疾病严重程度还比较轻的患者，及时进行心理训练有助于使其转化到心理健康状态。

2. 进行心理治疗

一般情况下，青少年学生心理治疗的内容主要包括药物治疗、催眠治疗、音乐治疗、叙事治疗等。和心理训练一样，心理治疗也讲究及时性，病患接受治疗的时间越及时则治疗的效果越显著。患有心理疾病的青少年学生要严格按照医嘱进行心理方面的治疗,促进心理水平的恢复与发展。

四、改善学生心理水平的体育教育策略

大量的研究与事实表明,参加体育锻炼能很好地提升学生的心理水平,促进心理品质的完善。为进一步促进青少年心理健康水平,可以采取以下几个策略。

(一)加强体育教育与心理健康教育的结合

学生的心理健康教育,主要是以心理学理论为指导,为学生提供良好的心理辅导,这主要是针对有比较严重的心理疾病的青少年。而对于那些只有轻微心理健康状况的青少年而言,最好是首先进行体育教育,这一种教育方式也能取得良好的效果。在平时的体育教育中,体育教师要采取各种手段与措施努力激发学生的潜力,开发获胜的潜能,促进其心理水平的完善与提高。

心理健康与身体健康同样重要,但事实是在平时的学习和生活中,有很多的学生忽视了自身的心理健康,这一种情况是不容乐观的。为改进青少年学生对于心理健康的片面认识,在平时的体育教学中,还需要通过课堂教学、讲座、宣传栏等方式,普及大量的心理健康方面的知识,让青少年深刻认识到心理健康的重要性,主动采取各种手段与措施促进心理素质的提升。

(二)建立体育教育与学生心理健康发展联合培育模式

促进学生心理健康的手段有很多,其中建立体育教育与学生心理健康发展的联合培育模式是非常重要的一个手段和策略。这一模式在很多学校中都得到了一定的利用,也取得了不错的效果,值得大力推广。

1. 做好学校体育教育管理工作

为保证学生有一个健康成长的环境,学校体育教育部门要加强与其他部门之间的联系,获得共同发展,从而为促进学生心理健康发展创造良好的环境和条件。除此之外,还要加强学校体育教育工作人员与管理者之间的沟通,各方面做好相互配合,出谋划策,为学生的心理健康创造良好的条件。

2. 充分利用好体育教育的时间

学校是青少年学生心理健康教育的重要阵地，学校体育教育部门学校在开展体育教育活动的过程中，首先要了解学生的基本心理情况，帮助学生学习与掌握必要的心理健康知识，在遇到一些心理问题时要积极寻求解决的方法和策略。

（三）重视学生的心理健康咨询工作

伴随着时代的发展，有不少青少年学生出现了一些心理健康方面的问题，青少年心理健康咨询也就成为一项非常重要的工作内容。通过心理咨询，困扰青少年学生的一些心理问题都能得到很好的解答，这样学生的心理水平就能得到有效的提升。

对于那些实力雄厚的学校来说，还可以建立专门的心理咨询室，对学生进行针对性的辅导和帮助，为学生排忧解难。除此之外，学校也可以设立心理咨询热线，学生可以就各种心理问题进行全方位的咨询，这对于学生心理素质的完善与提高具有重要的帮助。

第五节　促进学生社会适应能力提升的体育健身指导

一、当前学生的社会适应能力现状

（一）学生社会认知现状

根据社会心理学理论，我们可以知道，人们在社会生活中，社会认知的范围是以人为主体，包括对他人的表情、性格、人与人之间关系的认知。① 对于在校大学生而言，大学生的身体素质和心理发展以及智力方面和之前相比都有了很大的发展，知识储备和中小学相比有了很大的提升，因此，与中学、高中阶段相比，大学生并没有真正接触到社会，他们的社会经验也是非常少的。

就大学生的各种变化来看，由于身心发育以及大学生所面临的学习、生活社会化程度的加深，大学生的社会认知内容不断增加，并且有了社会交际、社会活动参与等的需求，相对于之前的学生时期，大学阶段，大学生

① 时蓉华．社会心理学[M]．上海：上海人民出版社，2003.

的社会认知内容体现出多样化和高层次特点。[①]

1. 大学生社会认知特征

一般来说，大学生的社会认知特征主要表现在以下几个方面。

（1）大学生对他人认知呈现出多样化和高层次的特征。社会心理学指出，他人认知是指个体在人际交往中对周围个体的认知。大学时期，学生接触到的人越来越多，与各种不同的人之间构成了简单的社会关系。与高中相比，高等教育的社会化，大学生个性发展需要，大学生学业和职业、人生规划发展需要等，使得大学生参与各种社会活动的需要日益增加，再加上当前我国大学生的就业、创业需求大，其认知范围也逐步扩大，从学校延伸到社会各个层面。

（2）大学生对自我认知呈现出多样化和层次化的特征。发展到这一阶段，大学生具有较强的独立意识，并且渴望独立。大学生在生活、学习等方面已经逐渐摆脱了对父母、教师等的依赖，已经从一般的自我主观认知、根据他人的评价被动自我认知中解放出来，具有自觉认识和评价自我的意识，这种认知呈现出明显的层次化特征，说明青少年的自我意识得到了明显的增强。

（3）大学生对人际关系的认知呈现出多样化和高层次的特征。伴随着大学生心理的成熟与完善，其人际关系结构也变得越来越复杂，学生如何处理人与人之间的关系，如何融入这个社会就显得至关重要。

2. 大学生社会认知的不足

大学生在社会认知方面也存在许多不足之处，具体体现在以下方面。

（1）容易出现单一偏激的情况。这种单一偏激的现象并不是突然出现的，从青少年的青春期开始，学生就变得比较叛逆，不宜沟通，出现思想偏激的情况是十分常见的。进入大学阶段后，大学生的知识、学历、学识、经验等都较之前有很大的丰富与发展，但是，对很多事物及事件的发展都认识不足。当大学生走上社会后，其心理和感情也会得到增长，由此可见，大学生的心理健康状态充分说明了一些大学生的心理年龄。

（2）自我认识不足。过度自信与信心不足是当前大学生自我认识不足的两个非常重要的心理。过度自信往往源于大学生对自我社会实践能力过度高估，这里重点对大学生自我认识能力不高、信心不足详细分析。

大学生的成才欲望往往都很强烈。大学生对未来充满美好的幻想，

① 笪学军．大学生社会适应能力研究[D]．河海大学，2005.

希望成绩优秀、受人关注、成就一番大事业。但大学生面临着学业和就业双重压力，和高中时期的系统学习不同，大学的学习更多地靠自觉，这就使得很多大学生会感到学习负担重、过程苦，心有余力不足，甚至产生厌学心理，形成了想学和厌学的矛盾。

大学生与真正接触和进入社会后的毕业生、社会职工相比，由于社会经验和人生阅历较为缺乏，因此很多大学生不能准确地认识自己，出现理想自我与现实自我的矛盾冲突。

（3）盲目从众。从众现象是一种非常普遍的社会现象。有社会心理学指出，从众现象是指个体在群体中会不知不觉地受到群体的压力，而在知觉、判断、信仰以及行为上表现出与群体中多数人一致的现象。[①] 从众现象有积极和消极之分，主要与群体的行为反应有着密切的关系。

群体对个体的主观认知有“教化”效应，会使个体为了得到群体的认可、增强群体凝聚力而促进个体思想与行为与群体一致，这个过程就是群体下的个体的社会化过程。

大学生中的盲目从众现象，即在群体的保护下，违反正常社会情境下的社会准则的思想和行为，称为“群体去个性化”现象。大学生中的盲目从众现象表现在诸多方面，如生活中不明就里的起哄滋事，兴趣爱好上的跟风，不文明举止上的随大流，“大家都这样，我也这样”，专业学习上的“别人都马虎，我为什么要认真”等。当然，这种心理说明了当代大学生的一种学习心理和学习态度趋势，据调查显示，只有约半数的大学生能够认真对待专业课学习并具备良好的学习动机，能够科学管理自我。也必须认识到，尽管大学生的学习态度比较端正，但是与高中相比，学习积极性呈现出明显下降的趋势，这一状况不容乐观，需要采取积极的策略加以修正。

另外，大学生也容易出现盲目从众的心理，这一种心理想象也是不好的，属于一种不良的社会认知，长久以往大学生就容易失去自我，不利于自身的长期发展。

（二）学生自主能力现状

学校可以说是大学生生活、成长、成才的主要空间，大学生首先要适应校园生活环境，才能更好地去学习与参加各种形式的体育锻炼。总体来看，绝大多数的学生都具有良好的社会适应能力，仅有少部分学生存在社会适应能力不足的现象。

作为一名大学生，必须要具备合理规划和合理消费的能力，这一能力

---

① 笪学军．大学生社会适应能力研究[D].河海大学，2005

对于学生的未来发展具有重要的意义,是大学生自主能力的一个非常重要的参考指标。大学生由于其仍处于学生阶段,在经济上仍然需要家长的支持,大学生的各种花费基本是依靠父母。通过一项调查发现,当前的大学生普遍存在盲目消费的现象,对自己的消费没有具体的规划。

(三)学生人际关系现状

一般来说,主动交往、与人为善的人,往往其社会关系的处理能力要更好,与周围人的人际关系要更加融洽。以当今大学生为例,其人际关系现状主要体现在以下几个方面。

1. 大学生与人交往的积极性

对于大学生来说,其平时接触最多的就是舍友,在日常与室友或者其他同学的交往中就能看出学生的与人交往的能力。总体来看,在大学生与舍友交往状况中,大多数大学生都能与室友和睦相处,关系不好的只有极少数的一部分。有不少的大学生习惯于被动与陌生人交往,[①]这一现象还是十分常见的。

2. 大学生交往中对他人的态度

人际交往是一个开放的交往过程。在人际交往过程中,助人为乐是一种积极向上的交往态度,是建立良好人际关系的重要基础,对于个体的良好人际关系的建立具有重要的促进作用。

大学生助人为乐的良好表现有助于其更好地接近他人,融入集体。据调查显示,大学生在面对他人遇到困难时,采取的态度是有很大的差异性的,选择积极帮助他人的学生所占比例有限,需要今后加强这方面的教育。

总体上来看,很多学生对待他人的态度都比较淡漠,这与当前的人与人之间的社会问题有着一定的相似之处。很多学生在与人交往的过程中,不太懂得主动付出,呈现出被动交往的现象,这种情况对于学生将来走上社会适应现代社会的发展是不利的,因此在校期间就要加强这方面能力的培养。

---

① 丁晖.大学生社会适应能力培养研究[D].南京工业大学,2012.

二、体育健身对学生社会适应能力的促进

体育健身对社会健康有着积极的促进作用，这一点毋庸置疑，具体来说，体育健身对社会健康的促进以及对学生社会适应能力的促进主要体现在以下几个方面。

（一）促进学生价值观的形成

随着时代的发展，体育教育扮演的角色也越来越重要，体育教育充分发展学生个性，培养学生的组织性、纪律性、集体主义精神以及灵活的应变能力等作用越来越明显，日益受到教师和学生的重视。

在体育健身锻炼的过程中，有很多集体项目需要学生之间的配合才能完成，在参与这些运动的过程中，学生的个性和自我信心都得到充分的发展，同时还建立了良好的集体意识。另外，体育运动同时具有休闲娱乐和严格、统一的比赛规则的双重特点，这能很好地培养学生的行为规范和组织能力，能促进学生的全面发展。

（二）促进学生人际交往能力的提高

大量的实践与事实表明，体育健身活动的开展对于学生人际交往能力的培养与提高具有重要的作用。调查与研究发现，包括学生在内的个体，坚持进行体育运动锻炼的一个重要目的是与他人交往或参与群体活动。[①]在与他人形成亲密关系方面，经常参与体育活动的人其社会交往能力明显要高一些。

另外，学生参与体育运动锻炼的程度与家庭成员、好朋友的参与运动程度有着非常密切的关系。从更加严格的意义上来说，好朋友对青少年学生参与体育运动的程度的影响要大于家庭成员产生的影响。总之，体育健身能对学生的社会交往产生重要的推动作用。

（三）促进学生自我意识与社交技能的改善

在当今社会背景下，人与人之间的关系显得比较淡漠，交往表现得比较含蓄，自我意识水平在制约人际关系中的作用具有针对性。在体育教育过程中所形成的自我意识，在不断的运动实践中会成为调节自己行为的一

---

① 刘巍，黄元龙，王大贵．体育健康教育[M]．哈尔滨：哈尔滨地图出版社，2009.

种能力，将这种能力运用到社会交往之中，就可以对自己的真实面目和别人对自己言行的真实反映有一定的了解，从而达到有效提升自身社交技能的目的。

另外，学生在参加学校一些体育比赛的过程中，受一些不利因素的影响，往往会出现情绪过激的现象，这种情况对于那些自我意识强烈，情绪控制力较差的学生而言是比较常见的。因此，在体育教育过程中，要求学生一定要养成对别人或者对自己的情绪做出准确判断的能力，并及时克服这种情绪障碍，如此才能促进学生社会交往能力的提高。

（四）培养与提高学生团结协作的能力

在体育教学中，有很多项目需要集体协作，因此学生必须要具备良好的团队合作能力。学生参与到体育教育活动中，特别是从事集体性的体育活动，需要与其他学生通力合作，这不但能使集体的目标得以实现，而且个人的作用也能充分地发挥。经常性地参与到体育教育活动中，特别是参与集体性的体育教育活动，对于学生合作意识的增强、团队精神的培养都是有所助益的。

（五）培养与提高学生与人沟通与交流的能力

在体育教学中，学生参与体育活动都是通过教师的讲解示范和学生的练习实践相结合而实现的，同时，也离不开同学之间的相互交流理解。

体育教学活动都是在学生与教师、学生与学生相互保持良好的沟通下进行的。这种沟通的方式具有显著的直观性、及时性和准确性，更重要的是其具有主动性，这就需要学生在学习过程中一定要保持高度集中的精神，积极主动地进行充分的信息交流。因此，经常参加体育活动能够有效提升学生的沟通能力，培养与提高学生与人交往的能力。

（六）培养和提高学生的竞争意识

在当今社会背景下，努力培养竞争意识和能力，对于学生而言是有着积极意义的，对于其走向社会后能更好地适应社会是非常有帮助的。

体育运动本身具有对抗性，这也就赋予了其竞争性的特点。在体育运动过程中，竞争无处不在，这种竞争可能是对自己运动能力的挑战，也可能是与他人的争胜；可能是人与人之间的竞争，也可能是团体与团体之间的竞争。因此，在体育教育活动的竞争过程中，能够对学生自身积极进取、顽强拼搏的精神起到积极的促进作用。

二、促进学生社会适应能力提升的体育与健康运动策略

（一）在体育教育中传达心理健康知识

为培养与提升学生的社会适应能力，增加培养学生心理健康方面的内容，深度挖掘体育教学资源，将体育实践与心理健康进行有机地结合。通过体育项目让学生深刻理解体育心理学的相关内容，重点是培养青少年学生有心理学的意识和养成心理学头脑，这对于学生心理健康的促进具有重要的意义。

经常举办一些体育比赛，会极大地考验青少年学生的心理韧性。在体育教学中，体育教师应该利用这样的环节对学生进行现场教学，以体育运动中的挑战、对抗、竞争等场景类比生活中的类似情境，对于学生的心理建设具有非常重要的作用。

在如今体教融合的发展与要求下，体育教师需要提高自身的综合素质与能力，要求体育教师不仅仅要有体育专业的知识技能，还要精修教育学、心理学等多方面的知识，要能指导学生促进身心的全面发展。

（二）强化体育实践的优势

青少年学生正处于青春发育期，这一阶段他们一般都比较活泼、个性非常鲜明，他们的人际交往能力主要是从师生间或者同学间的交流互动开始学习的。在教学之外，教师尤其要关注他们的心理健康问题，特别是现在以独生子女为主，他们相对比较欠缺人际合作与配合这方面的锻炼，遇到挫折可能会情绪化甚至极端化。因此，学校应该充分发挥体育课需要大量的团队协作的机会，让青少年在体育实践中学习人际交往能力和团队协作能力，懂得什么时候需要挺身而出有担当，什么时候需要谦卑服从甘为人梯。这些都不是仅仅靠读书可以学习到的，必须要通过实践活动才能习得。因此，体育教学应该发挥其得天独厚的特色，让学生多多参加体育活动，在实践中培养与提高社会交往能力。

第七章 学校体育课程文化建设与实践探索

体育课程在不断发展中形成了一种较为健全的课程文化,它是学校体育文化的重要组成部分。体育课程文化建设是学校体育文化建设的重要内容与任务之一,在建设过程中应与体育教育的改革和发展方向保持一致,应尽可能开展学生喜闻乐见的课程,通过实施这些体育课程而增强学生体质,促进学生全面发展。本章重点对田径、体操、球类运动、时尚流行运动这几类体育项目的课程建设及教学实践展开研究,以期丰富学校体育文化,促进学生身心健康与协调发展。

第一节 学校体育课程文化建设概述

以课程文化视角来看,学校体育课程文化主要包括两方面的含义：一方面是指学校体育课程体现出的一定的社会群体文化；另一方面是指学校体育课程本身的文化特征。需要注意的是,任何一种课程的产生和存在都是建立在特定的文化土壤和背景基础之上的,它们不能脱离这些基础而存在。

通过多年来的体育教育改革,体育课程在学校中受到了一定程度的重视。纵观学校体育课程,近些年来,其教育理念、教育目标、课程设置、组织形式、课程内容等方面都发生了一定的变化,这几个方面对于学校体育课程文化的建设具有非常重要的意义。但由于现代教育理念在学校体育课程改革中的全方面渗透,体育课程非理智地追求完美与反驳“传统”,“课程改革”成为全盘的“改革课程”,基本的体育课程文化价值取向越来越走向消退，在理论研究与实践中导致了课程文化的一些“疲惫”与“异化”问题，偏离了体育课程的文化内涵。因此，对课程文化问题进行探讨，展开不同甚至对立观点的争辩是十分必要的。

学校体育课程文化建设要求尊重和反映每个学生的民族、性别、体育文化传统，以及与其相伴而生的体育文化体验。这就对学校体育教育提出了一定的要求，要求学校体育教育一定要坚持多元文化视野、多样性原则和个性化指向，对体育课程进行全面地统整，整合各方面的文化内容，加强多元文化课程的建设，如此才能很好地应对如今社会多元文化的发展。

一、学校体育课程文化建设中存在的问题

（一）缺乏基础设施成为高校文化发展的制约因素

在学校体育文化的构建过程中，基础设施建设成为高校文化发展的制约因子。只有具备各项完善的体育基础设施设备，才能有效开展不同类型、丰富多彩的体育活动。目前，许多高校体育建设经费不足，难以适应体育教育的需要。有的高校体育部连最基本的体育经费开支都不足，更别说对体育文化建设的基础设施进行投资。现代高校基础设施不足及发展滞后的现实问题，成为制约高校文化发展的主要矛盾。

（二）缺乏相应的资金支持成为体育文化建设的主要障碍

随着现代社会各项技术的不断发展，中国经济面貌有了显著的改善和变化。国家在教育方面投入大量资金，使高校的体育经费投入有了一定变化，在一定程度上改善了学校体育文化的建设。但是，由于我国高校学生数目众多，并且原有体育设施非常薄弱，加上扩招政策以及高校规模的不断扩大，学校体育文化建设的经费不能满足形势发展的需要，这成为制约高校文化建设发展的一个突出矛盾。

（三）师资队伍建设与学校体育文化建设不相适应

高校体育教师队伍建设面临着很多难题。一是教师的数量。高校大规模的扩招以及高校规模的扩大，加上学校体育文化内涵的不断深化，致使高校体育教师数量失调。二是教师的质量。学校体育文化建设需要更多高水准以及专业素养较强的师资队伍。但在实际教育过程中，许多体育教师根本达不到这一标准。三是职业素养。社会的大环境对体育的重视程度不够，以至于一部分体育教师产生自暴自弃心理，在工作过程中缺乏

爱岗敬业和奉献精神，严重影响了工作的质量。

二、学校体育课程文化建设的对策

（一）改善高校体育基础设施

高校体育基础设施设备是构成学校体育文化建设的重要组成部分。只有具备充足的体育设施设备，才能保证高校体育活动的正常开展。所以，作为学校体育文化建设的负责人，需要动用一切可以动用的力量和关系，开展多渠道的融资，不断完善高校体育基础设施。与此同时，高校应制定相应的规章制度，提高设备的使用效率，以确保高校体育活动顺利开展。

（二）强化常规体育课程教学

学校体育文化建设最主要的表现方式是体育课程的实施。高校常规体育课程的开设，应将体育教学与个人的身心健康发展紧密结合在一起，培养学生进行终身体育锻炼的观念。要将“以人为本”的理念贯穿于整个教学过程，改革和创新体育课程的教学模式，尽最大可能扩充体育课程的内容、知识等。体育课程的教学要尽量与学生的生活实际相结合，如可以增加一些休闲娱乐类的体育活动，营造一种舒适的教学氛围。

（三）给体育类团体以大力支持

各类体育团体在学校体育文化建设过程中发挥着重要作用。体育社团组织的各项体育活动，是高校体育课程的重要内容。作为学校体育文化建设的组织者和管理者，要给予体育类团体以关心和支持，推动社团体育活动的蓬勃开展，促使学生的管理、合作、社交与创新能力在实践活动中得到锻炼和提高，丰富课外生活，促进全面发展。

（四）加强学校体育文化宣传

高校的体育文化建设，可通过不同渠道，如高校广播、板报、新媒体以及其他宣传媒体，加大宣传力度，形成浓厚的学校体育文化氛围，从而加深学生对体育活动的认识和理解，建立终身体育运动理念。

学校体育文化是高校校园文化建设的重要组成部分。现代学校管理必须重视学校体育文化建设，重视办学条件的投入和更新，加强教学方法的改革和创新，让学生在浓厚的学校体育文化氛围中健康成长和发展。

第二节 田径运动课程建设与实践

一、田径运动课程建设

(一)树立正确的指导思想

在我国全面推进素质教育的当下,学校建设田径运动课程,首先应该确立正确的指导思想,正确理解“健康第一”这一体育教学指导思想的内涵,在这一教学思想下进行田径课程建设,将被称为“运动之母”的田径运动的独特价值充分发挥出来。在正确思想的指导下开设田径课程教学,首先要培养学生的兴趣爱好,使学生对田径运动感兴趣,调动学生参与田径运动的积极主动性,使学生在兴趣的基础上掌握田径技能与锻炼法。在田径课程建设中还要注意对学生的学习潜能进行深入挖掘,在学生运动过程中对其坚持不懈的精神品质进行培养,并引导学生养成运动锻炼的良好习惯,形成积极健康的生活方式。

(二)加强基础设施建设

学生参与田径运动的积极性、参与频率以及参与效果直接受田径场地器材等基础设施因素的影响。所以在学校田径课程建设中要重视基础场地设施的建设,将现有场地设施资源充分利用起来,使其作用得到最大限度的发挥,充分满足田径教学需要、课外田径活动开展的需要以及举办校园田径赛事的需要。

(三)重视田径教材建设

教材建设在学校田径课程建设中是非常重要的一环,学校田径课程教学效果直接受教材编写质量的影响。在田径教材建设中,要明确定位育人目标,结合时代特征、学校教育改革趋势、学校体育发展需求而编写科学的田径教材,并不断对田径教材结构体系加以健全和完善,对传统田径教材内容体系进行改革,不再一味以竞技内容为主,加入健身锻炼的相关内容,使学生既能够掌握基础锻炼方法,又能学习田径运动技能,从而促进学生体质健康水平的提高和基础运动能力的增强。

（四）完善田径教学内容

1.针对性授课

田径运动具有强身健体的重要功能，要通过田径课程教学而发挥田径运动的这一功能，有效增强学生体质，就要选择对教学对象具有普遍适用性的田径教学内容。田径项目众多，有走跑类项目、跳跃类项目、投掷类项目以及其他一些衍生项目，如此丰富多彩的内容成为其在学校体育课程建设中备受关注的一个重要原因。尽管田径运动包含很多项目，但并非都受学生喜爱。学生有很强的求知欲，他们对时尚流行的体育项目非常感兴趣，因此要将田径运动与时尚运动结合起来进行针对性教学，吸引学生参与。例如，路跑、马拉松近年来颇受大学生关注，学校可以结合路跑、马拉松的相关知识进行关于跑的动作方法、体力分配、练习形式等内容的教学，使学生对跑步的认知从简单走向丰富，使学生更加科学有效地进行跑步。

2.精选教学内容

田径课程教学内容非常丰富，传授不同的田径教学内容时，也要灵活选用教学方法。有的田径项目有很强的技术性，容易将学生的参与兴趣激发出来，这类项目有助于对学生努力拼搏、不畏艰难、战胜困难的信心、勇气及精神的培养。例如，短跑教学中，跑步技术是重点教学内容，要使学生掌握跑的省力技巧，不要只用腿部力量去跑，要将髋关节带动起来，以大肌群发力为主，这样跑起来更为轻松和自然一些；跨栏跑教学中，让学生对栏间节奏、跨栏动作等重点内容加以掌握，为此而适当将栏架数量减少一些，或选择高度稍低的栏架；跳高教学中，以背越式跳高法为重点内容，主要培养学生对跳高运动的兴趣，使其能够发挥潜力，跳跃一定的高度，不要过分看重学生能跳多高，关键是要让学生有兴趣，有需求，能对这项运动的魅力产生深刻的体会。

除了不同田径项目的技术教学外，还要精选田径理论知识，如田径运动的发展历史、功能价值、比赛规则等，使学生对田径运动有丰富的认识，从而产生浓厚的参与兴趣。

（五）丰富田径教学形式

1.以健身为主的田径教学

改革传统田径项目，培养学生的兴趣，在增强学生体质的教学目标下传授丰富而有效的田径健身方法，以大众化、趣味性方法为主，使学生在参与过程中产生兴趣，强身健体，愉悦身心。

2. 以竞技为主的田径教学

传统田径教学内容主要是竞技性的跑类项目、跳类项目和投掷类项目，以及与这些项目相关的专项体能练习。在以竞技为主的田径课程教学中，学生重点学习竞技田径技术，不断练习田径技术，追求技术上的突破与完善，从而提升田径核心技能水平。

3. 以达标为主的田径教学

国家制定《国家学生体质健康标准》是为了增强学生体质，提升学生的健康水平。田径课程教学是促进学生体质达标的重要途径，根据标准的相关规定、测试项目、测试方法、测试要求以及评价标准而展开田径达标类课程教学，使学生在体质测试中取得优异成绩。

（六）构建全新的考评体系

传统田径课程考评机制单一、落后，对田径课程建设与发展造成了制约，也影响了学生的健康与发展。对此，要对传统田径课程考评体系进行改革，构建全新的考评模式，考评方法要有助于激励学生主动参与田径学习与锻炼，考核内容要全面，要综合采用多种考评方法，以全面考核为主。除了进行体能考核、技术考核外，还要将理论考核、学生学习态度考核、思想品德考核、进步程度考核纳入考核体系中，实施科学、全面、合理的田径课程考核，充分发挥考核的价值与功能。

（七）加强师资队伍建设

田径课程建设与实施质量直接受田径师资队伍专业素养的影响，甚至直接由师资因素所决定。学校体育课程的深入改革对体育教师的要求越来越高，田径教师作为学校体育师资的重要组成部分，应在田径课程建设与实施中充分发挥自己的业务能力。

田径师资队伍建设中要求田径教师做到以下几点。

1. 理论知识丰富、专业技能过硬

田径课程教学效果、质量直接受田径教师专业业务能力的影响。田径教师应对田径理论知识达到一定的熟悉度，并不断学习新知识，了解田径运动发展的新趋势，完善自己的知识结构，丰富自己的知识储备，并将之转换为田径授课内容，提高学生的田径理论素养。

田径教师还应该具备过硬的专业技能，能够科学开发田径教学内容资源，正确选用丰富的田径教学方法手段，有能力营造活跃的课堂氛围，创建优良的教学环境，提升学生学习的热情与积极性。田径教师应有能力将教材中的内容以科学有趣的方式传授给学生，使课堂教学气氛活跃起来，使学生积极表现，主动配合教师，从而提升课堂教学效率。

2. 教学中淡化竞技意识

传统田径课程教学体系以竞技为基础，以竞技为重，其与素质教育的理念不符，因此田径教师要在田径课程建设与实施中淡化竞技意识，改革传统课程体系，在“健康第一”指导思想下给学生传授田径健身知识与方法，引导学生循序渐进地进行田径运动锻炼。竞技意识的淡化应从课程内容的选择中体现出来，以简单、有趣、操作方便、健身价值突出的内容为主，将田径运动的健身与娱乐功能充分发挥出来，从而调动学生学习的积极性，满足学生的健身与娱乐需求。

3. 改革传统教学模式

一些田径教师习惯采用传统模式授课，单一、枯燥的教学影响了课堂氛围，影响了学生学习的积极性，甚至导致学生抵触情绪的产生，严重影响了田径教学效果。对此，田径教师要自觉改革传统教学模式，从教学实际出发而设计丰富多样的教学方法，采取有助于培养学生兴趣和激发学生学习积极性的教学手段进行教学，营造宽松活跃的田径课堂氛围，提高课堂教学效果。田径教师还应该在终身体育理念下进行课堂教学设计，促进学生终身体育意识的形成。

二、田径运动教学实践指导

（一）跳高

这里以背跃式跳高为例分析。

1. 助跑

助跑前段一般为直线，后段为弧线（跑四步）（图 7–1），弧线末段与横杆之间形成 20º ~ 35º 的夹角（图 7–2）。

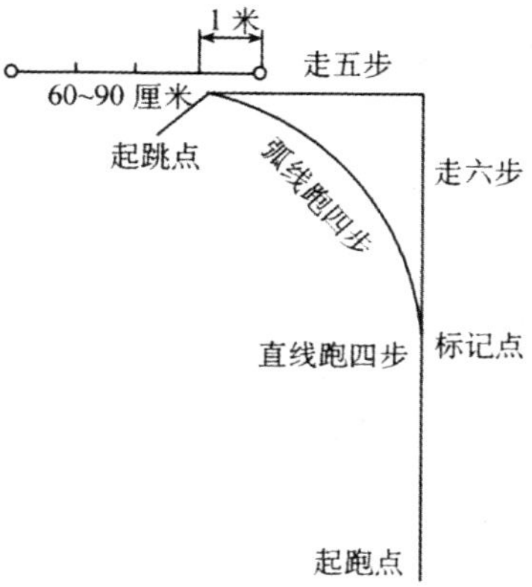

图 7-1　助跑

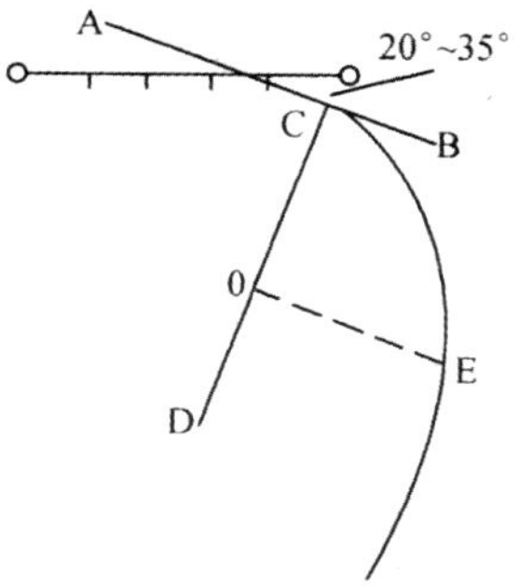

图 7-2　弧线末端与横杆夹角

2. 起跳

一般左腿起跳，髋、膝、踝关节充分有力地蹬伸，立腰，身体转为垂直，提肩摆臂，摆动腿膝关节内扣，转体背对横杆（图 7-3）。

图 7-3　起跳

3. 过杆与落地

头、肩越过横杆后，头及时后仰、肩向下倒、挺髋提臀，膝关节放松，身体成反弓形。臀部越过杆后，小腿快速上提，低头收腹，身体自然下落，肩背先落垫（图 7-4）。

图 7-4　过杆与落地

（二）掷标枪

1. 握法

常见的两种握枪方法如图 7-5 中所示，左边为现代式握法，右边为普通式握法。

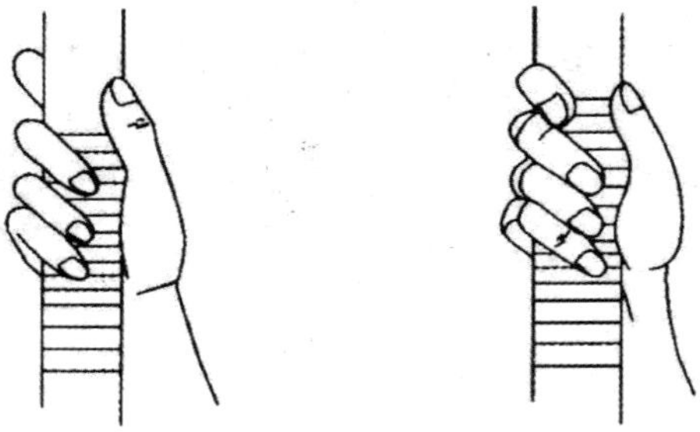

图 7-5　握法

2. 持枪

右手持枪举于右肩上方，投掷臂放松，枪尖比枪尾稍低，枪身也可与地面平行（图 7-6）。

3. 助跑

根据投掷速度决定助跑距离，一般助跑 25 ～ 35 米，分预跑和投掷步两个阶段完成助跑。

图 7–6　持枪

4. 最后用力和缓冲

投掷步结束后，身体成“满弓”姿势。左腿屈膝迅速有弹性地蹬伸，同时挺胸前送，小臂向前“鞭打”，通过手臂和手指将全身的力施加在标枪纵轴上。标枪投出后，右脚向前一大步跨出，身体稍左转，身心重心降低以保持平衡(图 7–7)。

图 7–7　最后用力

第三节　体操运动课程建设与实践

一、体操运动课程建设

(一)优化课程内容

随着社会的不断发展，社会对人才的需求量越来越大，对人才质量的要求也越来越高，因此对学校教育的要求也越来越高，这种高要求推动学校教育向前发展。为满足社会需求，学校培养的人才应具备“宽知识、厚基础、综合素质高和实践能力突出”等特征。为了提高人才培养效率，学校要以社会需求为依据而对课程内容与结构体系进行优化与完善，将优势教育资源充分整合起来，体现课程的综合化趋势。在这一背景下，学校体操课程设计也要面向社会，课程结构应具有多元化。体操课程教学既要注重基本理论教学、体操技术教学，也要为学生提供实践机会，促进学生自主学习能力、创造创新能力以及实践能力的提升。

传统体操课程建设中，课程教学理念与课程内容无不强调“竞技”的重要性，但在新的社会发展形势下，体操课程建设要打破传统模式，不能一味强调竞技，要适当淡化竞技，突出能力的重要性，重点培养学生的能力，体操课程内容应具有鲜明的知识性、趣味性和应用性。

体操理论课和体操实践课是体操课程内容结构的两个重要组成部分，体操理论课主要包括体操基本知识、体操比赛规则、体操教学训练理论、体操健身原理、体操比赛欣赏等内容，在理论课教学中要突出课程内容的前沿性、实用性。体操实践课主要包括体操基本技术、器械体操运动方法、体操游戏等内容，在体操实践课教学中除了要传授体操技能和练习方法外，还要对学生的体操编排能力、合作能力、创新能力进行培养，提高学生的实践能力。此外，在体操练习中要多设计一些有趣、新颖的练习方式，提高学生练习的积极性。

优化体操理论课程与实践课程的内容，健全与完善体操课程内容体系，对提升体操课程建设水平和提高课程实施效果具有重要意义。体操课程内容结构如图 7-8 所示。

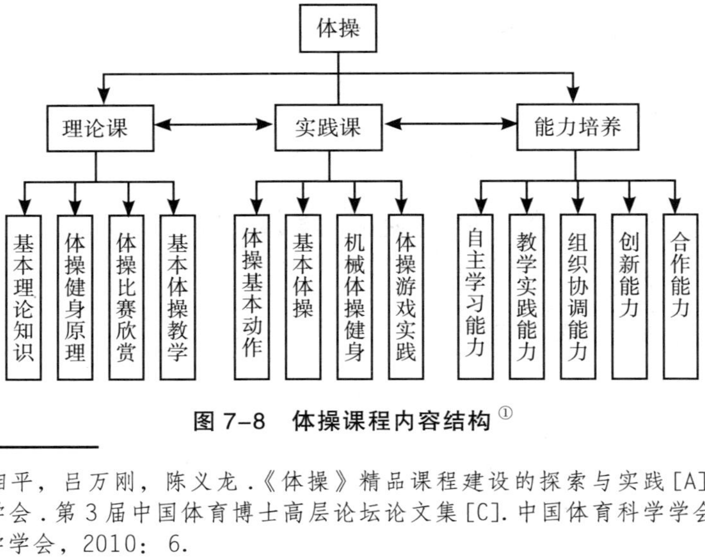

图 7-8 体操课程内容结构[①]

① 郑湘平，吕万刚，陈义龙．《体操》精品课程建设的探索与实践[A]．中国体育科学学会．第 3 届中国体育博士高层论坛论文集[C]．中国体育科学学会：中国体育科学学会，2010：6.

（二）建设立体化教材

在体操课程建设中，体操教材是必不可少的重要资源。作为体操教学内容的重要载体，体操教材的建设对体操课程教学质量有决定性影响。在体操教材建设中，应重点考虑体操教学的改革方向，提高教材质量，创新课程体系，促进教材内容的更新与完善，树立先进的教学理念，在科学理念下进行教材建设，体现最新研究成果。

在体操教材建设中，要对传统教材内容体系进行改革，将与现代社会需求和体操教学改革不相适应的内容删除，将体操比赛欣赏、体操游戏以及体操健身理论与方法等内容纳入教材中，培养学生各方面的能力，从而与体育健康课程改革的需要相适应。选编体操教材内容，要确立科学的指导思想，以体操基本理论知识、基本技术技能为基础，重点培养学生各方面的能力，旨在促进学生体质健康和全面发展。选编体操教材内容还应贯彻一些科学原则，如整体性原则、实践性原则、发展性原则、时效性原则、有效性原则、主体性原则等，提升选编的科学性与选编效率，满足学生的需求。注意在构建体操内容体系时，既要培养学生的体操技能，又要将全民健身指导、终身体育锻炼的相关内容融入其中，以完善体操教材内容体系。

体操教材建设要与体操课程建设同步，要与体育与健康教育的改革方向保持一致，要满足社会发展对人才的需求。一些高校在体操教材建设中，围绕专业发展的需求建立了立体化教材资源体系——“纸质 / 专著（主体 / 辅助）+ 电子（扩充）+ 音像（扩充）+ 网络（拓展）”，如图 7-9 所示。该体系所含教学资源充足，为学生线上、线下学习提供了重要的保障。

（三）创新教学模式

传统体操教学模式以传授体操技术为主，这种教学模式的实施虽然有效提高了学生的体操技术水平，但影响了学生其他能力的发展。为此，要立足社会发展需要对传统体操课程教学模式加以改革与创新，突破传统模式，建立新型模式，从社会发展需要、学生个性特点出发对丰富多彩、新颖有效的教学方法与手段进行探索，加强教学方法创新，注重培养学生的实践能力和综合素质，从而促进体操教学效果的优化和人才培养质量的提升。

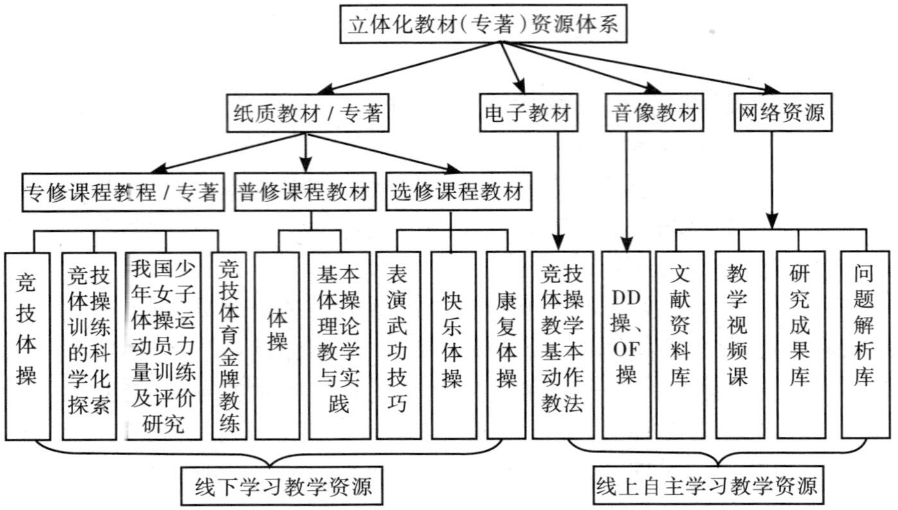

图 7-9　体操课程立体化教材资源体系①

在体操教学模式的改革与创新中，要改变传统的“灌输式”模式，打破“一言堂”的局面，注重对自主学习、启发教学、开放教学、互动教学等新型教学模式的构建与运用。在体操课堂教学中设置师生互动环节、小组合作学习环节，吸引学生的兴趣和注意力，了解学生的学习动态。在新的教学模式下，先设计“问题导入”环节，引发学生积极思考，安排学习小组讨论，对学生的思维能力、分析能力、探索能力和解决问题的能力进行培养。新型教学模式中既包括传统的讲授和示范，也包括开放式的教学互动环节，既有线下课堂教学，也构建了远程网络学习平台，既有理论教学，也有实践教学，将现代教育技术充分运用到教学中，将新兴教育技术的优势和作用充分发挥出来，提高体操课程实施效果。创新体操课程教学模式如图 7-10 所示。

（四）建立多元化考评体系

体操考评体系能够引导体操课程建设，建立健全体操课程教学考评体系，综合评定学生的学习过程、学习效果以及教师的教学效果，这是体操课程建设与实施中不可缺少的重要环节。建立体操考评体系，要完善考评内容，采取多元化的考评方法，综合评价学生对体操基本知识、技能的掌握情况，评价其实践能力和综合能力，同时也要评价学生的学习积极性、学习态

---

① 聂应军，吕万刚，魏旭波等.《体操》课程建设的创新与实践 [J]. 武汉体育学院学报　2018，52（03）：96-100.

度、合作学习能力以及学习进步情况。

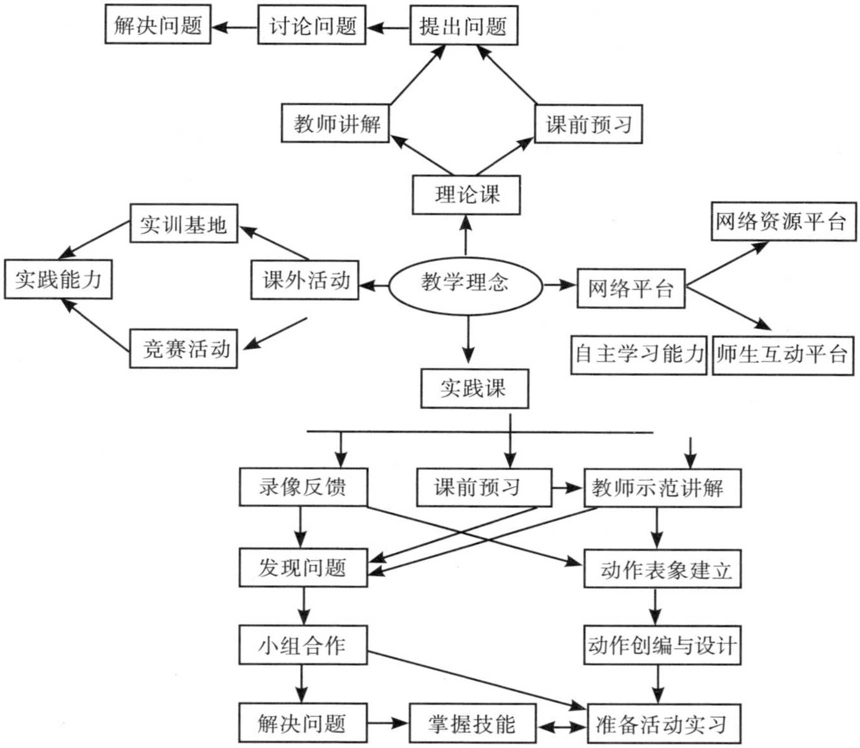

图 7-10　体操教学新模式[①]

在评价方式方面，不能像传统体操教学评价一样只采用终结性评价方式来评价学习结果，而应注重对学习过程的评价，采取过程性评价方式，具体评价措施包括教师评价、学生自评、学生互评。通过过程性评价，有利于教师更深入地理解体操教学过程，掌握体操教学规律，了解学生的学习情况，有利于推动教学改革。这种评价能更全面、更客观地评价学生的学习，体现了“以学生为主体”“以人为本”等教育思想在体操教学中的渗透。

体操课程教学评价体系如图 7-11 所示。

① 郑湘平，吕万刚，陈义龙 .《体操》精品课程建设的探索与实践 [A]. 中国体育科学学会 . 第 3 届中国体育博士高层论坛论文集 [C]. 中国体育科学学会：中国体育科学学会，2010：6.

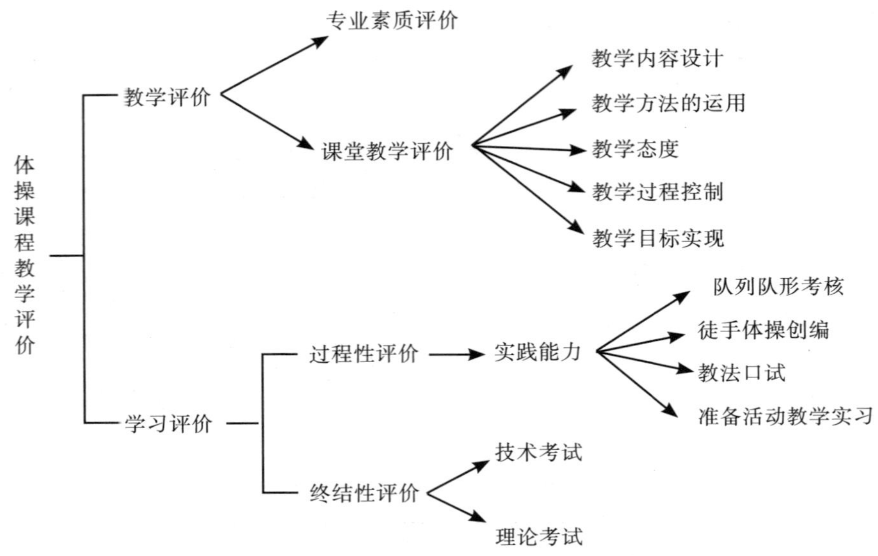

图 7-11　体操课程教学评价体系[①]

二、体操运动教学实践指导

(一)徒手体操

以两人一组的双人练习为例。

1. 助力性练习

一人在同伴的帮助下完成拉肩(图 7-12)、搬腿(图 7-13)等动作。

图 7-12　拉肩

图 7-13　搬腿

① 聂应军，吕万刚，魏旭波等.《体操》课程建设的创新与实践[J]. 武汉体育学院学报　2018，52(03)：96-100.

2. 协同性练习

两人相互配合,同时用力完成练习。

练习一:面对面而立,上体前倾直至与地面基本平行,两手扶在对方肩上,相互压肩(图 7–14)。

练习二,两人间隔一脚距离平行站立,外侧臂举过头顶,两手相握,内侧臂自然下落在体侧而握手,然后同时完成弓步体侧动作(图 7–15)。

3. 对抗性练习

相互之间对抗用力,制衡对方,如两人面对面站好,两臂轮流互推。

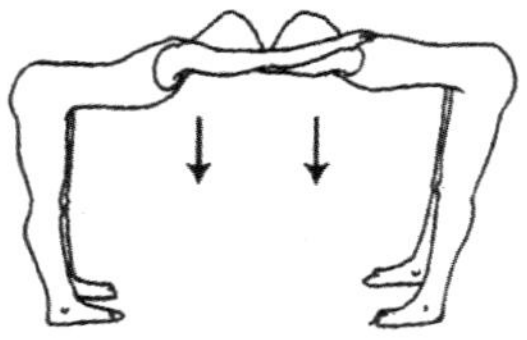

图 7–14　压肩

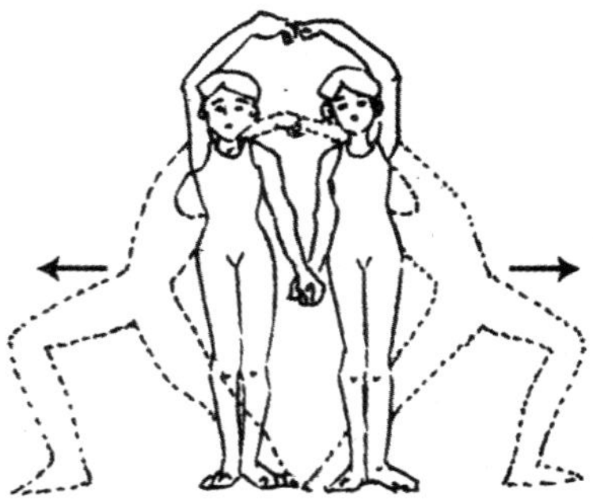

图 7–15　弓步

(二)轻器械体操

1. 哑铃练习

(1)击木哑铃(图 7–16)

横击铃:双手各拿一个木哑铃,虎口相对,直臂举过头顶,让哑铃的一端互相碰击。

竖击铃:双手各拿一个木哑铃,双手掌心相对,将哑铃的一侧相互碰击。

节奏:有四拍一次击、四拍二次击、四拍三次击、四拍四次击、一拍二次击等。

(2)哑铃操

持哑铃作上肢(屈、伸、举、振、绕等)、躯干(转、屈、伸等)及下肢(摆、踢、屈、伸、蹲、跳等)的不同动作及全身协调动作。

图 7–16　击木哑铃

（3）哑铃游戏

双人击铃游戏：两人各持两个哑铃（左右手各一个）背向而立，两人同时屈臂后伸击铃或手臂上举在体后屈击铃，或向相反方向转体击铃。

集体搬运游戏：每人抱 4 个哑铃进行接力跑练习，先跑完的一组获胜。

2. 体操棍练习

体操棍为木质圆形棍棒，直径 2 厘米左右，长 1 米左右。

（1）握棍

握棍的基本方式有正反握、单手握、双手握等。

（2）持棍基本动作

持棍立正：右手拇指、食指握住棍的一端，其余三指紧贴棍身，两臂自然落在体侧（图 7–17）。

持棍稍息：左脚向左一步迈出，右手压棍，稍放手，使棍的上端落在左脚尖前（图 7–18）。

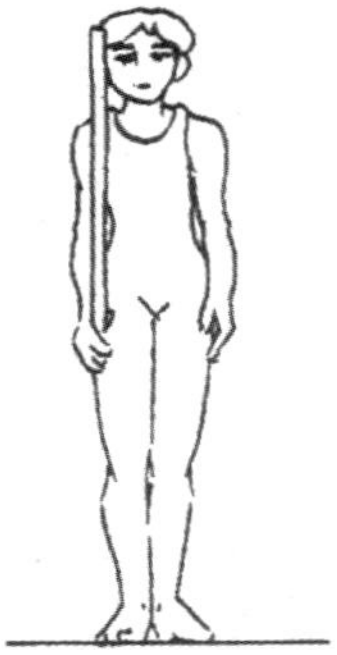

图 7–17　持棍立正

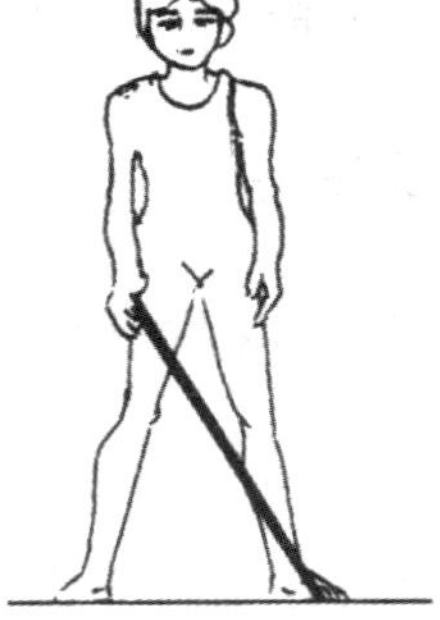

图 7–18　持棍稍息

持棍行进：右手持棍举在体前，自然行进，左臂前后摆动。

（3）持棍限制性动作

横棍动作：双手分别握在棍的两端，两臂同时或依次向前，肩部向后转；或两腿依次摆越棍，或两腿同时跳过棍等（图 7-19）。

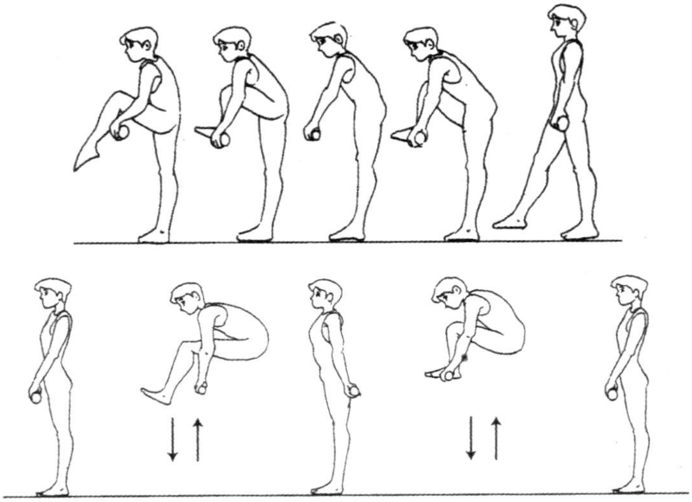

图 7-19 横棍动作

竖棍动作：体操棍在地上直立着，一手轻扶棍，单腿摆动绕过棍，交替进行（图 7-20）。

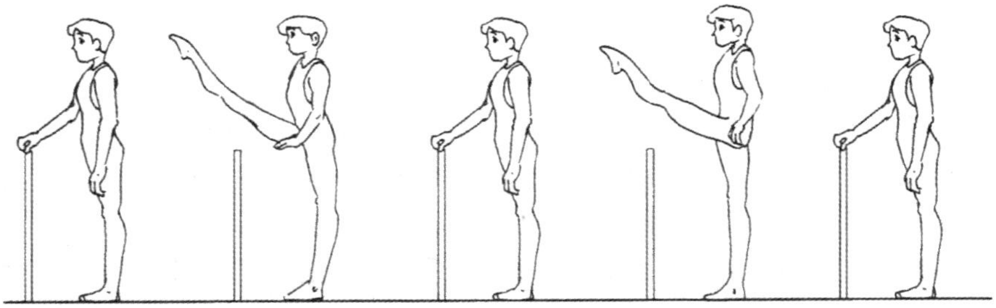

图 7-20 竖棍动作

（4）体操棍操

以双人协调性练习为例。

练习 1：举臂。持棍面向而立，然后两臂侧举、上举、侧举、还原（图 7-21）。

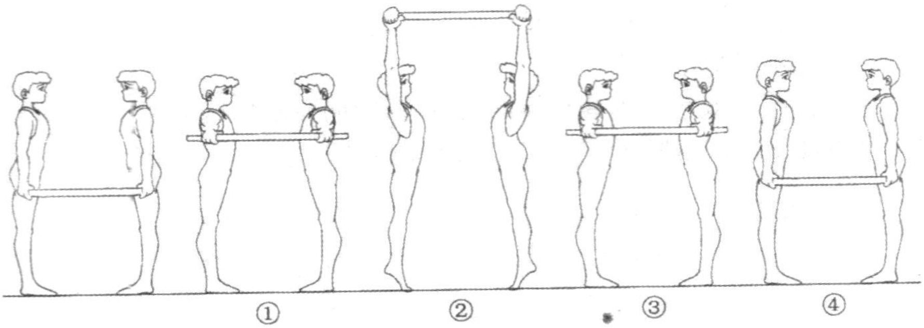

图 7-21　体操棍操练习一

练习 2：体前屈。持棍平行站立，然后两臂上举、体前屈、起立两臂上举、还原（图 7-22）。

图 7-22　体操棍操练习二

（5）体操棍游戏

练习一：两人一组，相距约 1 米，将棍竖直于地上，两人快跑交换扶棍；

练习二：一列纵队，排头持棍沿地面快速向排尾移动，必须经过队伍中的每个人，所有队员都要依次跳过棍。

练习三：两人一组背对背而立，单手持棍完成头上交换棍、胯下交换棍等练习。

练习四：将若干体操棍按一定的方式、距离排列好，做各种经过体操棍的跑越、跳跃等障碍性练习。

3. 实心球练习

（1）持球（图 7-23）

单手持球：以右手体侧持球为例，右手托住球的下部，屈右臂，使球靠在右侧腰的部位。

双手持球：双手十指分开，分别抓住球的两侧，常见的有体前持球，胸前持球等。

两脚夹球：两脚开立，脚内侧夹住球。

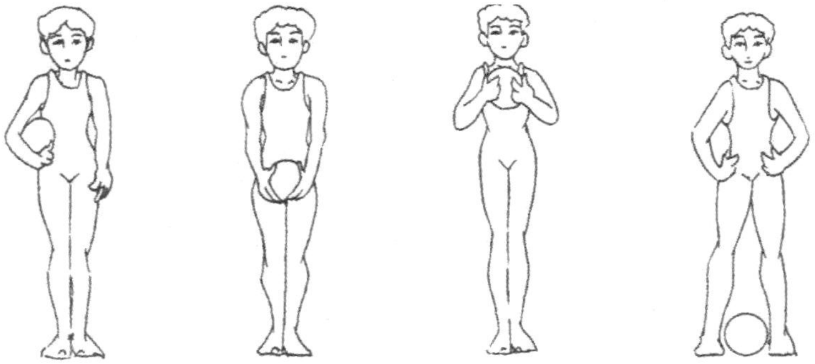

图 7-23　持球

（2）实心球操

持球完成上肢（屈、伸、举、振、绕等）、下肢（踢、屈、伸、跳等）、躯干（绕、转、屈、伸等）等各个部位的多个动作以及全身协调性配合动作。

第四节　球类运动课程建设与实践

一、球类运动课程建设——以篮球为例

（一）目标引领，整合教学内容的育人功能

目标引领，整合篮球教学内容，首先体现在篮球课程计划的设计中，不管是按领域划分目标体系，还是按水平目标划分，基本都是在描述体育与健康课程的总目标，篮球课的目标是体育与健康课程目标的具体化，学校要从教学实际出发制定篮球课的教学目标，并依据教学目标、要求来设计教学计划，选择与实施合理的教学内容与方法。课程标准要求地方制定课程实施的具体方案，目标引领的理念在学校制定课程实施计划中得到充分体现。在篮球课程计划的设计中，尤其是在篮球教学内容的设计中，要充分融入运动能力、健康行为和体育品德三方面的核心素养，促进篮球教学内容体系的完整化、合理化、新颖化，以更好地培养学生的综合素质。篮球教学中要树立目标引领教学内容和教学方法的思想，通过合理选择和优化组合丰富多彩的教学内容和教学方法，从整体上实现学习目标，促进学生

核心素养的形成与提升。

（二）优化教学模式，丰富教学方法手段

篮球作为体育教学的主要内容，具有很强的实践性，在篮球课程教学中，重点应放在直观的现场教学示范上，但同时也应将现代化教学手段积极引入课堂，发挥辅助作用，强化教学效果，避免单一教学模式给学生带来的乏味感和枯燥感。现代化教学手段应用形式很多，如采用录像设备记录优秀运动员的运动轨迹，然后给学生展示慢动作，同时剖析动作要点，提醒注意事项。电影制作中经常会用到动作捕捉技术，在篮球教学中应用该技术，分别记录教师和学生的动作轨迹，可以准确发现学生的问题，有助于学生深入理解正确动作和清晰模拟运动轨迹，如此个性化的教学过程可充分发挥学生的个性，进而可以根据学生的个性特征而构建具有针对性的特殊教学模式，激发学生的学习热情。教师应坚持探索更多更新的教学模式和方法。

（三）篮球教学组织形式体现“以学习教育为中心”的理念

当前，篮球课堂教学已经不再是学生获取篮球知识、技能的唯一途径，学生可以通过图书馆、网络、科研、社团、俱乐部、校园文化活动等多种途径获取篮球知识、技能和健身方法，获取渠道日益多元化。因此，篮球教师的“专家”角色正在发生变化，“以教师为中心”的教学模式受到挑战，“以学习教育为中心”的教学成为改革主流。在篮球教学过程中应以学生的学习为中心，以培养学生的理解能力、思维能力、主动获取知识的能力、解决实际问题的能力为中心，并注重培养学生对篮球运动的兴趣，重视培养学生的终身体育意识。①

（四）构建全面贯通的篮球课程教学评价体系

1. 评价目的要明确

之所以要进行篮球课程教学评价，主要是为了下列两个目的。

第一，对篮球课程建设与实施的有效性以及篮球教师的业务能力进行检查，从而增加了解，并根据评价结果提高篮球教师的专业教学能力。

第二，对学生的学习效果加以了解，判断篮球课程教学质量，根据评价

---

① 李员厂，郭永波．我国校园篮球一体化课程体系建设的价值诉求与策略 [J]. 体育学刊，2021，28（2）：90-96.

中发现的问题而优化教学过程，提高教学质量。

只有将篮球课程教学目的明确下来，才能有的放矢地开展篮球课程教学评价工作。

2. 评价内容要全面

在篮球课程教学评价中，不能只进行“技评”，即评价学生的篮球运动技能水平，还应该评价学生的身心健康水平，要构建全面的评价内容体系。通过全面评价，既能了解学生掌握了哪些篮球知识，学到了什么篮球技能，对篮球知识和技能的掌握程度如何，又能了解学生通过篮球学习而在体质健康、运动能力、心理品质以及其他能力方面发生了什么样的变化，了解预期的教学目标是否已实现及实现程度如何。

3. 评价指标要具体、可操作

篮球课程教学目标是多维度的，在篮球教学评价体系的构建中，应将多维度的教学目标体现在对评价指标的选择中，所选的评价指标要涉及篮球教学目标的各个维度，并要有相应的灵活评价方式。评价指标应满足具体、可操作等要求，从而提高评价工作的效率，顺利完成评价。

4. 教学评价要分层

由于不同年龄学生的个体差异很明显，而且不同年级篮球教学内容、方法都有差异，因此要针对不同的教学对象选择不同的评价指标、评价内容及评价方法，实施针对性和分层评价，提高评价的准确性、科学性及有效性。

5. 评价结果的运用要合理

篮球课程教学评价是对篮球课程实施过程及效果进行检验的基本手段，教学评价具有激励功能，能够对学生自主学习起到激励作用。在完成篮球课程教学评价之后，要分析评价结果，充分运用评价结果，从而对学生的学习过程、结果进行准确的分析与判断，了解学生的收获与不足，并为完善今后的篮球教学提供科学依据与有效帮助。利用评价结果的反馈功能也能使学生对自己的学习情况有所了解，使学生发现自己的不足，从而在今后的篮球课上重点学习自己落后的部分，并不断强化自己的优势，以全面提升学习效果，实现全面发展的目标。评价结果的反馈功能对篮球教师调整教学进度、完善教学过程、改良教学方式也有重要意义。

二、篮球技术教学实践指导

（一）移动

1. 起动

重心降低，上身前倾，屈肘快速摆臂起动。前两步短促而快速，重心慢慢前移，上体抬起。

2. 跑

以变向跑为例，从右变向左侧时，最后一步时，右脚前脚掌内侧用力蹬地，脚尖内扣，右腿迅速屈膝，上体同时左转并前倾，重心向左移，左脚迅速前进。

3. 跳

以双脚跳为例，两脚开立，屈膝降低重心。两脚用力蹬地，两臂上摆，身体腾起，保持平衡。落地时，屈膝缓冲。

（二）传球

以双手胸前传球为例。双手持球于胸腹间，屈肘，目视传球方向。传球时，后脚发力蹬地，上体前倾，两臂向目标方向伸展，拇指用力下压，食指、中指发力迅速拨球完成传球动作（图 7–24）。

图 7–24　双手胸前传球

（三）接球

以右手单手接球为例。右脚迈向来球方向，右臂稍屈肘，五指自然分开并伸向迎球方向，左脚迈一步。手指触球后，手臂顺势后撤，收肩，上体向右后方稍转，将球握于胸前成双手持球（图 7–25）。

图 7–25　单手接球

（四）运球

1. 高运球

两腿微屈，上体稍前倾，目视运球方向，前臂自然屈伸，手腕与手指柔和而有力按拍球的后上方，使球反弹后在胸腹高度，注意上下肢的协调配合（图 7–26）。

图 7–26　高运球

2. 低运球

两腿屈膝下蹲，上体前倾，在体侧拍球，使球反弹后位于膝关节处，利用上体和腿保护好球（图 7–27）。

图 7-27　低运球

（五）防守

以抢球为例。防守者趁持球者保护球不当或分散注意力时开始抢球。动作迅速果断，控制球后，利用拧、拉和身体扭转力量迅速收球，从而完成夺球动作（图 7-28）。

1　2　3

图 7-28　抢球

（六）投篮

以原地右手单手投篮为例。两脚开立，屈肘，手腕后仰，掌心朝上，五指分开，左手扶在球的侧面，稍屈膝，上体稍向后倾斜，目视球篮。投篮时，下肢蹬伸，腰腹部伸展，前臂伸直，手腕前屈，食指与中指发力将球投出，右臂自然跟进(图 7-29)。

图 7-29 原地单手投篮

第五节 时尚流行运动课程建设与实践

一、时尚流行运动课程建设——以健美操为例

(一)健美操教材建设

健美操教材是传播健美操知识的重要载体,在健美操教材建设中要坚持科学性原则,突出教材的先进性和时代性,从而为健美操课程建设提供良好的保障。健美操教育者在健美操教材建设中,要认识到传统教材内容和结构的不足,注重改革与完善教材,从科学的教学理论、先进而丰富的教学经验出发而对优秀的教学改革成果及科研成果予以整合,加强学术交流,对健美操最新进展及发展趋势有所了解,明确健美操课程教学标准。

当前,我国学校健美操教学中使用较多的教材来自国家重点教材、教育部颁布的"面向二十一世纪"系列教材和健美操相关组织推荐的新教材,这些教材占主导地位,此外还有一些配套教材资源,如各种健美操大赛的视频教材等,配套教材的运用也是很重要的,能够补充主体教材的不足,拓展学生的视野,吸引学生的注意力。

(二)健美操教学内容和教学方法建设

在健美操课程建设与实施中,要使学生掌握科学的健美操知识和正确的健美操技术,首先要保证教学内容全面、准确,具有前沿性。健美操教师传授丰富先进的健美操知识与技能,要灵活采用多种教学方法,从而激发学生的学习兴趣。因此,在健美操课程建设中,应将教学内容与教学方法建设与改革放在重要位置,重点做好这两方面的工作。

1. 科学规范的教学内容

健美操运动融体操、舞蹈、音乐于一体,风格独特,时尚流行,具有突出的健身健心功能和审美功能。健美操课程内容十分丰富,包括健美操基本动作、组合动作、成套动作,有氧健身操、哑铃操、踏板操、搏击操以及一些拓展类项目,如瑜伽、街舞、体育舞蹈、形体训练等。根据学生的兴趣爱好而开展时尚流行的健美操运动,选取学生喜闻乐见且有兴趣参与的项目展开教学,满足学生的需求,发挥学生的个性,促进学生身心健康与审美能力的提升。不同年级的健美操教学内容应该有所区别,要符合学生的身心发育特点,从而使学生在不同年级循序渐进地学习不同难度的、丰富多彩的健美操运动,最终对健美操知识与技能有很好的掌握,提高健美操运动能力。

2. 灵活多样的教学方法

健美操课程教学方法是健美操课程建设中非常关键的因素,其直接影响健美操课程建设与实施效果。在健美操课程教学中要根据教学实际而灵活选用教学方法,并在传统教学方法基础上不断创新,设计新颖的教学方法来激发学生的运动热情和上课积极性。下面简单分析几种创新性健美操教学方法。

(1)媒体借助法

拍摄学生的练习过程、考核过程,运用多媒体手段播放拍摄成品,使学生对自己的优缺点有清晰的认识,从而尽快改正错误,将正确动作熟练掌握好、发挥好。

(2)自编自练法

健美操创编理论与方法也是健美操教学中的一项重要内容。教师将健美操创编的基本规律、方法传授给学生,鼓励学生在掌握基本动作后自主创编一些组合动作,然后从组合动作向成套动作过渡,使学生的主体作用和个性得到充分发挥,同时还能对学生的创新能力进行培养。

(3)竞赛法

在健美操教学中可以组织一些小型比赛活动,或在健美操考核中采取比赛的形式,采用比赛教学法或考核法既能调动学生的学习积极性,又能了解学生的学习情况,发现学生的问题,从而改进教学过程,提高教学质量。

（三）健美操教学评估体系建设

在健美操课程建设中，要注意健美操教学评价机制的科学性、有效性，这对健美操教师及相关人员在健美操课程建设中积极发挥自身作用具有重要的激励作用。构建健美操课程教学评估体系，要贯彻科学性、全面性及可操作性原则，要对课程达标要求、课程建设条件等予以全面考虑。

下面简单分析健美操课程教学条件、教学过程及教学效果的评估。

1. 评估教学条件

对健美操教学场地、器材、设备等硬件设施进行全面检查，并对健美操师资水平、科研水平等进行评估，了解学校健美操教学条件是否满足要求。

2. 评估教学过程

（1）检查健美操教案是否与大纲要求相符，是否具有前沿性，是否符合体育教育改革的趋势。

（2）对健美操教师的教学情况进行检查，以公开课、评课等方法为主，发现教学的不足，及时改进。

（3）对健美操考核情况进行检查，如是否开展阶段性的健美操教学测验，是否在测验中严格管理，是否分析并利用考核结果来改进教学等。

3. 评估教学效果

（1）组织健美操比赛，对学生的健美操知识应用能力、技术能力及实践能力进行考核。

（2）通过开展问卷调查、组织座谈会而对学生的学习效果进行了解，如是否提升了学习兴趣，是否掌握了基本知识，是否满足了学习需求等。

（3）通过期中、期末考试综合评价学生的学习成果，包括学生的知识素养、理解能力、分析能力、应用能力及其他综合能力等。

二、健美操基本动作教学实践指导

（一）头颈部动作

1. 转

转包括左转、右转（图 7–30）。头正直，头颈部沿身体垂直轴分别向左、右方向转动 90°。

2. 屈

屈包括前屈、后屈、左侧屈、右侧屈 4 种动作形式，头分别向前、后、左、右 4 个方向做颈部关节弯曲的运动（图 7–31）。

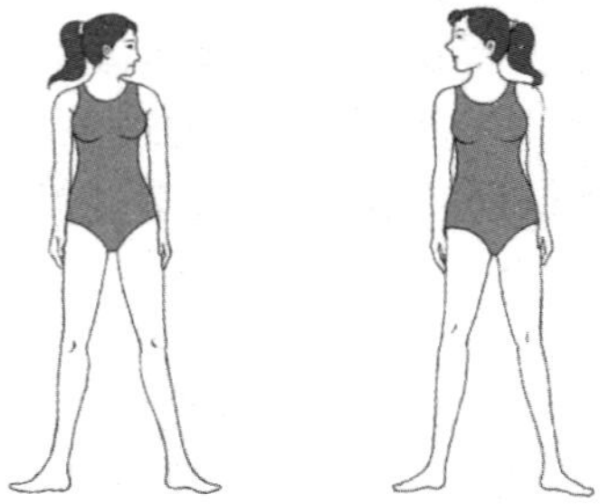

图 7–30　转

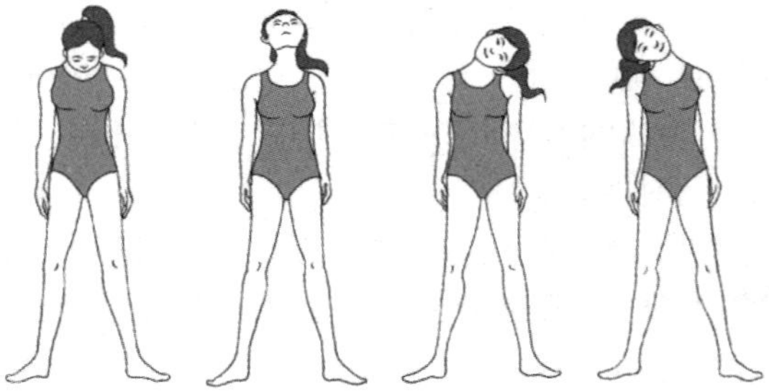

图 7–31　屈

3. 环绕

环绕包括左环绕和右环绕两种动作形式。向右环绕时，头保持正直，沿身体垂直轴向右转 360°（图 7–32），向左环绕时，方向相反。

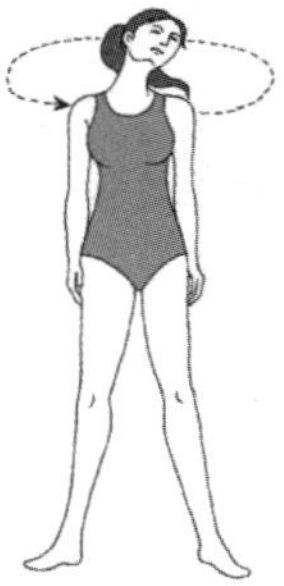

图 7–32　环绕

（二）肩部动作

1. 提肩

提肩包括单提肩、双提肩两种动作形式（图 7–33）。上体正直不动，双脚左右开立，沿身体垂直轴向上提肩。

2. 沉肩

沉肩指双肩下沉。上体正直不动，双脚左右开立，沿身体垂直轴向下沉肩（图 7–34）。

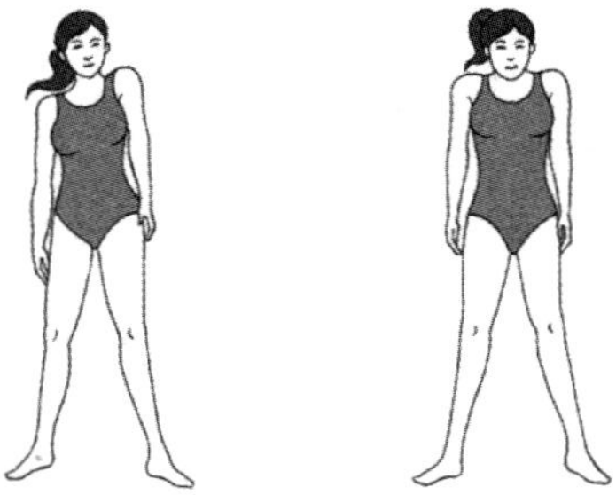

图 7–33　提肩

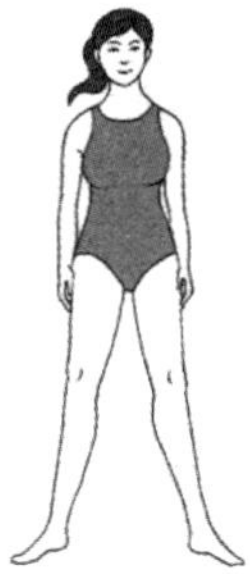

图 7–34　沉肩

3. 绕肩

绕肩包括单肩环绕、双肩环绕两种动作形式（图 7–35）。上体正直不动，双脚左右开立，肩部向上、下、前、后四个方向绕动。

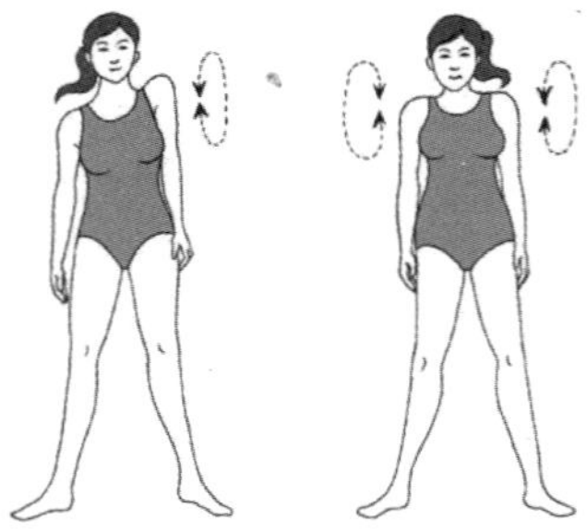

图 7-35　绕肩

（三）手臂动作

1. 举

以肩关节为中心，手臂向前、后、两侧、侧上方、侧下方以及头顶方向充分伸展（图 7-36）。

图 7-36　举

2. 屈

手臂向不同方向做“屈”的动作，这是通过肘关节从伸直到弯曲或从弯曲到伸直完成的。该动作有胸前平屈、肩侧屈、肩上侧屈、肩下侧屈、胸前上屈、头后屈等几种变化形式，如图 7-37 所示。

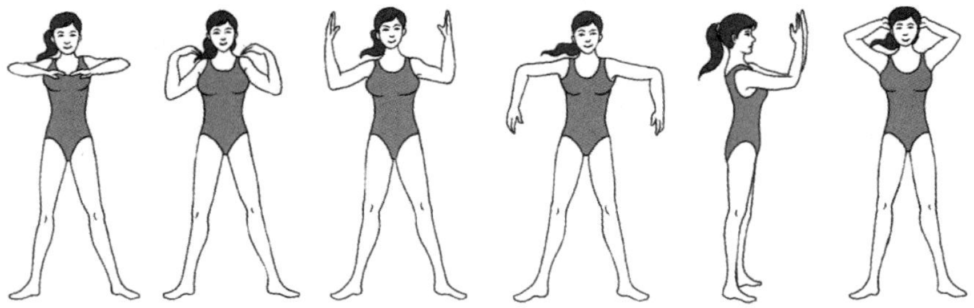

图 7-37　屈

3. 绕、绕环

单臂或两臂以肩为轴做弧线运动。可以向内、外、前、后不同方向完成该动作（图 7-38）。

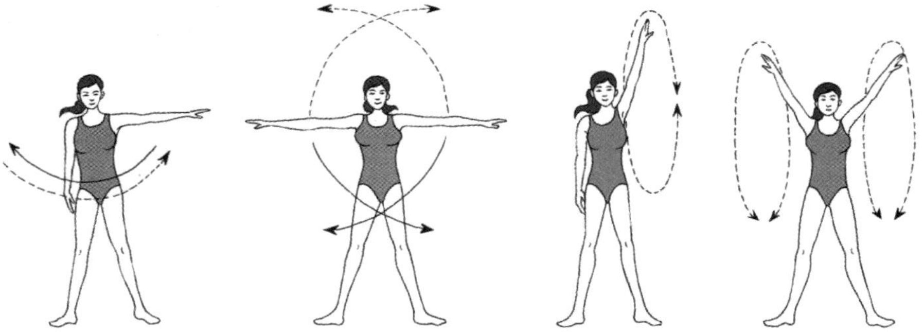

图 7-38　绕、绕环

（四）下肢动作

1. 立

（1）直立、开立

身体直立，双腿分开，保持开立姿势。

（2）点立

身体先直立，然后一条腿伸出做点立，也可以双脚提起作提踵立。常见动作形式包括前点立、后点立、侧点立、提踵立。

2. 弓步

身体直立，一条腿迈出一大步并屈膝。可以向前、后、两侧不同方向做弓步动作，即前弓步、后弓步、侧弓步。

3. 踢

两腿交换做踢腿动作，可以向前、后、两侧不同方向踢腿，即前踢、后踢、侧踢。

4. 弹

两腿弹动动作。有正弹腿、侧弹腿两种形式。

5. 跳

做各种姿势的跳跃练习，如并腿跳、踢腿跳、开合跳等。

（五）腰部动作

1. 屈

腰部向前、后、两侧做拉伸运动（图 7–39），即分别为前屈、后屈、侧屈。注意腰部充分伸展，注意控制速度。

2. 转

腰部带动身体沿垂直轴向左、右方向转动（图 7–40）。可以与四肢动作相结合。注意身体保持适度紧张，灵活转动，避免僵硬。

图 7–39　屈

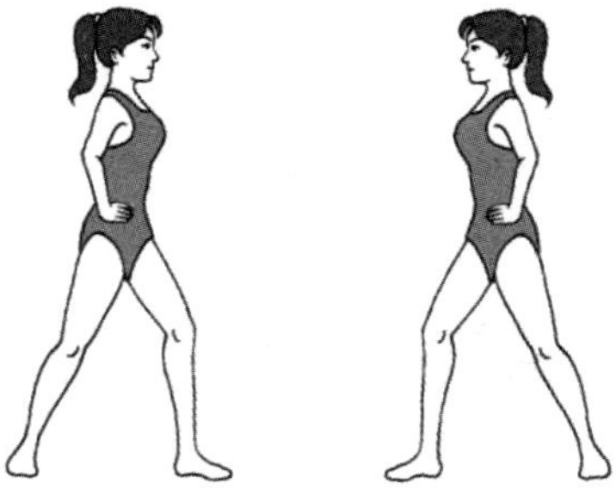

图 7-40　转

（六）髋部动作

1. 顶髋

上体正直，双脚左右开立，一腿支撑重心，另一腿屈膝内扣，双手叉腰，用力顶髋。顶髋包括前顶、后顶、左顶、右顶等动作形式（图 7-41）。注意顶髋要有力度，节奏感明显。

2. 绕和环绕

沿弧线轨迹或圆周轨迹转髋，可以向左、右两个方向进行（图 7-42）。注意髋部转动轨迹要圆滑。

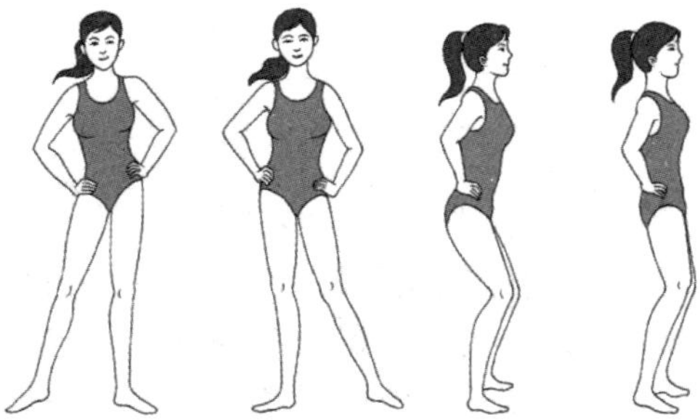

图 7-41　顶髋

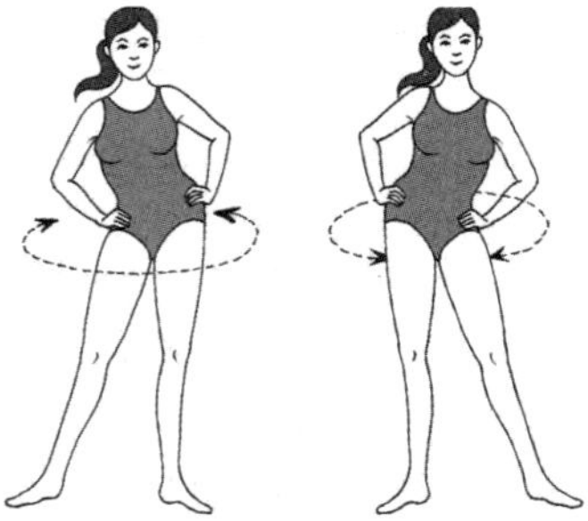

图 7-42　绕和环绕

第八章　学校课外体育文化建设与发展研究

学校课外体育文化的建设是一项艰巨而复杂的系统工程,它不仅决定着体育教学任务的顺利完成,还关系到终身体育的培养能否成功,也影响着素质教育的具体实施与执行。同时,学校课外体育文化建设有其发生发展的自然规律,是每一个院校都要认真做好的一项具体工作。本章将以特色课间操文化的建设、大课间体育活动文化的建设以及学校体育文化节的建设三个方面为代表,对学校课外体育文化建设与发展展开详细的论述和分析。

第一节　特色课间操文化建设

一、特色课间操概述

(一)特色课间操的含义

特色课间操通过课间操在学校体育中表现出的独特的形式、功能、性质和作用,能催生和冲击它的对象——学生完成规定的锻炼和自我拓展的体育兴趣和体育活动。基于课间操拓展的特色课间操,在现阶段中国学校体育中,以大众认知和感觉为基点,通过挖掘其主体的灵魂、气质、个性、精神,用情感的概念,创作出一种课间操和大课间活动的体育属性之和,配合学校特色和所需,孕育新的大课间概念。特色课间操涵盖了学校体育常见的篮球、排球、足球、羽毛球、乒乓球,还把搏击、五禽戏、国学、室内操运动和身体素质练习等综合其中,为大课间提供了丰富多彩的体育大观园。

(二)特色课间操的特点

特色课间操是近些年发展起来的一种崭新的学校体育活动,是对学校体育教学的有力补充，它的特点是内容丰富、趣味性强，对促进学生的积极休息和锻炼，以及加强学生之间的积极互动很有帮助。特色课间操是以每个学校为单位，以该校的专长体育项目为核心，因此充满了个性，每个学校都有自己的特色课间操，它相对以往统一的广播体操更具个性，更加活泼生动，更贴近学生的生活和兴趣爱好，因此也受到学生的广泛欢迎和喜爱。

二、建设特色课间操的文化作用

（一）激发学生的创造力和积极性

特色课间操最核心的作用是强调学校文化内容，同时又能顺应学生的天性，对学生进行从身体、心理到精神面貌的全面培养与塑造，使学生在轻松愉快的运动中得到精神熏陶和教育启发。通过特色课间操的训练，学生可以掌握一定的基础动作和动作规律，以自己喜欢的音乐作为背景，创作更多的自己喜欢的成套健身动作，这是一种全面激发学生的创造力、主动性和个性的学习方式，是学校应该大力鼓励和支持的一项课外体育文化活动。

（二）驻足实际，因势利导

成功的教育应该充分尊重每个人的个性，以学生的天然本性为基础，激发和培养其内在能量与潜力，做到因材施教、因势利导。特色课间操鼓励学生发展多项运动的运动美感。比如，以学生喜欢的某项运动为基础，发展创造新的动作，鼓励学生体会动感和韵律的声、律、体的综合之美。让学校的所有学生都通过某项自己喜欢的运动，开发自己喜欢的运动动作，促进其深切地感受运动的快乐，每个学生可以以自己的兴趣为导向，各取所需、各放异彩。每个人既可以充分地发挥个性，又可以达到健身运动的目的。

三、建设特色课间操文化的基本原则

（一）科学性原则

建设学校的课间操文化，首先要遵循科学性原则。比如，要考虑学生群体的身体条件和生理特征，符合其年龄生长发育的需要。通过合理的设计和布局，争取得到最好的锻炼效果，与此同时，还让学生在运动的过程中享受到音乐的韵律之美，动作的编排之妙，以及在不断地学习中掌握更多的特色课间操，从而提高自信心和自我效能感。

（二）全面性原则

在创编特色课间操时要根据人体解剖学的特征，尽可能做到充分调动全部机体参与运动，使全身的肌肉、关节、韧带以及内脏器官、各个神经系统、呼吸系统等得到锻炼，以达到全面锻炼的目的。要科学合理地设计各个关节如头颈、肩部、髋部、肘部、膝部的各种动作，要根据机体不同部位集群的特性设计动作以促进肌力的增强，要科学设计运动强度以锻炼心肺功能。同时还要注意保持人体左右两侧动作的对称性，使人体和谐、全面地发展。

（三）教育性原则

特色课间操是学校统一组织安排的一项重要体育活动，它天然具有教育属性。一方面，它以课间操的形式引领学生发展各项运动的特色成套动作，从而发展学生的体育运动能力、审美情趣以及各项身体素质能力。与此同时，特色课间操还具有一定的德育功能，还会激发学生的创造力和好奇心，以及学习的主动性。学校的课间操文化是一项重要的课外教学活动，它除了具有体育运动的直接功能以外，还兼具德育、智育、美育的全面教育属性，它将体育文化融入课间操之中，对学生进行有意识、有目的的教学活动，以期培养出身心全面发展的、符合时代需要的优秀人才。比如，在特色课间操活动之中，可以培养学生的团结写作能力、领导力、竞争力和为了达成目标不懈努力的积极进取的精神。另外，在构思动作时，可留有一定的创造空间，启发学生的创新能力和思辨能力。因此，成功的特色课间操活动，可以充分激发学生的个性特征，鼓励他们发现自我、实现自我的精神追求，这样就把自我实现与特色课间操有机地联系起来，使学生在享受运动乐趣的同时达到自我运动、自我熏陶、自我教育、自我完善的教育效果。

（四）趣味性原则

特色课间操的趣味性体现在要以丰富多样的形式和内容，满足学生的兴趣爱好，让学生们在轻松愉快的活动游戏中，不仅锻炼了身体，还获得彻底地放松休息。如果特色课间操缺乏趣味性，仅仅做到让学生进行了一定的运动，那么就失去了“特色课间操的本意，也会失去对学生的吸引力。趣味性原则的落实，要在编排设计之初就有意识地加入学生们喜欢的动作，富含属于青少年的情趣特色，符合中小学生的年龄和心理特征，在动作的编排上设计出一些学生喜爱的动作。加入活泼、生动有趣味性的动作，让学生在充满乐趣的活动中得到锻炼。有研究表明，兴趣与学习效果常常成正比。因此，如果设计的特色课间操富有趣味性，充满新鲜感和创意，就会很好地调动起学生的参与感和积极性，从而让特色课间操真正发挥其作用，成为学生们课余生活中最有热情参与的一项体育文化活动。

（五）艺术性原则

艺术性是对特色课间操创编的一个高标准的体现，也是特色课间操必须遵循的重要原则之一。由于特色课间操本身就具有丰富多样的内容和形式，可以说发展其艺术性属于水到渠成的工作。特色课间操的艺术美体现在人体的形体美、动作美、神情美以及音乐之美、编排之美等方面。特色课间操的形体美不仅是指身体美，更重要的是在于动作的状态之美，还包括整体的协调、配合所展示出来的整齐、对称、层次、节奏、和谐等多样化之美。艺术性原则的两个重要因素是音乐和动作设计，具体如下所述。

1. 音乐品味要高雅

配乐是特色课间操的重要组成元素，它在听觉上给特色课间操做了艺术定调。音乐的优美性、动听性以及和动作的风格相统一，都是衡量音乐品味的重要方面。音乐的节奏、速度也直接影响着操的风格、速度以及效果，音乐选配得好，容易激发练习者的锻炼激情。音乐的旋律要动听，力求新颖，富于变化，节奏鲜明，强劲有力，具有时代感，富有感染力。

2. 动作设计的艺术性

特色课间操动作设计的艺术性，最明显的体现是整套操要具有鲜明的风格气质，而且要前后统一相互呼应。在编排上要广泛吸收和借鉴舞蹈、体操等艺术性较强的项目动作，还可以加入篮球、排球、足球、乒乓球等其他体育项目的典型动作，但是与各单项训练的动作要求又有所区别，主要目的不在于动作的有效性，而在于动作与整体的协调性和优美性。重要的是让各个动作之间衔接流畅、自然，让舞者和观看者都能获得美的感受。

（六）知识性原则

特色课间操是学校体育文化建设的一部分，因此还应该贯彻知识性原则。而特色课间操的知识性和体育课以及其他校内课程是不一样的，也是不可被取代的。特色课间操在设计过程中，要有意识地加进丰富的知识点，比如加进一些体育项目的技战术信息，把理论知识与体育专项的知识点有机地结合起来，它是体育课教学的一个重要补充，用不同的形式和方法对体育知识点进行重新梳理和诠释，有助于培养学生建立完整的体育知识系统，把理论和实践相结合。并且，特色课间操如果要想做到科学性、教育性、全面性、艺术性以及趣味性，必须有丰富的知识内涵做支撑，否则很难实现以上要求，进而流于表面和空洞。

四、建设特色课间操文化的方法

创编设计特色课间操首先要进行整体构思，确定基调和目的。比如创编该套课间操要达到什么效果，传达什么知识和教育意义，适用哪些年龄段的学生等。在此基础上，确定课间操的动作风格、音乐、强度、时间长短等。一套特色课间操最主要的因素就是动作风格和音乐选配。

（一）动作风格

动作风格首先是根据特色课间操的适用对象，比如是为哪个年龄段学生设计编排来决定其风格特点。如果是针对低年龄段的学生，那么就应该以活泼可爱、充满童稚为特点；如果是针对高年级的青少年学生，则应强调朝气蓬勃、充满活力的风格气质；如果是针对即将成年的高中生，那么就应体现青年人的力量感与体态的优美感。还可以分别选择武术、民族舞、球类项目的技战术动作等元素进行内容和知识点的丰富，最终在整体效果上实现协调，流畅的动作风格。

在编排动作时，可以通过改变节奏而改变动作的美感，或者丰富动作的方向来实现完整性。比如，在一个八拍的动作中可以设计一拍一动与两拍一动相结合的组合动作。可以设计一至四拍是一拍一动，五至八拍是两拍一动。虽然这会给课间操增加难度，但是增加一定的难度往往会激发同学的学习积极性，主动开动脑筋迎接挑战。在反复练习之后能够达到动作熟练的时候，不仅可以提高学生的身体灵活性与运动技能，而且也是对学生学习热情的一种鼓励，进而进一步激发他们的主动钻研精神和积极性，从而达到建设学校体育文化的目的。

（二）音乐选择

对于特色课间操而言，好的音乐设计可以达到事半功倍的效果，可以给人直观的认识，还可以起到振奋精神、调动情绪的作用。优美的音乐不仅仅是特色课间操的组成部分，而且还给学生以听觉上的启发和享受，在练习特色课间操的过程中，学生一边进行动作的学习，一边享受动听悦耳的音乐，这会提升他们的学习效率，减弱了单纯进行体育训练的单调和枯燥。合适的音乐可以让学生在身体锻炼的同时，让心理活动也随之进行表达和宣泄，可以说成功的配乐可以让学生的身心都得到同时发展。优美的肢体动作，使特色课间操呈现出一种强劲的韵律感和节奏感，提高特色课间操的美学价值。

在选择音乐时同样要注意其适用对象，并且应该根据需要，对所选音乐进行剪辑，去掉不合宜的部分，只保留最符合课间操要表达的精神气质的部分，也可以做拼贴整合，截取曲风相近的不同的音乐片段进行重新组合。但是在截取时要注意不能破坏原音乐的基本结构，前后两段不同音乐的衔接要自然和谐。如果确实在衔接的部分很难完美过渡，可以通过进行音效处理或者改变音乐的速度等方式进行创编制，以提高音乐品质，增加听觉上的美感。在选曲风格上没有特别的限制和要求，只要是健康积极的音乐都可以，比如充满动感的摇滚、爵士音乐，或者具有中国特色的民乐民谣都可以。

（三）动作与音乐的结合

对于特色课间操来说，动作与音乐是密不可分的，它们应相互融合、互相成就才能达到完美效果。比如音乐的节奏与风格可以衬托动作的艺术效果，而动作的强烈动感又可以推高音乐要表达的情绪和感情。可以说，动作和音乐是辩证的统一体，只有做到这样的标准，才能在整体上给人以和谐、完整的感觉，才能给人以美的享受，让学生振奋精神、消除疲劳，从而达到健美、健心的目的。通常，创编特色课间操有以下两种方式。

1. 根据音乐创编动作

这种情况是首先发现了某种风格独特、曲调优美的音乐，于是根据音乐创编动作。当然，先选定音乐不代表动作音乐完全不改动，而是大体上选定之后再根据需要或者与动作的配合进行剪辑和特效加工。在后续的创编过程中，音乐的过渡衔接非常重要，既要保持段落的完整，又要与动作相互流畅自然。音乐制作完成以后，再根据乐曲的节奏、风格、特点等创编动作，通过动作来烘托音乐所表现的主题，做到动作与音乐整合统一，使音乐与动作的配合体现出和谐之美，增强特色课间操的观赏性和艺术性。

2. 根据动作编配音乐

根据动作编配音乐就是先创编核心的动作组合，然后根据其风格和提点再选配音乐。动作是特色课间操的骨干，音乐是特色课间操的风貌，两者的生动结合才是一套声情并茂的特色课间操。根据动作编配音乐是先要有一套或者不成套但是有一个明确的动机，然后再选择适合的音乐，慢慢发展出完整的动作，根据动作剪辑、拼贴、制作音乐，直至完成成套动作的创编。以动作为基础选配音乐的时候，是以动作动机为主、音乐为辅，但是在必要的环节，动作也要配合音乐的节奏和情绪进行调整，只有两者达到完美契合的程度，才能创编出优秀的特色课间操。

（四）队形变化

通过队形变化增强特色课间操的整体效果，是常用到的一种方式，它特别能提高特色课间操的观赏性。队形的变化主要体现空间、层次的运用效果，突出动与静的对比之美。队形变化可以产出非常多的不同效果，通过有效地运用场地空间，增加特色课间操的层次感和立体感，从而得到更好的艺术效果，而且在进行队形变化时，还可以很好地锻炼学生之间的交流协作，学会配合。队形变化常常以横队、纵队、散点等简单的方式进行变化，达到整体上给人耳目一新的效果。队形变化时的动作设计要巧妙。动作的创编要考虑所在队形，队形的变化要顾及动作的幅度及方向。因此，一套完整的特色课间操是经过非常周全缜密的设计与安排、调试与配合之后才呈现出我们最终见到的形式。这也是事物发展的基本规律，可以让学生参与到创编的过程，这样做的主要目的是在培养学生参与创编特色课间操的同时，体会完成一件事情所需的条件、要做的努力以及所有涉及的因素都需要有选择和判断，没有什么作品是轻易得来，因此应该珍惜和感恩，这也是在特色课间操中可以融合的德育教育，这是其他课程所不能替代的。

（五）道具选择

有时候为了增加特色课间操的整体效果，还会添加道具，使其内容、风格、特色等因素更加新颖和独特，同时还能提高学生的学习积极性。道具以健身和点睛为主，不必过分强调道具的功能而本末倒置，有些学校在编排特色课间操时，为了增加其独特性会投入很多的精力和财力置办道具，这其实完全没有必要，反而增加了学校和学生的经济负担。

第二节　大课间体育活动文化建设

一、大课间体育活动的意义

（一）大课间是提升素质教育的重要手段

1. 大课间是响应素质教育而来

体育作为我国教育的重要组成部分，是学校贯彻和实施素质教育的一个重要环节，力求在体育活动中发展和培养学生的道德、身体、心理、社会交往等综合素质，能有效地弥补其他学科在素质教育中的不足，具有独特优越性。大课间既是学生紧张学习之中的一种积极性休息，也是校园体育文化建设的重要内容。课间操的形式与内容对学生的生理、心理影响是重要而深刻的。但是在长期的实践过程中，很多学校会停留在“千人一面”的模式，即全校各个年级的学生，多少年来都做一套操，这种形式主义极大了抹杀了课间操最初的本意，更加谈不上发展学生的各项素质。其结果出现了“出操不出力”的现象，由于单调、乏味缺乏变化，学生们做操时马马虎虎应付了事，完全达不到锻炼的目的，而且还养成一种应付差事的不良习惯。因此，为了改善这一情况，很多学校陆续开展了大课间活动。

2. 大课间体育活动促进创新教育

大课间体育活动是一个创新。它丰富了学校体育课程的理论与实践，与创新教育息息相关。首先，大课间体育活动是师生共同参与的活动，从内容的选择到实施，从组织到评价都是师生共同参与开发的过程。它不同于以往的教学模式是以教师传授一个知识结果，学生主要负责记忆和模仿。大课间打破了这种死板的模式，在这个过程中，学生的兴趣得到重视，积极性得到激发，他们都能充分发挥自己的主观能动性，创造性地开发了很多的运动项目和运动的方法，在教师的引导和帮助下，他们的创新意识和创新能力都得到增强。通过参与大课间体育活动的设计和开发，学生投身大课间体育的心态也更加积极主动，产生了主人翁精神。学生的生物能量得到开发和释放，锻炼效果自然也得到明显改善。

（二）大课间是构建终身体育的主要环节

1. 用大课间活动构建新的生活方式

生活方式的形成需要稳定的行为习惯，而良好的行为习惯一定包含着健康运动的要素。为了培养学生全面发展，并养成终身体育的意识和行为习惯，学校要做的不仅仅是教授知识，还要帮助学生形成意识，养成习惯。这些都是学校体育文化的重要课题。良好生活方式的养成无疑是促进人的健康发展不可缺少的重要内容。而大课间正是这一体育文化构建的重要组成部分。由于大课间活动是由师生共同参与创编而成，因此，它在诞生之初就改变了以往学生只能被动接受的模式，这非常有助于提高学生的参与热情。大课间活动不仅给学生自主参与创作作品的权利，而且创作过程也是集体合作的过程，这极大地增强了学生的集体凝聚力和荣誉感，从而促进学生对大课间投入更多的参与热情。大课间活动不仅有学生自己的智慧成果，也凝结着同学们共同的美好记忆。如果说以往的课间操仅仅是一项校园学习活动，而大课间活动却可以打破校园围墙的限制，它从诞生之初就是学生自己生活的一部分。

2. 大课间活动是加强学生终身体育的环节

要达到学生增强体质、健康锻炼的目的，仅仅靠每周两三节体育课显然是不够的。若要提高学生的运动意愿，必须开发体育活动课程。而大课间体育活动的开发，就是在心理上以学生的兴趣爱好为出发点，激发学生的主观能动性；生理上贯彻健康体育的新理念，倡导运动负荷的温和性；形式上采用多层次、不拘一格的各种组织形式；大课间体育活动其实试图传达的是，这个平台的本位和主体就是学生，而非学校或者教师，他们在这里有足够的发言权去定义大课间的内容和形式。这是构建终身体育的关键要素，让学生感到大课间是学生之间交流、学习和锻炼的平台，也是发展和培养各自运动兴趣的绝佳舞台。在这里他们可以互相切磋、学习各自的心得体会；还可以交流信息、互相分享自己学到而同学还并不知晓的最新信息；学校根据自己的办学理念和指导思想，结合时代发展的潮流，把握社会发展的脉搏，从培养学生的终身体育习惯来最终解决学生在校期间以及走入社会后进行体育锻炼的态度和习惯。

另外，大课间的健康体育精神区别于一般的体育课和课外体育活动，它不像体育课那么组织严密，强调较高的运动负荷和教学密度；也不像课外活动那样松散，完全由学生自由组织。大课间是立足学校的实际情况和特色、以充分发展学生个性为基础而开展的一项校园体育活动，将个人活动与集体活动相结合，严格按照学生的身心发展规律而设计。大课间体育活动的特质和优势非常有利于培养学生的终身体育意识和习惯。因此，从学生在学校接受教育的时间来看，它必然是构建学生终身体育理念的主要环节。

二、大课间体育活动的特点

（一）尊重个性发展

开展大课间体育活动的本意，是要改善学生运动时间不足、课业负担大、锻炼时间被挤压等客观现实，它希望以全新的形式，还给学生应有的运动游戏时间，同时增强体质、缓解心理压力等。因此，大课间活动的特点之一是运动活动的时间较长，并且努力为学生主动进行体育锻炼创造条件，促进学生健康全面地成长，让其身心都得到充分的放松。同时，培养学生的体育运动意识和兴趣，尊重个性发展和特长发展，并逐步养成锻炼身体的习惯，为终身体育打下良好基础。

（二）规范性与多样性相结合

大课间体育活动内容是非常丰富的，它的开发和设计，是在遵循规范性与多样性并存的原则下完成的。它包括各种体操、器械、室内项目、室外项目，如健美操、韵律操、武术操、单杠、篮球、排球、羽毛球、乒乓球、网球、足球等项目，也有跳绳、滑轮、呼啦圈、飞镖、飞环等。需要指出的是，大课间活动不论是“规定内容”的运动，还是“自选内容”的运动，学生都是活动的主体。因为只有这样才能充分地激发学生的积极性和参与热情，要做到形式与内容、活动与效益有机统一，使大课间体育活动始终保持着积极活跃的氛围。

（三）发展兴趣与锻炼身体相结合

大课间体育活动是以学生的意愿为主导、以学生的行为为主体的校园体育活动。因此，大课间活动应充分做到尊重学生的兴趣爱好，教师应该以学生的实际发展需要为目标进行指导和监督。只有围绕着自己的兴趣进行，学生才会持续地参与，才会自发地发展和提高运动技能，从而达到锻炼身体的根本目的。因此，大课间活动要全面展开、不拘一格，学校应该保持个性与共性共存，允许学生根据自己的爱好选择运动项目，以促进学生发展自己的优势与专长。大课间体育活动应该以“快乐锻炼”为核心目标，与素质教育相衔接，寓促体、益智、辅德、育美、娱乐于活动之中。

（四）降低负荷不降低标准

大课间活动的另一个特点是不追求教学成绩的达标。它的目的是鼓励学生多运动，多发展自己的运动兴趣，并且在运动中达到健体强身、抒发情绪、缓解压力的效果。因此，大课间活动会降低运动负荷，不给学生压力，让他们在毫无心理负担的情况下进行运动，以期得到身心的彻底放松。但是，对运动负荷没有要求，不代表降低运动标准，它依然要求学生动作要到位、姿态要优美。目的是让学生保持严谨踏实的作风，不要形成敷衍了事、得过且过的坏习惯。

三、大课间体育活动的作用

（一）有利于促进学生的身心发展

大课间体育活动通过适当延长课间操的时间，一改以往课间操单调枯燥的形式，积极鼓励学生发展自己的兴趣爱好。由于提高了学生的自主性，丰富了活动内容，因而学生的积极性也明显提高；由于师生共同参与大课间活动，使学生的锻炼效果也得到提高。大课间活动一般包括一系列的有氧操、健身操等练习内容，很好地提高和增强了学生的心肺耐力、柔韧性、肌肉力量、肌肉耐力等身体素质。一些游戏类项目则锻炼了学生的速度、力量、灵敏性、协调性、平衡、反应等体能。

（二）有利于增强学生的自主创新能力

开展大课间体育活动的一个重要特点是重视学生的创新能力培养，要鼓励学生发挥思维创造能力。因为大课间活动主要是以学生的自编、自创、自练为主，它不仅涉及动作，还涉及音乐的选择和编排，这同时也培养了学生的审美能力、判断能力、观察能力和动手能力，并且在过程中不断获得成功的体验。使学生在锻炼的过程中真正实现心灵放松、身体愉悦的目的，而且是体力与智力的完美配合，促进学生的全面发展。另外，大课间活动采用体育与艺术相结合的方式，由学生选择自己喜爱的音乐，配以喜爱的动作内容，让学生沉浸在自主创作的体验之中，并且体验到从动机产生到作品完成的完整过程，充分地锻炼了学生的创新能力和实践能力。

（三）有利于学生形成健康的生活方式

现代社会发展极快，即使生活在校园内学生群体也能感受到各种生存压力。例如，一些心理疾病的发病年龄越来越低龄化，肥胖成为危害儿童身体健康的主要因素等。因此，学校应承担起培养学生养成健康的生活方式的主要责任。对此，大课间体育活动就是一项非常符合这一需求的体育活动。由于大课间活动的主要内容都源于学生的自主创作，因此显著提高了学生的参与积极性，同时也能激发学生主动思考健康的话题，这无疑对学生产生正面的影响。另外，大课间活动中含有丰富的体育、音乐、艺术、健康等元素，使学生在体育锻炼的同时还提升了文化品位，进而能够充分体验运动的乐趣与生活的美妙。大课间活动还激发了学生的生活实践能力，增强了学生融入社会的能力与自信心，从而更加懂得珍惜生命、热爱生活，逐步养成健康生活的意识和习惯。

（四）有利于建设良好的校园风貌

生动活泼、品质优良的大课间体育活动，也是学校良好的教学秩序和高雅的精神导向的集中反映。学校管理工作的系统性、严密性和组织性，反映了学生的精神面貌和学习态度，同时也反映着学校的治学态度和整体风貌。大课间体育活动不仅能锻炼学生的身体、陶冶学生的情操，而且也是学校精神文明建设的窗口，窥一斑而知全豹，它是学校整体素质教育情况的一个缩影，反映整个学校的精神面貌。良好的校风和教育环境是培养人才的重要因素，学生在这种积极向上的环境中学习、生活和成长，长期受其熏染，逐渐形成良好的思想品质，养成健康的生活习惯。

四、建设大课间体育活动的基本原则

（一）适宜性原则

在进行大课间活动的设计时要充分考虑学生身心发展的特点和需要，始终不离以促进学生的身心发展为目标的核心需要。不同年龄阶段的学生其身心发展特点也有所不同，在兴趣爱好和情感发展方面也存在差异。因此，在创编时要充分地考虑这一现实因素。即使是相同年龄阶段的学生，其身心发展也存在个体差异。为了满足所有学生的活动需要，大课间活动的原则之一就是力争让所有学生都感到适应和习惯，照顾到每一个学生的心理、生理以及个性特点，尊重学生主体的需要。例如，低年级学生要以重点培养体育兴趣、体育意识为主，高年级学生则多从学生的自主性、创新性、团队合作性的培养着手。

（二）科学性原则

大课间体育活动需要建立在科学性的原则上。从大课间的主题、音乐、活动形式和内容的选择，运动负荷和运动时间的安排，场地器材的配备，都需要有一定的科学依据，保证每一个环节都设计合理。例如，运动负荷要在保证运动效果的前提下循序渐进地增加，因为如果运动负荷过大，学生产生疲倦感，则有可能影响下面其他学科的课程，如果负荷过小则达不到运动的效果。因此，只有遵照运动科学的建议进行安排才能保证运动效果。效率低下的学习和工作会带来消极的负面影响，长期下去就会打击学生的积极性。因此，科学性原则是保证大课间活动持续、健康发展的必要条件。

（三）教育性原则

同特色课间操一样，大课间体育活动也是学校教育内容的重要组成，是课堂内教学的有利补充。对于学生而言，大课间活动既是一种校园体育文化生活，也是一项重要的学习实践活动，是学校教学的重要组成部分，是理论与实践的有机结合。因此，大课间的教育性原则不容忽视，它是学生校园生活的重要组成部分，为未来进入社会作准备。学生在参与创编大课间活动的过程中，可以充分地激发其创造能力、思辨能力、协作能力以及实际动手能力，这些品质都是现实生活和工作中所需要的重要技能。通过大课间的实践，逐渐培养了学生的社会实践能力，从而达成大课间活动的育人功能和目标。

（四）整体性原则

整体性原则要求在设计大课间体育活动时，要充分考虑活动的结构及各要素之间的关系，进行统筹安排、整体协调，以求发挥系统的最佳效能。由于大课间活动的内容和要素十分丰富，因此在具体的实践过程中，一定要从整体性原则着手，避免发生顾此失彼、没有重点的状况。在组织安排时，要考虑到时间、地点、人物、环境、气候、负荷、规章制度等因素，既要整体把握，又要顾及细节。这可以很好地训练学生的统筹能力和优化组合能力，在明确的规则下，充分利用现有的条件和资源，努力挖掘需要但是还不具备的资源，同时还要做到不盲目浪费物质资源和时间成本，这些都是整体性原则的体现。

（五）因地制宜原则

由于我国人口众多，各地区的经济、文化发展极不均衡，城乡学校差异很大，各个学校的物质、精神文化环境也各不相同。即使在同一地区，学生的实际心理、生理、运动参与、运动技能也存在差异性，所以在具体设计安排时，要因地制宜、因校制宜、因班制宜、因时制宜，甚至有些活动还要因人制宜，充分挖掘和利用自身的优势条件，创造性地开展具有地方特色的体育大课间活动，形成独特的风格，使体育大课间活动真正走进领导、教师、学生的心中，成为各个地方学校教育发展的一道亮丽风景。

五、大课间活动的基本模式

大课间体育活动的基本模式分为六部分，分别是：

- 有序出操
- 自由活动
- 分组（分班、分年级或者以项目为单位的分组）活动
- 学校自编自创的校操、校舞、韵律操、特色操、武术操等
- 国颁操
- 回归（齐队、并队、合队、分队、队形变化走等）。

在具体的实践中，各个学校根据自身情况，以及各地方的客观条件，在科学、合理的前提下进行系统组合，大致形成了以下三种基本模式。

（一）先分后合模式

（1）有序出操→自由活动→自编操→国颁操→整体放松→回归

（2）自由活动→国颁操→自编操→回归

（3）自由活动→国颁操→特色操→整体放松→回归

（4）有序出操→自由活动→天天练→特色操→国颁操→整体放松→有序回归

（5）天天练→自由活动→韵律操→武术操→国颁操→有序回归

（6）有序出操→个人活动→分班活动→韵律操→武术操→有序回归

（7）个人活动→自由活动→分组活动→国颁操→自编操→有序回归

（8）有序出操→自由活动→分班活动→特色操→国颁操→有序回归

（9）个人活动→分组活动（兴趣能力、随机）→分班活动→分年级活动→国颁操→有序回归

（10）自由活动→分班活动→武术操→韵律操→国颁操→有序回归

（二）先合后分模式

（1）有序出操→国颁操→韵律操→分班活动→自由活动→个人放松→回归

（2）有序出操→武术操→韵律操→自由活动→有序回归

（3）有序出操→特色操→自编操→国颁操→分班活动→有序回归

（4）国颁操→自编操→分班活动→有序回归

（5）韵律操→武术操→分组活动→自由活动→有序回归

（6）自编操→国颁操→分年级活动→自由活动→分班放松→有序回归

（7）武术操→韵律操→分班活动→分组活动→自由活动→有序回归

（8）有序出操→自编操→国颁操→武术操→自由活动→自由放松→有序回归

（9）有序出操→国颁操→特色操→分班活动→分组活动→自由放松→有序回归

（10）韵律操→国颁操→分年级活动→自由活动→有序回归

（三）分与合相结合模式

（1）有序出操→自由活动→国颁操→武术操→分班活动→韵律操→有序回归

（2）自由活动→分班活动→韵律操→国颁操→自由放松→有序回归

（3）有序出操→国颁操→武术操→自由活动→分班活动→韵律操→集体放松→有序回归

（4）分班活动→韵律操→特色操→自由活动→国颁操→集体放松→有序回归

（5）武术操→国颁操→分班活动→自由活动→集体放松→有序回归

（6）民间、民族、民俗舞蹈→韵律操→国颁操→自由活动→集体放松→有序回归

（7）有序出操→国颁操→分班活动→韵律操→民间、民族、民俗舞蹈→自由放松→有序回归

（8）有序出操→特色操→分组活动→国颁操→武术操→有序回归

（9）分组活动→韵律操→特色操→自由活动→有序回归

（10）有序出操→韵律操→分班活动→国颁操→分组活动→武术操→集体放松→有序回归

第三节　学校体育文化节建设

一、学校体育文化节概述

（一）学校体育文化节的概念

“学校体育文化节”是一个相对较新的概念。学校体育文化节是指学校根据学校和学生的需要，定期开展的以体育活动为主体的学校体育文化活动日。它是在传统运动会的基础上发展演变而来。相对于运动会而言，学校体育文化节的内容更加广泛，有体育项目的赛事，有主题娱乐活动，有体育文化讲座等涵盖了体育比赛、文化交流学习等内容，是在学校教学环境下，以促进师生身心全面发展、促进学生成长和提高全员文化、身体素质及审美情操为核心目标，以学校精神为主要特征，以学校为主要空间，以学生、教师为参与主体，以多种多样的体育锻炼项目、文化活动、体育竞赛等为主要内容的一种新型的体育教学活动，是广大师生在学校里传播流通的一种群体文化和学校文化形态。

（二）学校体育文化节的本质

1. 学校育人活动的新形式

学校体育文化节实际上是学校为了努力适应社会发展的一种教学活动的创新。以体育和文化节的基本模型为样本，进行有意识、有目的地一种创造性地教学实践。学校体育文化节具备教育属性、体育运动属性以及文化交流学习的属性，是符合时代发展的具有多重意义的教学新形式。学校体育文化节力求以轻松活泼的形式，发展学生对体育运动的热情和积极性，以比赛、讲座、娱乐活动等多种形式，展示体育文化的魅力和功能，是全方位进行体育文化传播的一种尝试和进步。

2. 以“体育文化”育人

学校体育文化节的根本目的是增强师生体质健康、提高学生综合素质。在符合学校办学理念的前提下，学校体育文化节作为潜在课程，发挥着重要的教育作用。它主要是通过学生无意识的、非特定的心理反应机制影响学生，能够绕开体育意识的障碍，在轻松无设限的状态下吸纳积极的价值观和体育精神，在不知不觉中，对自身、对学习、对社会有了新的认识和思考，从而要么调适自己过往的偏颇、约束自己的行为，要么增强自信心，进一步明确自身努力和发展的方向。其次，学校体育文化节的育人过程具有综合性的特征，学校体育文化节蕴含着丰富多彩的教育形式，是其他教育手段无法替代的。使学生在体验体育带来的超越感、集体感、成就感的同时，提高感受美、欣赏美、创造美的能力，塑造美的人格和心灵。最后，学校体育文化节的育人过程具有主动性，学校体育文化节主动适应社会体育发展的需要，促使学生利用体育健身等活动缓解学习压力，形成学习和体育运动相结合的生活习惯，随着时间的推移，学生能够体会到体育运动的诸多好处，有利于形成终身体育的意识和生活方式。

二、学校体育文化节的功能

学校体育文化节在特定的一段时间里开展，是学校体育文化的一种表现形式，具有校园文化、学校体育文化的多重属性，既是学校体育文化和校园文化的实践，也是社会主义先进文化的重要组成部分。

学校体育文化节是校园内呈现出的一种特定的文化氛围，是现代教育与现代体育交汇的结晶，它是学校师生共同创造并认同的价值观念，其本质是指在学校这一特定的范围内，按照体育文化和体育教育的基本规律及原则要求，以校园精神为主要特征，创造性地进行设计的复合型群体文化。而学校体育文化节作为德育的重要载体，营造了一个有效的德育环境。学校体育文化节主要有教育功能、健康功能、情感功能和社会功能四个方面的功能。

（一）学校体育文化节的教育功能

1. 德育功能

学校体育文化节是一项寓教于乐的文化活动，有着很强的德育功能，尽管它是以隐蔽的方式实现的，却对学生形成高尚品德起着积极的推动作用。学校体育文化节也是学校德育教育的重要载体。学校的德育教育通常是以活动的形式进行政治、思想与道德教育，教育最重要的功能就是陶冶人性、铸造健康饱满的人格。而学校体育文化节有效地营造出一个特殊的德育环境——“微缩社会”，这个“微缩社会”的人员构成包括教师、学生、行政人员、后勤人员等，每个成员的思想与行为都映射出社会的某些内在本质。然而，一个良性的德育环境必定要通过学校体育文化节的体育活动才能得到强化，体育活动向我们传达的是快乐、健康、积极、向上等情绪，通过体育活动，这些情绪与感受会内化为学生具体的道德行为，从而有效地培养了学生的个性意志品质，如勇敢、顽强、对挫折的承受能力、对困难的忍受能力等，以及责任感、荣誉感、使命感等，这些都是德育的重要组成部分。另外，学校体育文化节各活动中存在着学生个体与个体之间、个人与集体之间的交往。通过这种交往，学生可以学会合作与协商、谈判与权衡的各种能力，以提高学生的适应社会能力以及遵纪守法的现代文明精神。总之，通过体育文化节的全方位带动，对学生具体实现了如下几个方面的影响和塑造。

（1）磨炼意志

体育作为一种运动能够养成学生积极进取、百折不挠的意志品质。所以，学校体育文化节的各种比赛项目，是一个集中训练和考验学生意志品格的机会。同时，学校体育文化节具有乐观向上、充满生机活力的属性。定期参加体育文化活动，有助于学生克服消极懈怠的意识与行为模式，还可以帮助他们设定目标、克服困难、加强锻炼、实现目标的能力。例如，每年一度的学校体育文化节是学生集中展现自己体育才华的重要舞台，每个学生都可以为自己设定一个具体的目标，为了实现目标就需要在接下来的一年里进行充分的准备，需要把大目标细化为直观的、好操作的小目标。在这样的过程中，很好地培养和锻炼了学生设定目标、确定方法、贯彻行动的行为模式，进一步促进学生形成积极乐观、知难而上的人生态度。

（2）学会合作与共处

学校体育文化节还可以从侧面培养学生学会合作与共情的能力。这是因为，在学校体育文化节的筹办、组织、准备、执行和总结等一系列过程中，教师和学生都是参与主体，对于学生而言这是一个极佳的锻炼和学习的机会。学生通过与全校教师以及同学们的接触、交流、沟通与协作，在不知不觉中学会如何合作、如何配合他人以及如何让他人配合自己等人际交往能力和合作能力。这有助于学生养成友好、共情、体谅、协作、团结、礼貌等优秀品德，以及树立团队精神、增强协调人际关系的能力。

2. 智育功能

校园体育文化节不仅对学生具有德育功能，而且也是重要的智育过程。通过学校体育文化节，可以拓展学生的视野，发散学生的思维，对学生的智育培养发挥出重要作用。这是因为，学校体育文化节首先是一项创造性的活动，对培养学生的创造力、发散思维能力、观察能力都具有积极作用。而且大量地参加体育活动对神经系统的发育具有良好促进，为开发学生的智力奠定了良好的生物基础。有研究证明，坚持从事体育锻炼能保证大脑能源物质和氧气的供应，促进大脑的机能潜力，提高大脑工作效率。因此可以说，体育的加强与智力的开发是相辅相成的。

3. 体育功能

学校体育文化节天然具有体育功能，它是学校体育教学成果的一种集中展示，是对前期教师与学生共同努力的一次集体总结。体育，简言之就是身体教育，是指以身体练习为手段，对自身进行改造的过程。学校体育工作最基本的目标是增强学生体质，提高学生的身体健康水平、运动能力，从而全面增强学生的身体素质。学校体育文化节是学校体育课程教学的一部分，是对学校体育课程的有力补充，丰富和发展了学校体育课程的内涵和外延。

4. 美育功能

美育是指通过学校体育文化节的方式，培养和发展学生正确的审美观。体育是进行美育教育最直接、最根本、最形象的形式。体育本身就是一种健与美的活动，是蕴含多种艺术因素的人体运动，通过体育文化节可以对学生进行各种美的教育，使学生在运动中体验美、感知美、享受美。学校体育文化节不仅可以塑造形体的美，同时也可以塑造心灵的美和行为的美，并且使三者在运动中完美结合。运动中的形体美、动作美、节奏美、服饰美都能带给学生强烈的美的体验，使学生得到美的享受和启发。学校体育文化节是对身体活动之美的集中展示，它把身体美、心灵美、行为美三者在运动实践中结合起来。学校体育文化节能够从形态和体能上完善人的身体，提高学生的创造美、表现美、鉴赏美的能力。通过定期举办学校体育文化节，不仅可以丰富学生的体育知识，培养学生的运动兴趣，还能培养他们建立健康的审美情趣和审美意识，提高鉴赏美、表达美、创造美的能力。

（二）学校体育文化节的健康功能

现代的健康概念包括身体健康、心理健康和精神健康，学校体育文化节恰好涵盖了现代健康理念的全部要求。学校体育文化节不仅富有趣味性、娱乐性、普及性和时尚性，让师生切身体会体育文化的丰富，享受其带来的激情和愉悦。学校体育文化节最本质的目的就是通过体育文化节活动对学生进行全面的激发和鼓励，让他们从身体、心理和精神等不同维度体会到体育的博大以及魅力，增进他们想要获得更好的运动技能、拥有更健硕的体魄、取得更好的体育成绩的愿望，促进学生自发地进行身心全面发展，达到育人目的。学校体育文化节以体育文化节日为手段锻炼台上学生，吸引台下观众；通过体育竞赛、体育游戏让师生们尽情参与运动项目，强化短时效应，激发潜在意识，切实做到增强体质，以及达到培养运动意识的目的。通过体育专题讲座、体育演讲比赛、体育知识竞赛、图片资料展览等形式，全方位地促进学生综合素质的提高，塑造完美人格。

1. 对身体的影响

在体育文化节的整个过程中，包块策划期、运行期和结束期，全校师生因为要参加运动比赛必然会加强锻炼，增加运动时间、提高运动效率、调节作息等，这无疑会对全体师生的身体健康产生一定的积极影响，同时也对学生的运动技能、身体素质的提升产生促进作用。

2. 对心理的影响

通过目标明确、时间确定的学校体育文化节的举办，学校师生从心理学上感受到的是积极的竞争氛围，良好的竞争秩序，促进他们在文明有序的环境下开展工作学习活动，这些对师生的心理都有一定积极暗示的作用，并产生积极的情感体验，使学生产生积极的情感体验和浓厚的体育兴趣，激发他们强烈的学习动机去参与体育锻炼。有大量的研究数据显示，体育运动与心理健康有着密切的关系。学校体育文化节能激发师生的锻炼热情，并为缓解、排除他们的心理压力提供一个良好的途径，使他们在运动中逐渐恢复或产生积极情绪。

（三）学校体育文化节的情感功能

学校体育文化节本身的趣味性、竞争性、丰富性，会潜移默化地影响学生形成积极乐观的生活态度，有效缓解学习压力和心理压力。通过积极参与集体活动，与老师、同学们一起完成具体的组织和准备工作，可以很好地改善有些学生的无助感和孤独感，以及自卑和胆怯的不良情绪。体育运动本身就有激发情绪的作用，而且体育运动具有现实具体的目标，这些能有效地激发广大师生的自尊心和进取心，提升自我效能，从而起到调试情绪和心理的作用。

同时，体育文化节还利于学生充分发展兴趣爱好，享受运动过程中真正的快乐的感觉。学校体育文化节以轻松有趣又紧张充实的形式，为学生树立积极健康的生活方式与学习方式，让同学们在轻松有趣的体验中，进行了情感的抒发和升华。通过参加学校体育文化节，学生发现了自己进步、发展和成长的痕迹，同时也看到了其他同学具备的很多优点值得自己学习，给自己带来启发等。因而形成一种良性的竞争关系，帮助同学们直观地认识到自己有哪些优势，又有哪些不足，于是自发地进行学习和改进。

（四）学校体育文化节的社会功能

1. 推动学校体育产业的发展

学校体育文化节是培育和扩大体育消费市场的有效途径。发展学校体育产业是当前我国体育事业发展的重要内容。作为学校体育的重要组成，体育文化节对推动学校体育产业发展具有强大的优势。利用体育文化节培养师生的健康理念，引导科学的体育消费，给出“花钱买健康”的观念，使人们自主、自觉地参加体育锻炼，同时参加到学校体育产业化的过程当中来。通过举办学校体育文化节，一些体育消费品如运动服装、健身器材、运动饮料等销售会显著增加。同时，体育保健、体育培训、体育技术咨询、体育场馆运营等体育服务行业也会被逐步带动起来。

2. 促进学校和谐校园文化建设

学校体育文化节注重营造师生互动和自我展现的体育节日氛围，这非常有利于打造和谐校园氛围，是校园软实力的建设内容之一。通过举办体育文化节，校园内流动着一股目标明确、秩序井然、团结互助、文明竞争的良好文化氛围，这对学生的身心健康提供有利条件。学校体育文化节的另一个优势，是可以以体育活动为载体，融合体育竞赛、体育游戏、体育表演、体育知识、体育征文、体育绘画、体育摄影等多种活动为一体，为师生提供施展才华的舞台和开阔眼界的机会，同时又强调了体育的精神价值，传播“更快、更高、更强”的奥林匹克精神，实现体育健身与和谐育人的目标。

三、学校体育文化节建设的基本原则

（一）一切从实际出发的原则

校园体育文化节的建设要有明确的方向、任务和目标。作为校园文化的要素，校园体育文化节要遵循一切从实际出发的原则，不要搞好高骛远、不切实际的宏大目标，应该立足自身的实际水平和具体情况，切实发展有利于学校体育文化建设、促进学生身心全面发展的体育文化节活动。在此基础之上，充分发挥师生员工的聪明智慧，调动各方面的潜在能力，加大经费投入和支持，优化校园体育物质环境和文化氛围，充分发挥校园体育文化的育人作用。只有从实际出发,才能真实做到培养和提高学生的综合素质,为社会培养优秀的人才。同时,只有从实际出发,才能发展具有自身特色的学校体育文化。因此,应积极总结自身的长处和优势,正确认识自身的缺点和不足,找准发展自身校园体育文化建设的切入点和生长点,才能发展出独具特色的学校体育文化。

(二)师生是建设主体的原则

师生是校园体育文化节的建设主体,他们既是舞台的搭建者,同时又是舞台上的主角。因此,广大师生是学校体育文化节的主要建设者,发挥着不可替代的作用。学校体育文化节的水准表现,也就是学校师生水平的集中体现,也是学校办学水平的体现。学校体育文化节是建设学校体育文化氛围的主要途径,也是对学校自身治学效果的直观体现。可以说校园体育文化节对学校、教师和学生都意义重大。所以,广大师生应该尽情施展自己的实力,为学校的体育文化节贡献力量。同时,学校体育文化节也为全校师生施展才华创造了机会,应鼓励师生发扬主人翁精神,为校园体育文化建设整体水平的提高做出努力。

四、学校体育文化节建设的效果评价

(一)效果评价的重要性

任何工作和努力之后都需要做一个客观的认识和判断,才能总结经验为下一步的进步奠定基础。对校园体育文化节的效果评价,主要考察以下两点。

(1)学校体育文化节的组织规模。一届较为成熟的学校体育文化节应该是多种形式并存的,包括丰富的体育比赛项目、专业的沙龙讲座、形式新颖的摄影展览、绘画展、历史文化展等,给师生带来丰富的生活体验。总之,尽可能地动员全校师生参与进来,因为这是属于师生的舞台,应该鼓励师生尽情发挥自己的才华和创意,为学校的体育文化建设贡献力量。

(2)学校体育文化节是一个逐年进行、逐步提升的体育文化活动。每一年的体育文化节都会借鉴以往的经验教训,并尝试结合当下社会发展动向做一些新的尝试,它应该是一个承上启下、逐步发展进步的过程。因此,在评价每年的体育文化节的时候,要参考往年的数据,比较有哪些进步,又有哪些创新,又获得哪些启发和经验。只有不断地突破和创新,才能保持发展和进步。

（二）效果评价应遵循的基本原则

对校园体育文化节进行效果评价时应遵循一些基本的原则，它包括以下几个方面。

1. 整体性原则

学校体育文化节是一个综合的体育文化活动，因此在进行效果评价时要遵循整体性原则，不可以偏概全、顾此失彼。作为校园文化系统中的子系统，学校体育文化节是其中一个很重要的组成部分，它具有学校体育文化的基因，并且是对学校传统体育文化的进一步发展。同时，学校体育文化节有基本稳定的构成要素，各要素之间也具有一定的促进和制约关系，它们既独立存在又相互依存，共同构成校园体育文化节这个整体结果。在进行效果评价时，首先应从校园文化这个母体出发，其次是在校园体育文化的背景下进行分层、分阶段的评价，并依据评价指标进行综合性评价，尽量做到全面而客观、科学而严谨。只有这样，评价才能总结出具有共性的、规律性的东西。

2. 科学性原则

科学性原则就是实事求是的原则。学校体育文化节是学校的一项大型体育文化活动，从策划到执行，都必须遵循科学性原则。坚持实事求是，要求在每一个环节都要做到从实际出发、求真务实，不虚张声势也不歪曲真理，科学的态度是做好一切工作的根本。在进行校园体育文化节的效果评价时，要严格以事实为依据，按照整体性的要求，并依照学校的评价指标体系进行合理、客观的评价。

3. 比较性原则

在对校园体育文化节的效果评价过程中，坚持比较性原则也同样重要。比较建立在鉴别基础之上，没有鉴别就没有比较，只有加深对所评价事物的鉴别，才能更好地进行比较。因此，在校园体育文化节效果评价的指标体系中，要充分地体现这项原则。一般来说，要准确地选择和构建一个比较“理想”的评价指标体系，必须具备科学性和可操作性。坚持比较性原则，即在选择和构建校园体育文化节效果评价指标体系中，要体现横向比较和纵向比较的结合。所谓横向比较，就是在评价过程中既要通过评价对自身客观现实状况有准确地掌握，也要对自身校园体育文化建设效果的情况在本地区同类学校中的排序，以及在全国范围内同类学校中的排序情况有一个清晰的了解。并通过对不同地域同类校园体育文化节的评价比较,找出自身的优势和差距,这样才能做到知己知彼,为下一步的建设和发展奠定基础。所谓纵向比较,是指对本校的校园体育文化现状和过去进行比较。这种比较要坚持时序性,要切实地考虑到不同时期的时代背景和当时社会主流文化的特征,及其对校园体育文化的影响。通过效果评价体系指标,对自身不同时期的校园体育文化进行综合性的评价,了解不同时期的特点以及各要素的基本情况,这样才能科学地掌握自身校园体育文化建设发展的脉络并总结经验。

4. 创新性原则

所谓创新性原则,就是要结合社会热点、结合时代发展的需要、结合中国国情创造性地构建一些评价指标,以提高评价体系和整体评估力度。创新往往是从借鉴开始的,因此,要积极广泛地学习国内外的相关成功经验、先进榜样,并结合自身实际情况进行改良和合理借鉴。借鉴不是照搬硬抄,而是吸取前人的智慧精华,争取时间而后发制人。在总结他人成功经验的基础上,创造性地选择一些比较理想的评价指标,特别是针对本校特有的内容与发展诉求,积极发展和培养学校独特的文化项目,并对其进行科学的客观地评价,争取得到持续稳定的发展。总之,在对学校的体育文化节进行效果评价时,要不断完善、大胆创新,不断推动学校的体育文化活动积极蓬勃地发展下去。

(三)效果评价的一般方法

1. 个案调查法

个案调查法就是在校园体育文化节的建设过程中,对有代表性的体育文化活动项目的参与者进行调查了解的方法。它可以在每次的体育文化节活动过程中进行,亦可以在文化节结束后进行,两者各有各的优势。比如,在体育文化节的过程中开展个案调查的话,参与者此时提出的建议或者意见属于来自“前线”的第一手信息,对于文化节的组织者而言是非常宝贵的信息,可以及时听到参与者的反馈意见,就意味着能更好地把握体育文化节的方向和发展进程,对有些问题可以及时进行调整。而如果在每次体育文化节之后进行个案调查的话,因为活动已经全部结束,参与者的想法更为全面并且经过一定的沉淀,这时候他们提出的建议或意见将具有更高的参考价值。

2. 抽样调查法

抽样调查法就是将与校园体育文化节相关的问题列出并制成问卷，然后以问卷调查的方式定期进行。对收回的问卷根据意见和建议进行分门别类地整理，并进行统计和分析，得出明确的意见和建议方向。这些调查结果对体育文化节的组织者来说更具说服力，特别是对于一些大的问题的意见应该给予重视，并作为今后工作调整或完善的重要参考。

3. 社会调查法

社会调查法就是将调查范围进一步扩大，除了学校的老师和学生以及教辅人员以外，对其他参与人员也进行意见和建议的调查与搜集，力求从社会层面了解人们对校园体育文化节的反馈和感受，争取得到宝贵的意见和建议。比如学生的家长、亲戚朋友，以及参与学校体育文化节沙龙、讲座的专家、学者，或者活动的主持人，或者参与制作物料的社会人士等等，他们也是学校体育文化节的间接参与者，也会带来不同角度的认识和看法，这些都是非常宝贵的意见或者建议，对学校体育文化节的进一步发展和提高具有重要意义。

第九章　学校竞赛体育文化建设与发展研究

学校体育是竞技体育的基础，学校竞技体育是竞技体育的根本。学校竞技体育经过多年的发展，积累了丰富的经验，形成了鲜明的文化特色，成为学校体育文化的重要组成部分之一。学校竞技体育文化在很大程度上影响着学生的价值观念、体育参与动机以及相应的行为方式，进而影响学生的终身体育意识与行为习惯。深入挖掘并充分发挥学校竞技体育的功能，加强学校竞技体育文化建设，对推动学校体育文化繁荣发展、引导学生形成终身体育意识以及养成良好的体育锻炼习惯具有重要意义。本章着重对学校竞技体育文化建设与发展进行研究，主要内容包括学校竞技活动与育人、奥林匹克文化与学校体育文化建设、学校体育训练与竞赛以及学校竞技体育后备人才的科学培养。

第一节　学校竞赛活动与育人

一、运动教学育人

运动教学育人，是把与运动教学有关育人的理论寓于运动教学过程中的竞技教育。运动教学育人不是一个孤立的教育过程。在传统运动教学中，往往只重视技术教学，忽视育人，这不利于培养全面发展且有个性的运动人才。

（一）转变教学思想

1. 教学中心由技术转向人

传统的运动教学以提高运动技术水平为中心，虽然培养了一批竞技水平高的体育后备人才，但是他们的综合素质并不高。当前，我国教育改革提出了从“以知识为中心”向“以人为中心”转变的教学思想；教育方式也从“应试教育”向“素质教育”转变。因此，竞技教育的教学思想也必须从“以提高运动技术水平为中心”向“以促进全面发展为中心”转变。把提高运动技术水平作为促进人全面发展的载体，努力让学生处理好“学会做人”与“学好技术”之间的关系。需要注意的是，运动教学中倡导“以人为本”，并非忽略运动知识技能的教学，而是在运动技术教学中潜移默化地教育人。

2. 教学的主要矛盾由“教”转向“学”

传统运动教学中，教师如何“教”是十分重要的一个问题，学生“学”的问题很少被研究，这直接制约了运动教学的发展和学生的全面发展。若教得好，学得也好，运动教学的效果会更好；如果教得不理想，学得好，尚可理解；反之不可取。所以说，“学”是运动教学的主要矛盾。因此，在运动教学中，教师应“教”学生如何学习、做事、做人，促进我国竞技体育人才后备从“体能型”向“智体型”转变。

（二）运动教学育人的内容

1. 理性育人

运动教学的理性育人是指把传授运动理性知识与育人相结合的教育方式。以往的运动教学强调以运动技能为主的实践教学，忽略了将其与提高运动员综合素质的教育有机结合起来而进行全面育人。

运动教学改革中，首先要把专项的人文教育与实践教学结合起来。例如，在乒乓球教学中要传授中国乒乓球队制胜的人文精神，教育学生学会做人、学会竞技。在重视专项运动理论教学的同时，还要加强对运动队伍基本素质的教育，如政治素质、文化素质、身心素质等，为学生今后“做人、竞技、就业”打好基础。

2. 兴趣育人

兴趣育人是指在运动教学中，把培养学生的学习兴趣与掌握技术有机结合起来进行育人。竞技体育后备人才高超的运动技术是在枯燥的教学与训练中千锤百炼而形成的。所以，很有必要在长期的、艰苦的运动教学中培养学生的学习兴趣，否则光靠毅力而坚持学习、训练是很难的。

（三）运动教学育人的方法

运动教学的育人方法是在教学过程中潜移默化地把授技和育人有机结合起来的方法。其特点是把运动技术教学作为育人的载体。运动教学的育人法主要有以下两种。

1. 讨论法

教学课后，师生讨论教学中遇到的问题，让学生充分发表自己的意见，培养其民主意识，从而真正把授技和育人结合起来，克服"空洞"的政治说教的不足。

2. 互助法

互助法是教师主动为学生设计的，通过他们之间相互帮助才能完成动作的学习方法。该方法既有利于纠正错误动作和完成高难动作，又有利于培养学生团结协作的意识。

二、运动训练育人

训练育人是将与运动训练有关的育人理论和措施寓于训练全过程中的竞技教育。人们一直认为运动训练的核心是提高运动成绩，这是比较片面的。提高运动技术水平和运动成绩是在运动训练过程中产生的现象，而真正决定二者提高程度的是从事运动的人的发展。人的综合素质得到提高了，运动成绩才有可能长期、稳定提高。因此，在运动训练过程中，对育人与授技应一视同仁。

（一）运动训练育人的特点

运动训练中的育人既与传统的政治说教不同，也不完全等同于德育，其特点如下。

1. 寓教于训

运动训练的育人过程不是一个完全独立的过程，它是将"关于做人的教育"寓于运动训练整个过程中的、潜移默化的教育活动。

2. 民主育人

现代运动训练不像过去那样把运动员视为单向接受运动刺激的客体。

科学、民主的运动训练倡导教练员和运动员双向交流、共同解决问题。

3. 管教结合

高水平教练员认为，运动队育人的主要特征是半军事化管理和民主教育方式的结合。因为运动训练长期而艰苦，这就决定了必须采取严格的、管教结合的方式来育人。

（二）运动训练育人的内容

1. 教练员的自我完善

高水平的教练员主要有两种类型，一是体能型的，这类教练员的运动技能和技战术训练指导能力很强，但文化水准较低，受文化程度所限，他们的自我认识、自我改造能力受到限制。二是智能型的，如国家队的教练员不但文化层次高，专业理论水平和思想境界也较高，更重要的是他们有深刻认识自己、正确认识队员以及自我完善的能力。因此，要提高运动队的整体水平，需要努力提高教练员的文化水准和专业素质以及思想道德素质，使其不断认识自己、改造自己、完善自己，进而培养高素质的运动员。一个高水平的教练员必须要具备能力本位意识、育苗意识、言传身教意识、创新意识。

2. 运动员的自我完善

运动员自我完善的核心是在自我认识的基础上进行自我完善。自我认识包括对自身自然属性和社会属性的认识。

人虽然是自然界的成员，但近代人类误用理性，盲目运用科学技术改造自然、破坏自然，结果由于环境污染、生态破坏等，人类自身发展也受到了限制。于是，现代人限制向自然索取资源和破坏自然的速度，沿着健康、持续、稳定的“绿色之路”发展。目前，国内外许多优秀运动员虽然在少儿时期通过大量运动训练，运动成绩很快得到提高，但是因为他们发育尚未成熟的自然器官长期受到大负荷刺激，而导致他们早衰。这类似于过去盲目发展科技和工业而造成环境破坏的问题。

运动员对自身社会属性的认识，主要是指他们要充分认识“人的本质是一切社会关系的总和”。具体说，人是自然与社会的统一及心理与文化的统一。包括运动员在内的所有人都是生活在社会群体中的个体，人通过“文化”体现其本质，与动物有了区别。生活在社会群体中的个体必须通过文化改变人，并以各种措施协调各种人际关系，以优化个体和整体的生存和发展环境。这是决定运动员发展的一个重要环节。[①]

第二节　奥林匹克文化与学校体育文化建设

一、奥林匹克文化与奥林匹克精神

（一）奥林匹克文化

奥林匹克运动在漫长的发展历史中形成了完整而成熟的思想体系，在奥林匹克思想体系逐渐形成与不断完善的过程中有一个不可忽视的基本立足点，那就是由奥林匹克运动与文化相结合而形成的奥林匹克文化，奥林匹克运动的文化性特征主要体现在奥林匹克文化中。奥林匹克主义中对文化的重视不亚于教育，二者的重要地位基本是同等的。奥林匹克文化的发源地虽然是西方，但现在已成为一种全球化的文化形态，形成了特殊的文化体系。奥林匹克文化突破了国界、门第的界限，以独具特色的思想方式、道德观念、文化形式、教育方式、行为方式对人类产生了深远的影响。

奥林匹克文化是一种独特的社会文化现象，其主线是奥运会，对社会多个领域产生了广泛的辐射性与扩展性影响。奥林匹克文化的形成使得奥林匹克运动从简单的体育形式成为高级别的体育文化，奥林匹克运动促进人全面发展的重要功能与价值在奥林匹克文化中得到了强调，奥林匹克运动通过促进人全面发展而对社会加以改造，促进全社会健康、持续、稳定发展，而要实现社会发展目标，就必须紧紧结合文化来发挥强大的育人功能。所以说奥林匹克文化的内涵突出体现在文化与教育上，从奥林匹克运动产生到成熟，文化与教育始终贯穿其中，促进奥林匹克运动内容体系的不断丰富，并对人类身心协调与社会和谐发展的主题予以弘扬，最终促进人类社会不断进步与发展。

（二）奥林匹克精神

在奥林匹思想文化体系中，奥林匹克精神是非常重要的一个组成部分，奥林匹克运动最为本质的内容集中体现在奥林匹克精神上。从本质上

① 宋继新．竞技教育学[M]．北京：人民体育出版社，2003.

来看,奥林匹克精神是一种特殊的社会意识形态,集中反映了奥林匹克运动实践,其既包含了体育方面的内容,也包含了教育和文化方面的内容,而这些内容都是人类创造的宝贵精神财富,是非常珍贵的精神文化遗产,代表着奥林匹克运动的最高境界。奥林匹克精神作为全人类共享的世界文化要素,对提高全人类的综合素质、促进社会和谐发展与持续进步以及维护世界和平起到举足轻重的作用。奥林匹克精神具有下列几个方面的重要内涵。

(1)奥林匹克精神崇尚理解民族文化差异,对此持宽容态度。

(2)奥林匹克精神强调公平、公正地参与竞技体育运动。

(3)奥林匹克精神强调重在参与。

(4)奥林匹克精神提倡公平竞争与努力奋斗的良好品质。

(5)奥林匹克精神倡导集体主义精神和无私奉献。

(6)奥林匹克精神倡导人与自然、社会和谐相处,共同发展。

二、奥林匹克精神与学校体育文化建设的关系

(一)奥林匹克精神促进学校体育文化建设

1. 奥林匹克精神为学校体育文化建设提供了导向

学校体育文化建设是建立在一定价值尺度基础之上的,而这个价值尺度可以由奥林匹克精神所提供。重在参与、奋斗与竞争等进取精神是奥林匹克精神的重要内容,这些体育精神引导人积极向上、努力拼搏、不断超越自己,这对学校体育文化建设具有重要的导向意义。在学校体育文化建设中加强体育精神教育,使学生在运动训练、体育比赛中形成顽强拼搏、努力进取、坚持不懈的意志品质与良好精神。这些品质与精神对学生的学习、生活及未来的工作都有重要影响,能够使学生乐观面对困难,主动迎接挑战,勇敢克服挫折。竞技运动是公正、公平的,公正与公平也是奥林匹克精神和体育道德规范的重要内容。随着时代的进步和奥林匹克运动的发展,公平、公正等体育道德与精神被广泛传播与推广,并成为重要的社会法则,对人们的价值观念、行为方式产生了重要影响。在学校体育文化建设中将公平、公正的准则传输给学生,引导他们形成正确的价值观念和良好的道德品质,使他们不仅在体育比赛中,而且在社会各种竞技环境下都能坚定公平公正、坦荡磊落的信念,合理规范自己的言行举止,公平竞争,表现出作为社会文明人的良好道德品质。

此外,奥林匹克精神倡导尊重与理解民族文化差异,以宽容、开放的姿

态对待外来文化,倡导世界和平,将这些融入学校体育文化建设中,有助于引导学生正确世界观的形成,使学生为社会和谐、发展奉献自己的力量。

2. 奥林匹克精神使学校体育文化建设的教育作用得到了强化

加强学校体育文化建设,主要目的是让更多的学生参与体育活动,对学生的体育意识、体育习惯进行培养,增强学生的体质,促进学生身心协调发展,最终促进学生全面发展。为了达到这些目的,在建设过程中要将科学而丰富的体育知识、体育健身方法传授给学生,使学生学习与掌握体育知识与健身方法,积累运动经验,提高智能水平,形成正确的体育价值观。在奥林匹克教育内容体系中,奥林匹克精神是不可或缺的重要组成部分,在学校体育文化建设中加强奥林匹克教育,传播奥林匹克精神,有助于培养学生的良好道德品质和遵守社会规范的良好行为习惯,这就使学校体育文化建设的教育功能得到了强化。

3. 奥林匹克精神促进了学校体育文化建设的深化

奥林匹克精神是在开放的、不断进步的社会环境中形成与发展的,具有开放性、动态性。奥林匹克精神这种世界性的体育意识形态具有跨国度、跨民族、跨文化等特征,其在全世界的广泛传播与弘扬为学校体育文化的进一步建设提供了良好的思路,如走出校门,举办校际体育比赛,走出国门,参与或承办世界性的学校体育赛事,并将学校体育文化延伸向社会,吸收其他国家学校体育文化、社会体育文化的优秀成果,从而促进学校体育文化内涵的丰富以及内容体系的不断完善。

(二)学校体育文化建设有助于传播与弘扬奥林匹克精神

学校体育文化建设和其他体育文化建设相比具有先天的优势,如拥有健全的体育基础设施资源、雄厚的师资力量、丰富的体育学习资源以及浓厚的学习氛围。这些先天优势使学生作为学校体育文化建设的主体之一充分发挥了自身的作用。由于学生储备了一定的体育知识,具备了一定的学习体育知识与技能的能力,因此由学生主体参与建设的学校体育文化成为多种校园文化意识的聚合点,这里有先进的观念、进步的思想,学生主体受益于文化成果,并传播文化,弘扬优秀的体育文化。

奥林匹克精神是人类在长期的体育实践中创造的优秀文化成果,其文化内涵极为丰富,包含了中外很多优秀的体育文化,这些优秀的文化成果为奥林匹克精神的传承与发展提供了无尽的文化源泉。奥林匹克精神是人类的精神财富,也是宝贵的精神文化遗产,其在学校体育文化发展之初就成为学校体育文化建设的重要内容之一。在学校体育文化建设中加强奥林匹克教育，传播奥林匹克精神，对弘扬奥林匹克精神、提高学校体育文化建设成果都具有重要意义。学校一直都是传播与弘扬奥林匹克精神的一个重要阵地，这里有优秀的传播主体，丰富的传播媒介，成熟的传播平台，所以传播效果极为显著，对奥林匹克运动持续健康发展起到重要推动作用。

三、奥林匹克文化与学校体育文化建设的协同发展

（一）大力宣传奥林匹克精神

深入认识奥林匹克精神与学校体育文化建设的相互关系，加强二者的结合，对奥林匹克精神进行大力宣传，传播丰富的且具有突出育人功能的奥林匹克精神。在校园中传播奥林匹克精神，应将校园传播媒介充分利用起来，如广播、报刊、校园网、宣传橱窗等，如设计和奥运会相关的板报或知识窗口，将奥运会口号、标语写在横幅上予以宣传，利用广播或网站来传播奥运新闻、奥运人物事迹等。这些工作应放在学校体育文化建设中去完成，不仅能促进奥林匹克精神的弘扬，还能丰富学校体育文化的精神内涵，引导学生形成正确的体育意识。总之，要充分利用学校传播媒介宣传奥林匹克精神，使奥林匹克精神的本质内涵被更多的学生所理解，使奥运精神渗透到学生的日常学习与体育锻炼中，对其一生的体育行为及生活方式产生积极影响。

（二）将奥林匹克精神融入体育教学实践中

组织实施学校体育教学是进行学校体育文化建设的重要途径之一，学校体育教学水平和质量对学校体育文化的建设成果及奥林匹克教育水平都具有举足轻重的影响。体育教师要有意识地将奥林匹克精神灵活渗透到体育教学实践活动中，在提高育人效果的同时有效传播奥林匹克精神。在体育教学实践中渗透奥林匹克精神，能够使学生在实践中体会与感悟奥林匹克精神。

（三）体育设施建设中设计奥林匹克要素

学校体育文化环境建设离不开体育建筑、体育场地、体育器材设备、体育雕塑等硬件设施，这些是学校体育文化建设的基本物质保障。丰富多样的学校体育物质资源是学校体育精神文化的重要载体，加强基本资源建

设，保证充足的资源供给和服务，才能在一定程度上保证学校体育文化建设的顺利进行。在学校体育设施建设中，要以直观而形象的方式展示奥林匹克精神，如设计“五环标志”雕塑、奥运伟人雕塑、建设与奥林匹克有关的建筑等，用文字简单介绍这些设施，使学生通过直观形象的物质展示而理解奥林匹克精神，提高学生对奥林匹克文化的认知水平。

（四）课外体育活动中融入奥林匹克文化

在学校体育文化建设中，要将奥林匹克文化作为一项重要内容而予以传播，充分发挥其育人功能，以此提升学校体育文化建设的层次。对此，要进一步将奥林匹克文化与学校丰富多彩的体育活动结合起来，学生在亲身参与体育活动的过程中产生体育兴趣，提高运动热情，主动感受奥林匹克运动的文化底蕴。

在学校开展丰富多彩的课外体育活动，在课外活动中渗透奥林匹克精神，传播奥林匹克文化，往往能够起到良好的效果。学校开展奥运会上的热门体育项目，严格按照相关规定与程序组织课余训练与比赛，鼓励学生积极参与，勇于挑战，在实践中感受奥林匹克运动的乐趣，体会奥林匹克精神，自觉遵守公平竞争的原则，主动与他人团结合作，从而对学生的良好体育道德品质、竞争意识进行培养，并在课外体育实践中对奥林匹克精神进行弘扬，对学生进行价值观教育。

学校也可从自身办学条件出发定期对奥林匹克文化节进行组织，进一步宣传奥林匹克文化，扩大奥林匹克精神的传播范围和影响力。在活动期间，可播放奥运会精彩比赛视频，组织学生集体观看；也可以围绕奥林匹克运动而开展多种形式的专题活动，如专题讲座、图片展览、知识竞赛、研讨活动等，从而满足学生的需求，使学生更好地接受奥林匹克文化，理解奥林匹克精神，并通过自己的努力而自觉传播这种精神。

第三节　学校体育训练与竞赛

一、学校体育训练与竞赛对校园体育文化内容的丰富

在当今国家推行“阳光体育与祖国同行”的热潮中，学校课外体育活动的开展与学校体育文化的氛围分不开。体育课在时间上和内容上都不允许也无法满足学生体育锻炼的要求，只有利用好课外体育活动，而课外

体育锻炼的手段是以学生自主练习为主,教师可以通过课堂教学引导,让学生学会在课外时间进行体育锻炼。

为了丰富课余体育活动内涵,在校内还可以举行各种类型的体育知识讲座、体育演讲比赛、体育图片展览、各种体育竞赛等活动。通过这些活动的展开,不仅可以活跃校园文化和营造体育文化氛围,而且还可以扩大学校体育活动资源,丰富学生的课余文化生活。

二、学校课余体育训练

(一)学校课余体育训练的组织形式

1. 学校运动队

学校课余体育训练的组织形式中,最为普遍的就是学校运动队这种形式。这种训练形式不仅最为常见,而且最具活力。学校运动队在各种类型的学校中都很常见,如普通学校、体育后备人才培养试点学校、体育传统项目学校等。学校运动队往往有明确的训练目标,即提高运动水平和竞技能力,在各种比赛中取得优异的成绩。

2. 体育特长班

有的学生运动天赋很好,挖掘学生的运动天赋,将他们组成体育特长班进行重点培养,发展他们的体育特长,从而培养优秀的体育后备人才。有的学校会专门招收体育特长生,将这些学生组织起来进行专门的体育训练,主要是利用课余时间进行训练,没有特殊情况时不会耽误他们学习文化课。体育特长班的课余训练具有自愿性、业余性等特征。

3. 基层训练点

基层训练点指的是基层训练基地,重点训练项目为一个或两个。基层训练点的建立模式有多种,有的以一所重点学校为基地,将附近学校的体育特长生吸收进来而参与某个重点项目的训练。有的由体育部门和教育部门共同规划设立,以满足学生课余训练的需要。

4. 体育俱乐部

随着学校体育文化建设的不断推进,学校开展的课外体育活动越来越丰富,其中体育俱乐部活动深受学生欢迎与喜爱。学校常见的体育俱乐部是根据学生的兴趣爱好而成立的,但还有一类体育俱乐部是带有运动训练性质的，这类俱乐部的体育训练成为学校课余体育训练的主要形式之一。带有训练性质的俱乐部往往是由教育部和体育部共同组建的，而且还获得了企业赞助。在这类体育俱乐部中参加系统培训的学生是来自不同学校的优秀体育苗子，他们参加赞助企业冠名的比赛，既能够为本校赢得声誉，又能给企业带来良好的经济与社会效益。以经济实体为依托创建的体育俱乐部在课余训练中有充分的物质保障，是体教结合的一种重要形式，也是学校体育社会化的重要路径。

（二）学生专项运动能力训练方法设计

在学校课余体育训练中，为了提高学生的专项运动能力，在训练中需要高度整合基本体能训练与核心技能训练。良好的体能素质是进行技能训练的基础条件，技能训练又有助于提升专项体能水平，从而在比赛中充分发挥体能与技能水平，取得优异的成绩。在专项运动能力训练中，基本体能训练、动作技能训练以及其他竞技能力的训练是具有层次性的，其中基本体能训练是基础层次，动作技能训练是中间层次，竞技表现能力训练是高级层次，这也充分反映了学生专项运动能力训练与培养的规律。

在课余体育训练中应合理安排基本体能训练、动作技能训练以及竞技表现训练，在不同训练阶段侧重不同的主导因素进行针对性训练，并从专项运动的特征、学生训练水平、训练目的、比赛周期等因素出发合理设计与安排相应的专项运动能力训练方法，灵活运用丰富多样的训练方法，有层次地提升学生的专项运动能力及综合竞技能力，使其在比赛中有良好的表现，取得理想的成绩。

学生专项运动能力训练中具有层次性的训练设计如图 9-1 所示。

根据学生专项运动能力发展的各种练习层次，可设计与采用下列几种专项能力训练方法。

1. 专项能力要素时间结构强化法

这类方法是以专项运动技术动作的动力结构、速度、节奏，身体环节用力顺序和时机，以及神经肌肉控制、视觉和听觉的时间特点完成的各种练习。这种训练方法主要适用于初、中级运动员的专项能力训练，尤其在多年训练的早期阶段，运动员速度、灵敏、协调能力处于发展敏感期时采用该方法最为适宜。在学年或学期训练的准备期和改进专项技术节奏的训练单元运用这类方法也可获得比较理想的效果。

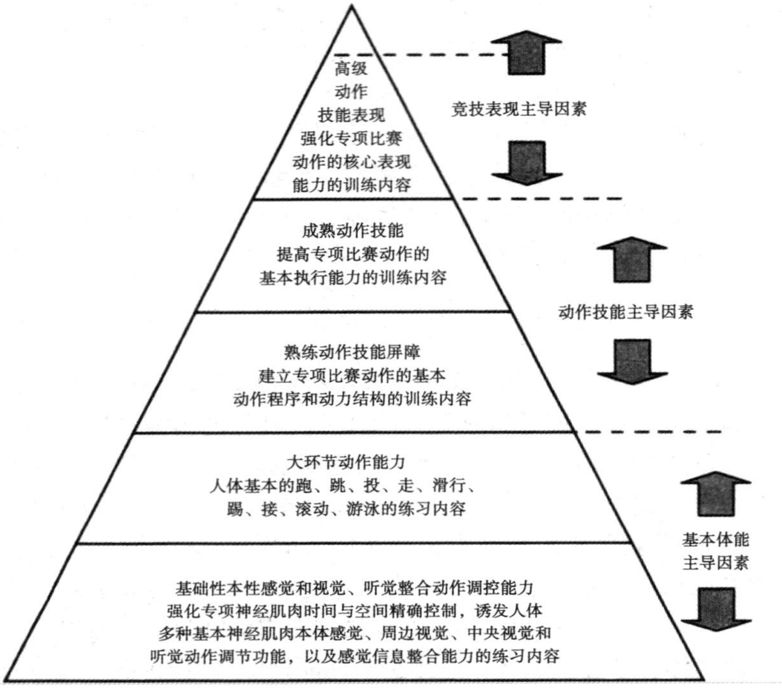

图 9-1　专项运动能力训练设计的层次①

2. 专项能力要素空间结构强化法

这类方法是以专项运动技术动作的空间定位及变化特点、角度、方向、幅度、强度，以及神经肌肉控制、视觉和听觉的空间特点完成的各种练习。可具体选择多种练习方式，常见方法如下。

（1）完整与分解的技术模仿练习。

（2）徒手与持器械的技术模仿练习。

（3）模拟专项技术动作的各种抗阻力练习。

（4）模拟专项技术动作的各种助力练习等。

在学年或学期训练的准备期和改进技术结构的训练单元之中可大量安排此类专项能力练习。

3. 专项能力训练手段有序组合法

这是以特定目的和特定专项训练规律设计的练习组合，如把训练手段

① 杨铁黎，马凌，陈雁飞．课余体育训练指导 [M]. 北京：高等教育出版社，2015.

按照力量性→速度力量性→速度性的组合、分解性→过渡性→完整性的组合等方式予以安排和实施。这种方法适用于各个年龄阶段学生的专项能力训练中。[①]

三、学校体育竞赛

(一)学校体育竞赛的概念

学校体育竞赛通常是指学校课余体育竞赛,即在课余时间进行的,以运动项目、游戏活动、身体练习为内容,以争取优胜为目的,在校内、外组织学生进行的,根据正规的、简化的或自定的规则所进行个人或集体的体力、技能、心智能的各种运动竞赛活动。[②]

(二)学校体育竞赛的内容

学校体育竞赛主要由下列内容组成。

1. 学校运动会

学校举办运动会是由教育部所明确规定的,学校从自身条件出发在每年的春季与秋季各开展一次运动会,运动会上有很多体育项目的比赛以及一些体育表演活动。学校运动会的举办情况直接反映了学校体育的发展水平,通过举办运动会可以检验学校体育教学效果、学校课余训练水平以及学校对体育后备人才的培养效果,同时还能对有天赋的好苗子予以挖掘,从而进一步培养优秀的竞技体育后备人才。

2. 学校体育单项比赛

学校体育俱乐部、体育社团常常举办一些单项比赛,如乒乓球比赛、篮球比赛、羽毛球比赛等,这些赛事的举办促进了学生课余文化生活的丰富,增加了同学的友谊,也推动了学校体育文化的繁荣发展。

3. 课外趣味性、娱乐性体育游戏活动

学校体育竞赛具有群众性,这充分体现在学校课余时间举办的一些具

① 杨铁黎,马凌,陈雁飞.课余体育训练指导[M].北京:高等教育出版社,2015.

② 孙建华,张志成.学校体育竞赛组织管理与编排[M].北京:光明日报出版社,2010.

有娱乐性、趣味性的体育游戏比赛中，这类趣味性比赛提倡重在参与，学生自愿报名，主动参与，以锻炼身体、愉悦身心、结交朋友为主要目的。虽然这类体育比赛具有游戏性质，但也要明确比赛规则，提出比赛要求，这样才能顺利开展比赛，并培养学生遵守规则和道德规范的意识与习惯。

4. 体育节及体育知识竞赛

学校是传播与传承体育文化的重要阵地，学校体育文化节、体育文化知识竞赛的举办对传播体育文化、扩大体育文化的影响力、使更多学生了解体育文化及亲身参与体育活动具有重要意义。学校组织体育文化节与体育文化知识竞赛的过程中也渗透着智育、德育和美育、这充分反映了学校体育文化的育人功能。

通过举办丰富多样的学校体育赛事，完善学校体育竞赛文化体系，对进一步完善学校体育文化体系及促进学生全面发展具有重要意义。

（三）学校体育竞赛的发展趋势

我国学校体育竞赛文化随着学校体育的改革发展而呈现出良好的发展态势，学校体育竞赛文化的建设充满勃勃生机，而且学校体育竞赛的形式也越来越多，不仅包括校内体育竞赛，还包括校际体育竞赛；不仅包括地区性的学校体育竞赛，还包括全国甚至是世界性的学校体育竞赛，随着竞赛形式的增加，竞赛内容也越来越丰富。总之，学校体育竞赛发展趋势良好，下面简单分析三个鲜明的发展趋势。

1. 科学化发展趋势

学校体育的科学化改革与发展取得了良好的成就，在学校体育科学发展的环境下，学校体育竞赛的发展也呈现出科学化态势，这主要从下列几个方面体现出来。

第一，学校体育训练的科学化，学生要在学校体育竞赛中取得优异的成绩，就必须在平时多训练，制订科学的训练计划，合理安排训练内容、训练方法及训练负荷，通过科学训练提升学生的健康水平与运动能力，使其在学校体育比赛中有良好的表现。

第二，学校体育比赛规则设计的科学化与比赛项目编排的科学化。

第三，学校体育竞赛管理的科学化。为进一步促进学校体育竞赛的发展，教育部和体育部积极设立相关组织管理机构，学校也有自己的体育组织管理部门，学校体育管理体系逐步完善，从而为学校体育竞赛的顺利开展提供了良好的组织保障。

2. 多元化发展趋势

学校体育竞赛不同于纯粹的传统竞技体育比赛，它既包括一般意义上的体育比赛，也包括娱乐性的体育竞赛活动内容。传统竞技体育比赛具有“高、精、尖”等特征，门槛很高，而学校体育竞赛打破了这一束缚，为广大学生参与体育比赛提供了良好的机会，使学生在比赛实践中更深刻地体会竞技体育的魅力，享受竞技体育带来的快乐。

学校体育竞赛的内容极为丰富，除了竞技类运动项目，还包括休闲娱乐类项目、益智类项目以及一些体能类体育游戏。将丰富多彩的各类项目引入学校体育竞赛体系中，丰富了学校体育竞赛文化和学校体育文化。学生的竞技运动水平是比较有限的，传统竞技体育比赛让学生望而生畏，但丰富多元的学校体育竞赛使不具备高竞技水平的学生参与体育比赛成为可能，将广大学生参赛的积极性充分调动起来，同时也培养了学生的运动能力、创造能力。

3. 整体化、国际化发展趋势

在全球化时代，体育作为世界各国的重要交流手段在文化全球化发展中发挥着举足轻重的作用。世界体育已经形成一个整体，各国体育交流频繁，体育的文化价值、国际交流价值越来越突出。学校体育作为体育事业的重要组成部分，也随着体育的全球化发展而呈现出国际化发展态势。我国学校体育竞赛的国际化发展主要体现在高校的体育竞赛中，如世界大学生运动会、跨国性的校际体育比赛（北大、剑桥等高校之间的赛龙舟比赛等），这充分说明学校体育竞赛的发展空间在不断扩大和延伸，这有效推动了世界校际体育文化的交流。

（四）学校体育竞赛的组织管理

学校体育竞赛组织管理具体是指赛事举办单位为了实现学校体育竞赛的目标，对学校体育竞赛进行计划、组织、实施、控制的综合活动过程。学校体育竞赛有多种不同的类型，不同类型的赛事在规模、级别、水平等方面存在差异，因此在组织管理方面也会有所区别。但不同类型学校体育竞赛的组织管理是相通的，管理中可依据学校体育竞赛的一般管理过程，根据赛事的不同而合理增加或者减少相应的环节，从而集约化地完成赛事组织与管理。下面以校内比赛承办为主进行分析。

学校体育竞赛的组织管理过程包括 5 个具体阶段，分别是准备、计划、实施、控制和结束，如图 9–2 所示。

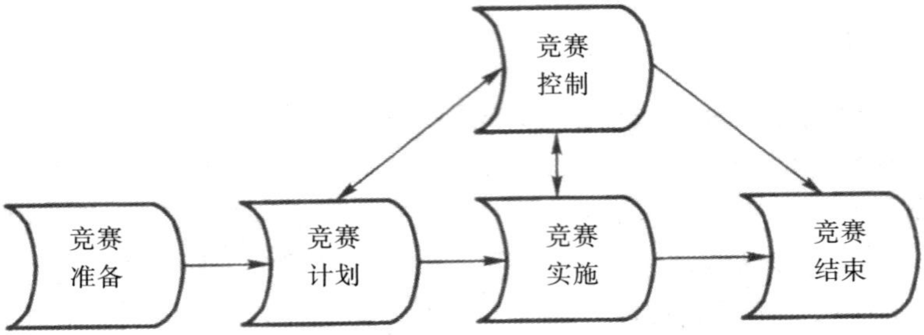

图 9-2　学校体育竞赛的组织管理过程[①]

1. 竞赛准备

竞赛准备是指产生办赛设想，分析设想的可行性，决定是否办赛并着手相应的准备。竞赛准备阶段的主要工作与任务包括形成设想、环境扫描、可行性分析和相关准备，如图 9-3 所示。

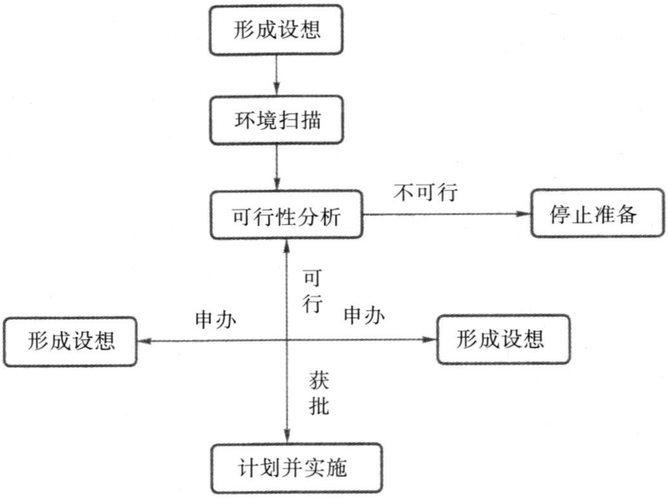

图 9-3　竞赛准备过程

（1）竞赛设想

形成设想是举办学校体育竞赛的首要环节，举办学校体育竞赛的目的多种多样，如增强学生体质、提升学校影响力、选拔优秀的竞技体育后备人才等。在这些赛事设想和举办动机的指引下，需成立竞赛筹备委员会或领导小组，从组织上为竞赛准备打好基础，形成学校体育竞赛的管理主体。

① 张瑞林．学校体育管理学[M]．北京：高等教育出版社，2014.

（2）环境扫描

学校体育竞赛的环境扫描是指获取有关竞赛的政治、经济、社会、教育、体育等信息，并分析这些信息，准确把握竞赛举办的动向，分析学校体育竞赛举办的机遇和挑战。

（3）可行性分析

学校体育竞赛的可行性分析包括确定目标、分析资源、成本收益分析、考虑环境因素4个步骤。

（4）举办准备

对于有主办单位的赛事，需先向主办单位申办，如全国大、中学生运动会以及各单项分会主办的年度单项竞赛。根据《全国学生体育竞赛管理规定》的要求，"申请承办全国大学生运动会、全国中学生运动会应当在上一届运动会举办前，向主办单位递交申请承办报告，并需附当地人民政府批复意见书、承办工作实施意向书、经费预算及经费保证。申办中国大学生体育协会授权的各单项分会主办年度单项比赛，应当上报年度竞赛计划，并向中国大学生或者中学生体育协会提供承办单位名称、比赛名称、比赛日期、地点、参赛队数、竞赛规程和经费条件，经批准后方可举行学生体育竞赛。"①

对于新组织或者没有主办单位的赛事，应该根据学校体育竞赛的规模和涉及范围，向相应主管部门报批比赛，学校体育运动委员会是学校内部体育竞赛的主管部门，因此一般是向学校体育运动委员会报批。报批时，要严格遵循行政程序，提供相应竞赛材料和方案。

2. 竞赛计划

学校竞赛计划是指明确学校体育竞赛目标并规划与设计竞赛实施的过程。

在计划中要先明确竞赛目标，然后具体规定学校体育竞赛的实施细节，如竞赛计划、营销计划、财政预算、风险管理计划、人力资源计划、后勤保障计划和信息技术管理等。为了做好这些工作，预防办赛过程中出现问题，一般采用流程图的方法，如图9-4所示。

① 张瑞林．学校体育管理学[M]．北京：高等教育出版社，2014．

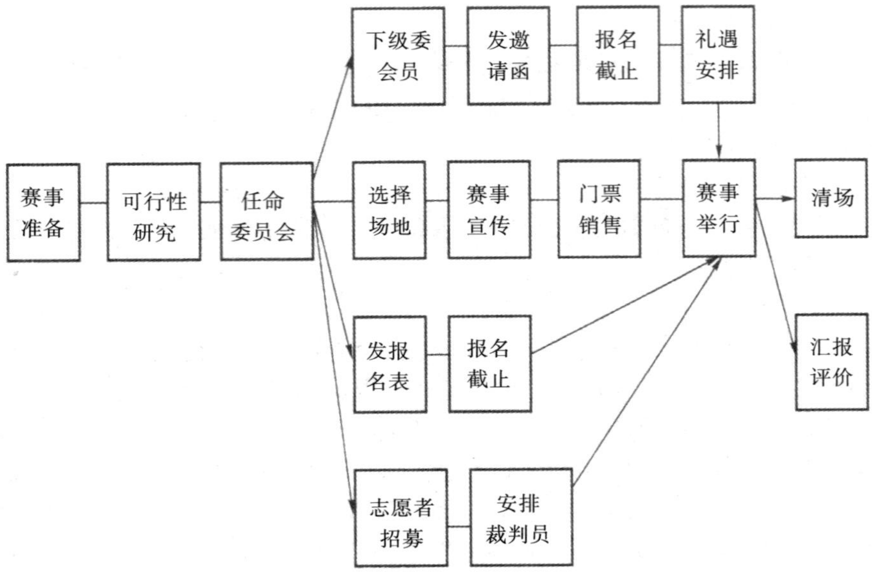

图 9-4　学校体育竞赛计划[①]

制订学校体育竞赛计划的主体机构是竞赛组织委员会,因此在制订计划前要先组建组织委员会,该组织主要负责赛事的领导、计划以及组织实施工作,并处理竞赛的各种相关事项,促进竞赛顺利举办。组织委员会首先要设立各个竞赛工作部门,如办公室、竞赛部门、接待部门、设施部门、纪律部门、财务部门、宣传部门和安全部门等,明确各部门的职责,配备相关工作人员,明确工作人员的工作范围,最后组织实施竞赛活动。

竞赛规程是学校体育竞赛计划的主要表现形式,是指导学校体育竞赛举办与实施的相关政策与规定。如果举办综合性运动会,需要制定总竞赛规程和单项竞赛规程。在此基础上,组织委员会要编制竞赛秩序册。竞赛规程和竞赛秩序册的内容具体见表 9-1。

表 9-1　竞赛规程和竞赛秩序册的内容[②]

计划的体现	内容
竞赛规程	竞赛名称
	主办单位
	承办单位
	竞赛项目

① 张明波 . 学校体育文化研究 [M]. 北京： 光明日报出版社， 2017.
② 张瑞林 . 学校体育管理学 [M]. 北京： 高等教育出版社， 2014.

续表

计划的体现	内容
竞赛规程	竞赛时间
	竞赛地点
	参赛人员
	参赛条件
	参加办法
	竞赛办法
	计分办法
	奖项设置
	奖励办法
	竞赛纪录
	仲裁办法
	裁判选派
	竞赛经费
竞赛秩序册	比赛名称
	比赛时间
	比赛地点
	主办单位
	承办单位
	协办单位
	竞赛组织机构及人员名单
	代表团名单
	裁判员名单
	运动员名单
	竞赛规程
	竞赛日程
	赛会纪录
	竞赛场地示意图
	各项规章制度

3. 竞赛实施

(1)实施过程

学校体育竞赛组织与管理的实施步骤如下。

①明确工作任务

从管理过程角度而言，筹备、竞赛和收尾是学校体育竞赛实施的三大工作任务。

②合理分工

对竞赛管理人员、裁判员、后勤保障人员和志愿者等要有明确的分工，明确各自的任务与职责。

③财务预算

分析各项竞赛工作任务，估算完成竞赛任务所需的资源，进行经费预算，根据经费总额进行适当调整。

④规划进度

在任务分析的基础上，将各项任务依照时间顺序列入进度表，要标明每项任务最后完成的期限以及主要负责人和单位。完成任务进度表以后，需要确定关键任务，其他任务服从关键任务。

⑤竞赛实施

每个人或团队负责竞赛任务的一个单元，每个单元要服从于整体的竞赛进度。在总指挥的领导下，在进度表指引下，实现各个竞赛单元的顺利运转，从而有序实施竞赛的组织与管理。

（2）实施内容

竞赛实施的内容比较复杂，主要包括以下几个方面。

①报道、注册、训练

报道、注册、训练是竞赛的前期过程，要做好前期管理工作，确保后面工作的顺利开展。

②竞赛会议

竞赛会议包括运动员、教练员和领队会议；裁判员会议；工作人员会议等。

③场地设施布置

场地设施是竞赛举办的物质基础，合理布置场地设施是顺利举办体育赛事的基础与前提条件。

④兴奋剂检测

为了保证竞赛公平，保护运动员，需要严格进行兴奋剂检测。

⑤竞赛过程管理

竞赛过程的管理内容主要包括开幕式管理、竞赛管理、人员管理、后勤管理以及闭幕式管理。

⑥营销管理

营销管理一方面要保证体育比赛的质量，确保比赛能够提供营销的相关服务，满足消费者需求；另一方面要保证赛事营销产品为竞赛服务，促进竞赛的顺利开展。

⑦财务管理

制定财务目标，编制财务预算，控制财务支出，确保实际收支与预算相符。

⑧风险管理

风险管理的一般步骤为风险识别、风险处理，主要通过风险回避法和减小风险法来降低赛事风险。

4. 竞赛控制

学校体育竞赛控制是指监控学校竞赛中的各项活动，发现偏差，及时纠正，保证竞赛活动顺利开展。一般由学校竞赛组织委员会负责控制工作，在赛事活动中按照控制标准检查各项工作，处理问题，从而顺利达成竞赛目标。

学校体育竞赛控制的内容主要包括人员控制、竞赛控制、财务控制和风险控制。常见控制方法有前馈控制、现场控制和反馈控制等几种。

5. 竞赛结束

在学校体育竞赛结束阶段，需做好清理现场和评估竞赛两项工作。

（1）清理现场

要做好比赛场地、设施、器材清点和卫生工作，移交场馆、设施以及器材，管理上要做好交接，处理各种问题。

（2）竞赛评估

依据赛后评估理论，有针对性地设计关于竞赛组织、竞赛成绩、竞赛财务、竞赛后勤等内容的评估报告，针对不同的组织和要求进行不同的评估。常见竞赛评估方法见表 9–2。

表 9–2　学校体育竞赛评估方法[①]

评估方法	具体内容与手段
数据收集法	运动员数据收集
	裁判员数据收集
	观众数据收集
	销售数据收集
	会议数据收集

① 张瑞林．学校体育管理学 [M]. 北京：高等教育出版社，2014.

续表

评估方法	具体内容与手段
观察法	赛事管理人员的报告
	后勤工作人员的报告
	合作伙伴的报告
	主办机构的反馈
	服务机构的报告
	赞助商的报告
	会议信息
调查法	问卷调查法
	面谈法
媒体报道	网络报道
	报刊报道
	电视报道

第四节　学校竞技体育后备人才的科学培养探索

一、我国学校竞技体育后备人才培养的“体教结合”模式

（一）“体教结合”解析

“体教结合”是在竞技体育发展背景下，大力发展学校体育工作，加强素质教育改革，促进学校运动训练水平的提升，从而对高素质的优秀体育人才进行培养。在体教结合理念下，要整合体育资源、教育资源而培养竞技体育后备人才，这既是体育教育领域的人才培养目标，也是竞技体育领域的人才培养目标。采取体教结合的竞技体育后备人才培养模式是现代竞技体育和学校体育发展的必然要求，也是满足社会对体育人才需求的重要举措。

在我国，“体教结合”已经上升为一项国家政策，国家提出这项政策是为了解决青少年运动员的“学”“训”矛盾，这一政策的实施有效提高了运动员的学历水平，扩大了运动员的出路。

下面从宏观与微观两个层面来分析体教结合的优势与意义。

宏观上，采取体教结合的人才培养方式，使学校体育教育从传统的“育

才”转变为真正的“育人”，将学校在人才培养方面的人力、物力等资源优势充分发挥出来，提高学校体育教育水平、运动训练水平、体育科研水平。

微观上，学生既是学生，也是运动员，不能成为运动员之后就将自己的学生角色抛之脑后，要以学生为第一角色，以学习为第一要务。重视运动员的文化教育，提高运动员的学历水平和文化素质，为运动员再就业奠定基础。

（二）“体教结合”模式的构建

随着“体教结合”人才培养理念的不断传播，有关学者积极投入关于构建“体教结合”人才培养模式的研究中，其中有学者提出“U-S体育协作”模式，即大学—高中—初中—小学体育协作模式，强调只有教育部门和体育部门真正联手，相互协调，整合资源，才能将“体教结合”培养模式的优势最大限度地发挥出来。现阶段，我国高校体育与中小学体育之间缺乏必要的联系、互动，脱节现象严重，而要促进各级学校体育协作系统的顺利运作，就必须加强中小学体育与高校体育的相互联系，虽然中小学体育位于金字塔的底基，高校体育位于上层，但如果地基不稳，那么这个系统的上层也会摇摇欲坠，受到威胁。

我国学校竞技体育后备人才的培养要以中小学为主要基地，对中小学体育教育予以重视，使“体教结合”的人才培养理念真正体现在中小学体育中，同时，中小学体育与高校体育的接轨也是极为重要的，如此才能使竞技体育后备人才培养的延续性得到保障，才能对更多优秀的竞技体育后备人才进行挖掘与培养。有关学者提出“U-S体育协作”的方式，提倡向中小学输入高校科学的体育教育理念、先进的体育训练方法以及技术化的体育管理手段，有效解决中小学体育与高校体育的脱节与断层问题，提高培养竞技体育后备人才的效率，提高人才培养效果。此外，高校的科研资源丰富，科研能力较强，如果能够向中小学推广高校的体育科研成果与实践成果，并在理论推广与反复实践的过程中不断发现新问题，解决新问题，创造出新的科研成果，实现理论与实践的有机结合，形成良性循环机制，那么将大大提高学校竞技体育后备人才培养的科学性，保障人才培养的连续性，并逐步建立起包含小学、中学、大学在内的一体化的竞技体育人才培养体系，使学校竞技体育后备人才培养系统有序运作。

在“U-S体育协作”的基础上构建和运行“体教结合”模式，需要由体育部门和教育部门共同成立体教结合领导小组、联合办公室等相关组织机构，明确各部门的职责与主要工作内容，不同组织机构之间相互协作，沟通信心，共同推动“体教结合”模式的完善与高效率运作，最终促进学校竞技体育后备人才培养水平的提高，促进人才培养的可持续发展，提高竞技体育后备人才的综合素质，满足国家与社会对体育人才的需求。

学校竞技体育后备人才培养的“体教结合”模式的结构如图 9-5 所示。

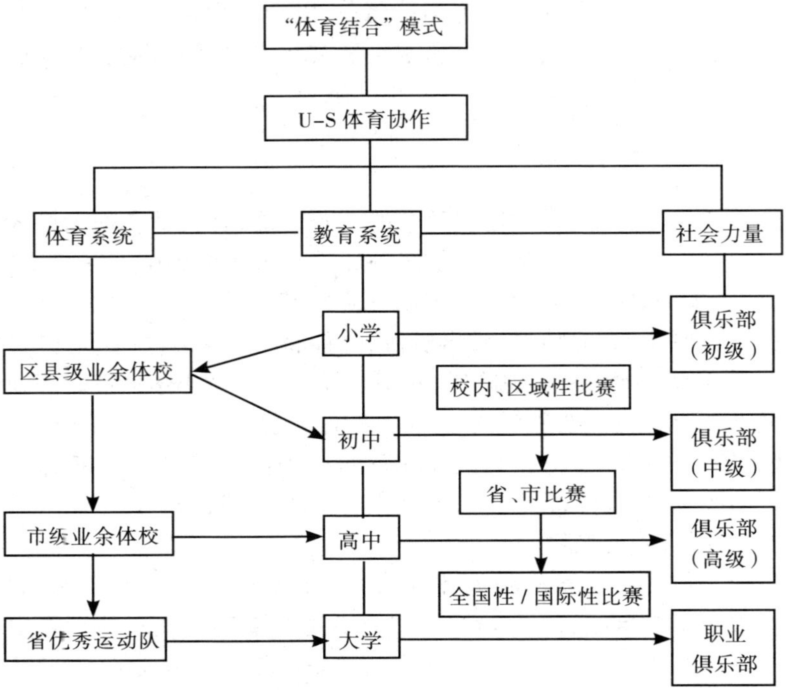

图 9-5　竞技体育后备人才“体教结合”培养模式①

二、“体教结合”视角下我国学校竞技体育后备人才培养的策略

（一）深化管理体制改革，合理布局项目

在体教结合下培养竞技体育后备人才，需要特别重视业余体育训练，并深化改革业余训练体制，不断创新，科学构建业余训练分级管理体制，打好业余训练的基础。对于阻碍业余训练的现象与问题，要从根本上进行改革，避免管理体制的烦琐冗杂，提高管理效率，有关管理部门将自身的管理与调控职能充分发挥出来，对体育教学、体育训练制度予以规范和督促落实，优化配置各种有利资源，提高管理的科学化、规范化。

① 张瑜．浙江省体教结合培养竞技体育后备人才的研究[D]．杭州师范大学，2020.

(二)继续加强体教结合,改善运动员梯队断层现象

竞技体育后备人才梯队断层、体校招生难等问题严重制约了我国竞技体育的发展,要解决这些问题,必须重视体育与教育部门的深度合作,继续对体教结合的人才培养模式予以完善,在完善该模式的过程中要建立健全相关组织机构,做好日常管理工作,落实各种考核制度,以保障人才培养工作的顺利进行。政府部门要发挥领导作用,成立领导小组来对体教结合工作进行统筹规划、协调部署以及检查管理,从地方实际情况出发对相应政策予以制定与落实,从制度上保障竞技体育后备人才的培养与输送,确保我国运动员梯队结构的合理性,并使体校的招生问题得到很好的解决。

(三)继续完善培养模式,加大政策支持力度

运动员对自己的未来是有后顾之忧的,孩子未来的出路也是青少年运动员的家长共同担忧的问题,而加大对运动员的政策支持力度,可以消除这些后顾之忧。地方有关部门应积极响应国家政策,依据国家政策及从本地实情出发而对运动员升学制度予以制定,适当降低门槛,使优秀运动员顺利接受教育,提高其文化素质。另外,有关部门应全面构建运动员社会保障体系,完善相关政策,解决运动员退役后的一系列问题,为运动员的教育、训练、就医以及再就业提供全方位的保障。

(四)注重培养运动员的文化素质,缓解学训矛盾

我国培养竞技体育后备人才,要认识到后备人才全面发展的重要性,要培养综合素质高的人才,而运动素质突出,但文化素质及其他素质低下的运动员并不符合国家和社会对现代人才的需求。要提高后备人才的综合素质,就要将文化教育和运动训练同步重视起来,使文化学习与训练的天平保持平衡,解决学训冲突问题,培养全面发展的优秀体育人才。

竞技体育后备人才的学习时间和训练时间都是有限的,要合理分配时间,充分利用有限的时间来学习文化知识,进行运动训练,只有将时间合理分配好、高效利用好,才能既不耽误文化学习,又不影响运动训练,这样很好地解决了学训矛盾,提高了运动员的文化水平,也增强了运动员的竞技能力。

运动员学习文化知识的积极性较差,较为被动,所以文化学习效果也往往不理想。对此,文化课教师必须转变传统教学模式,运用新的教学方式来调动运动员学习的积极性,激发学习热情,使运动员从被动学习转变

为主动学习，使其自觉参与课堂教学活动，积极思考，主动配合教师的教学，从而取得良好的课堂学习效果。

（五）加强对“复合型”教练员队伍的建设

1.“走出去”与“引进来”相结合，鼓励教练员不断学习

面向教练员开设培训班，定期组织教练员集中进行专业学习，为教练员之间相互交流和沟通提供机会，为促进基层教练员的快速成长，可邀请国内外优秀教练员来进行培训，开展指导工作，将先进的训练理念、训练方法传授给各地基层教练员，再由地方教练员运用到日常训练中。优秀教练员还可以分享自己在运动队管理、运动训练管理以及运动竞赛管理方面的成功经验，从而提高基层教练的执训能力和管理能力，使其通过有效的训练和管理而培养出更多优秀的竞技体育后备人才。此外，要为基层教练员走出去深造而创造机会、提供平台，使他们有机会参与国内外的专业交流活动，通过不断地进修、学习而提升教练员的专业能力和综合素质，只有全面发展的优秀教练员才能更好地培养出全面发展的优秀运动员。

2. 建立竞争机制

对优秀的教练员进修精确筛选，促进教练员队伍整体质量的提升。国家及各地有关部门应对体育教练员的选拔、聘用及考核制度予以制定和完善，基于竞争机制而开展教练员选拔与招聘工作，评估教练员的工作成果，并给予相应的待遇。要重点培养年轻一代的教练员，解决教练员断层严重而造成的问题，鼓励年轻教练员继续教育，积极参与业务培训，使其专业技能更出色、综合素质更高，并有良好的敬业精神、职业道德。教练员队伍建设中要贯彻优胜劣汰的原则，将不称职的教练员清除出队伍，保证现有队伍的整体水准。

3. 完善激励机制

面向教练员队伍对岗位责任制予以制定，为促进教练员责任感的形成与强化，应适当奖励有突出贡献的教练员。有些教练员或体育教师带队参加比赛而取得了优异的成绩，为学校、地方甚至国家争夺了荣誉，对他们应给予奖励，对体育教师进行职称评定时可适当将标准或要求放宽，运用有效的激励政策而使优秀教练员获得应有的奖励。在薪资方面，实行岗位津贴与成绩津贴相结合的制度，将教练员的工作积极性充分调动起来，激励其培养优秀的运动队，并带队取得优异的比赛成绩。此外，为了使教练员

队伍的待遇得到改善，并通过调整待遇而提高其工作积极性，还需要继续对基层业余训练的有偿输送和有偿培训制度予以完善并大力落实。

第十章　学校民族传统体育文化建设与发展研究

民族传统体育是我国体育文化的重要内容,在我国体育文化事业中占据十分重要的地位。其中的一些体育项目历经各个时期延续至今,成为中华文化的精粹。为进一步推进我国民族传统体育文化的发展,促进我国民族传统体育文化的渗透与传播,可以利用多种手段。在学校中弘扬与传播民族传统体育文化,培养一大批高素质的民族传统体育人才,对于我国民族传统体育的发展具有深远的影响和意义。

第一节　民族传统体育文化概述

一、民族传统体育的概念与特征

(一)民族传统体育的概念

民族传统体育历史悠久,在长期的发展中积累了深厚的内涵。关于民族传统体育的概念,相关学者也有不同的观点。

当前我国体育学院通用教材《体育史》将民族传统体育界定为近代以前的体育竞技娱乐活动。[①]

《体育人类学》认为民族传统体育是某个或某几个特定的民族在一定的范围内开展的,有影响力的体育竞技娱乐活动。[②]

---

① 谭华,刘春燕.体育史(第二版)[M].北京:高等教育出版社,2017.

② 胡小明.体育人类学(第二版)[M].北京:高等教育出版社,2017.

《民族民间体育》中认为,民族体育是指具有民族特色的体育活动。①

另外,还有学者将民族传统体育界定为在中华大地上产生并流传至今的和古代从外族传入并生根的,发展出具有中华民族特色的体育活动。作为一种文化形态,民族传统体育彰显着中华传统文化中各个领域的精髓,体现出丰富的内涵与外延。

综上所述,民族传统体育是指某一个或某几个特定的民族在历代所传承、继承下来的,在一定范围内开展的,具有深厚民族文化底蕴与特色的竞技娱乐活动。

(二)民族传统体育的特征

1. 较强的生命力与凝聚力

经过各个时期的发展,民族传统体育形成了独具特色的文化体系。长期以来我国都是以农业经济为基础,逐渐形成了农业为主体的传统文化体系,这是由我国独特的地域环境所决定的,长此以往就形成了我国独具特色的传统文化,在这样的文化背景下,中华民族传统体育汲取其中的养分并迅速向前发展。

中国传统文化是建立在农业文明的基础之上的,可以说,农业文明是我国传统文化发展的重要根基。尽管有一部分学者对我国古代农业文明的社会结构存在着一定的异议,但其中一个不容忽视的事实却是中国文化是目前世界上唯一一个从未间断的文化类型。尽管中国文化并不是世界上起源最早的文化类型,但却是生命力最为顽强的一个文化体系,发展至今仍然具有强大的生命力,这是中华民族得以发展的不竭动力,也是我国民族传统体育文化发展的重要基础。

中国传统文化之所以能延续至今并获得持续的发展,其主要原因包括两个方面:一方面,中国具有得天独厚的地域环境,在这一环境之下孕育了发达的农业文明,形成了自给自足的农业经济格局,这一经济格局对我国各个方面的发展都产生了重大的影响。另一方面,中国传统文化具有统一性、包容性和延续性等特征,与其他国家有着明显的区别。这也是我国民族传统体育得以良好发展的重要基础。

建立在农业文明基础之上的民族传统体育具有鲜明的民族特色。以武术文化为例,我国武术中的很多拳种都起源于农业区,如少林拳和陈式太极拳主要起源于农耕文明的发源地之一——河南省。另据研究发现,今

① 白晋湘.民族民间体育[M].北京:高等教育出版社,2010.

天的河南省中部和北部、河北省的西南部、山东省的西部等是中国古代的夏商周的中心地区，这些地区也是我国最早的农业区，这一区域内有着优越的自然条件，非常适合农耕，从而孕育出了我国的农业文明。在农业文明的影响和推动下，中华民族传统体育得以迅速发展。

中华民族传统体育与国外体育文化的发展存在着较大的差异，我们在与其他国家体育文化交流的过程中，要互通有无，取长补短，但也要保留这样的差异化发展，走中华民族特色化发展道路。

2. 鲜明的主体性和整合性

历经各个时期的发展，中华民族形成了独特而深厚的文化底蕴和内涵。风格独特的民族传统体育文化吸引着全世界人民的目光，每年都有大量的海外游客前来参观与了解，这对于我国民族传统体育的可持续发展具有重要的意义。

在当今全民健身的背景下，人们参与体育健身的欲望越来越强烈。与西方竞技体育相比，我国民族传统体育比较温和，运动量和运动强度都不大，对人体的损伤较小，这是西方竞技体育所不具备的优势。在这一方面，对于热爱休闲健身的人群有着一定的吸引力。因此，我们要充分发挥与利用民族传统体育的优势，大力宣传与推广中华民族传统文化，营造一个良好的民族传统体育文化氛围。

中华民族有着自身特有的文化体系，在这一文化体系的影响下，中华民族各项事业得以持续不断发展。在丰富的文化体系中，哲学体系、道德体系、文学艺术体系和体育文化体系都是非常重要的内容和组成部分。受这一文化体系的影响，民族传统体育才得以生根、发芽和发展。受传统文化的影响，中国各民族都形成了自身特色鲜明的体育文化，大部分的体育项目都有着很深的民族烙印，深刻展示着民族文化的风采。

受传统文化的影响，中华民族传统体育呈现出与众不同的特色。而在各个历史时期政治、经济、宗教、民俗等因素影响下，各民族的传统体育也呈现出相应的特色。在以上诸多因素的影响下，中华民族传统体育文化才呈现出显著的传统特性。随着时代的不断发展，这一传统特性被保留下来并发扬光大。大部分的民族传统体育项目都是在民间产生的，受民间民俗的影响，带有鲜明的民俗文化特点，这也是民族传统体育的一个重要特性。每逢重大节日，在节日期间人们就会成群结队地参加各种民俗体育活动，这些节日的举办为民族传统体育的发展提供了良好的平台。如蒙古族的那达慕体育大会就是一个典型的例子。每年在蒙古族的那达慕大会上都会有射箭、摔跤、赛马、拔河等多种多样的体育项目，通过这些民族体育项目的举办，蒙古族的体育文化得以持续不断的发展下去。苗族的节日也很多，如“起秋”“跳年会”等都是重要的节日，在这些节日期间，人们会参加跳鼓、射弩、赛马、爬花杆等多种传统体育运动，极大地丰富了自身的精神文化生活。如今，在全民健身运动广泛开展的背景下，其中很多项目都成为热爱健身的人们的选择，获得了进一步的发展。

主体性可以说是中华民族传统体育的一个重要特点，在这一主体性特点的加持下，民族传统体育得以持续不断的发展。民族传统体育的主体性特点并不是固定不变的，而是随着时代的发展和变化而不断与其他民族文化沟通与交流，形成一个多元文化的载体，如此才得以持续不断的向前发展。如印度的佛教在传入中国后，历经各个朝代的发展，与中国的传统文化进行融合后逐渐形成了中国化的佛教思想，后来的宋明理学就是在这样的佛教思想影响下产生的。又如中国的少林武术，是在汲取了佛家思想的同时又融合进了禅武思想，从而形成了一个较为完善的理论体系。由此可见，各个民族的传统体育文化都是在不断的交流与融合中发展的。

经过各个时期的发展，我国民族传统体育逐渐形成了一个丰富多彩的文化体系，各民族都有自身特色的民族传统体育项目，通过相互间的交流与融合获得可持续发展。

3. 持久的激励性

持久的激励性也是中华民族传统体育的一个非常重要的特征。正是在这一特性的激励下，中华民族传统体育才始终保持发展的活力，一直延续至今并获得可持续发展。

中华民族传统体育特有的文化体系深深影响着社会每一个层面，对国民也产生了深刻的影响。在这一文化传统的影响下，国民的认同感和归属感都得到了极大的增强，由此可见，民族传统文化的激励性非常显著。

从历史上来看，儒家思想和道家思想对我国社会各个层面的发展都产生了十分深远的影响，尤其是儒家思想对我国的影响重大。在这样的背景下，中华民族传统体育文化得以不断向前发展，可以说儒家思想文化是中华民族传统体育文化的母体。儒家思想所阐释的人文理念深深地融进了中华民族的血脉，对整个国家的意识形态都产生了重要的影响，董仲舒的“罢黜百家、独尊儒术”就是这样一种体现。除此之外，儒家思想文化的“内圣外王”的人生价值观也决定了中国体育道德至上、修身为国的价值取向。尤其是儒家思想所倡导的“和”文化对于中华民族传统体育文化体系的形成起到了至关重要的作用，使其与西方竞技体育文化有着明显的区别。

儒家思想强调“和为贵”“和而不同”“天人合一”等思想，这些思想的形成对于我国社会各个层面的影响重大。也正因如此，中华民族传统体育文化才呈现出独有的特色。以传统武术为例，武术比赛不仅注重技艺的对抗，同时还主张“以礼始以礼终”“以和为贵”“点到为止”这些精神都是儒家思想“和”文化的具体体现。以上这几种思想与西方竞技体育宣扬的力量美、英雄主义等有着强烈的对比，有着不同的价值观。这也是中华民族传统体育文化区别于西方竞技体育的重要体现。

发展至今，中华民族传统体育已成为我国体育文化的重要名片，一些民族体育项目，如太极拳、散打等在世界范围内都产生了较大的影响力，已经成为中华民族的重要符号特征，其所彰显出的精神深深激励着每一个国民，增强了国民的凝聚力，这对于中国社会主义现代化的建设以及中华民族的伟大复兴都具有深远的影响和意义。

4. 极强的包容力

中华民族有着悠久的历史，在长期的发展中，各个民族、各种文化相互碰撞，交流与融合，逐渐形成了如今丰富的文化体系。各种文化现象的碰撞与交融充分展示出了我国传统文化所具有的包容性的特点。受此影响，中华民族传统体育也呈现出同样的特征。可以说，每一个民族文化都有自身的特色和独有的文化内涵，正因如此，其他文化传入时就会产生一定的吸纳或排斥机制，正是在这一排斥机制的影响下，民族传统文化才得以维系和持续发展，而也正是在这一吸纳机制的影响下，中华民族传统体育文化才能与其他文化相互融合，整个文化体系得以不断丰富和完善。受中国传统文化的影响，中华民族传统体育也呈现出鲜明的主体意识和强大的包容力，促使世界各国家及地区的民族文化相互沟通、交流与发展。

我国是一个多民族国家，各个民族都有特色鲜明的民族文化。受地理环境的影响，我国在长期的发展过程中也形成了不同区域文化的格局，如齐鲁文化、吴越文化、秦文化等。另外还形成了不同派别的文化，如儒家思想文化、佛教文化、道教文化等。正是在这些文化的影响下，我国才构成了一个丰富多彩的文化体系。在我国传统文化包容性特征的影响下，不同文化现象相互交融，共同发展。以传统武术为例，传统武术经过各个时代的演进与发展，其内容体系不断丰富和完善，主要衍生出了套路与格斗两个体系，这两个体系又随着时代的发展而不断完善，从而演变成如今的形态。以上都充分说明了中华民族传统体育具有较强的包容力特点。

5. 较强的辐射力

中华民族有着悠久的历史，在长期的发展中，逐渐形成了丰富而多彩的文化体系。这一文化体系对周边国家，如日本、朝鲜、韩国等国也产生了深远的影响，受中国传统文化的影响，东亚各国可以说形成了一个儒家文化圈。表现在传统体育方面，韩国的跆拳道、日本的柔道等无不受到中国传统武术的影响，这充分表明中华民族传统体育具有较强的辐射力特点。

二、民族传统体育的文化属性

（一）推崇伦理教化的价值取向

受儒家思想文化的影响，中华民族传统体育十分强调伦理教化，认为体育是一种"寓教于乐"的教学方式，人们在参与这些活动的过程中也要接受道德的洗礼，实现道德的培养和升华。比如《孟子・藤文公》中记载"痒、序、学、校以教之"，这里的"序"指的就是射，西周不仅把体育活动规定为学校课程，还规定"射、舞、御"要以"中礼"进行，让人们在学校的体育活动中建立起对"礼"的重视。还有唐代木射的评分，要按照仁、义、礼、智、信、温、良、恭、俭、让十个方面的标准进行。《蹴鞠图谱》中有专门讲述蹴鞠要如何体现儒家文化的章节，还提出踢球也要以"仁义"为前提。这些都无一不表明中华民族传统体育具有推崇伦理教化价值取向的文化属性。

（二）具有鲜明的民族品格

按项群理论划分，现代体育项目主要分为体能主导类和技能主导类两大类，其中绝大多数项目的普适性比较强，地域色彩也不是很明显，人人都可以参与其中，适合作为大众比赛项目。总体来看，大多数的体育项目文化内涵比较少，竞技性强，娱乐性强，这也是深受广大体育爱好者青睐的重要原因。

与西方竞技体育不同，我国的民族传统体育主要包括技击增力类、休闲娱乐类、养生健身类三大种类，其功能主要包括竞技、休闲娱乐、养生健身三个方面。其中大多数项目的主要功能并非竞技功能，休闲娱乐和养生健身功能较为明显，这与中华民族热爱和平、和谐统一的民族品性是分不开的。因此说，鲜明的民族品格是我国民族传统体育的重要文化属性之一。

三、民族传统体育的文化内涵

（一）物质文化内涵

无论在现代社会还是古时，我国都是一个农业大国，中华民族的五千年文明与农业之间有着密不可分的关系。在发达的农业基础上，中国自春秋战国开始形成以小农经济为基础，以家庭手工业为补充的经济结构。这种小农经济结构为中国的传统体育文化提供了重要的物质文化基础，为各民族的体育文化烙下了深深的农业文明的烙印。

以我国的游牧民族为例，在草原这一生活环境的影响下，骑马、射箭成为游牧民族的生存技能，伴随着时代的不断发展，骑马、射箭发展成一项竞技比赛，人们在参与比赛的过程中既锻炼了身体也丰富了精神文化生活。如我国的满族就非常擅长射箭，射箭成为他们的一项重要运动项目。除了军营中的八旗要保留骑马射箭的作战训练外，普通的士大夫也很推崇射箭运动，家家设有“射圃”，定期举行“射会”。除了满族人擅长的射箭，骑马、投枪和射猎也是游牧民族日常生产生活中常见的技能。如哈萨克族、蒙古族、塔吉克族等，由于在狩猎活动中需要培养使用马匹的能力，牧民们练就了高超的骑术，后来又衍生出赛马、叼羊、骑射、马球、姑娘追等相关的民族传统体育项目。蒙古族传统节日“祭敖包”和“那达慕”大会上的三项传统竞技活动——博克、射箭、赛马，更充分展现了草原游牧民族文化的神韵和风采。以上这些项目无不体现出游牧民族浓郁的风格特征，历经各个时期的发展，这些项目的文化内涵越来越深刻，影响力也越来越大。

我国海南岛一带的黎族，这一地区盛产竹子，于是诞生了与竹子有关的运动项目——“跳竹竿”。“跳竹竿”这一项目是黎族人民根据在竹子之间的跑跳动作形成的，具有很强的健身性、娱乐性和观赏性。

另外，“斗牛”这一项运动的诞生也与农业之间有着密切的联系。据记载，斗牛这一项活动最初是为了庆祝丰收、感谢神明而出现的。在“斗牛”活动中人和牛都要盛装打扮，人们常常身穿华丽的民族服饰或者运动服饰，而牛的身上也要披挂上色彩艳丽的装饰物，以显示喜庆的气氛。斗牛时，人可以先跟牛进行一些互动，增加了“斗牛”运动的观赏性，深受追求刺激的年轻人的喜爱。

农业经济是传统体育文化产生和发展的物质基础，自然环境又是农业经济发展的基础。一些传统民族体育活动从农事生产生活中分化出来，既能体现当地农业生产生活和自然环境的特色，又具有健身、娱乐等多种意义，因此深受人们的欢迎。

受历史各种因素的影响，我国各民族的传统体育文化也呈现出动态变化的态势，通过各民族间的沟通、交流与融合，各种民族传统体育项目才流传至今，发展为今天这样一种形态。

伴随着现代社会的不断发展，大量的高科技的使用使得民族传统体育活动也发生了一定程度的变化。一方面，科技的进步能拓宽民族传统体育的宣传途径，让更多的人了解民族传统体育活动，吸引更多的人加入民族传统体育活动中；另一方面，民族传统体育本身以民族和地域特色见长，各种文化的冲击可能会冲淡其特色，另外，科技的进步也使得一些民族传统体育项目得到了一定的改进，大量的符合现代大众审美需求的项目涌现出来，绽放出时代的魅力。

（二）制度文化内涵

血缘关系是人类众多关系中最为重要的一种，生活在几千年之前的中国人民就懂得了血缘关系的重要性，并且不断将其神圣化、规范化、制度化，发展出贯穿中国历史的制度——宗法血缘制度。这一制度主要经历了三个发展阶段，分别是周代宗子法——嫡长子继承制，魏晋门阀制度——以血缘关系为纽带，宋以后——家族或者宗族制度。以上宗法血缘制度的确定为我国社会各项事物的发展奠定了良好的制度规范和基础。

宗法制度的核心是血缘，夏商周时期是氏族社会向国家过渡、血缘向地域过渡的重要时期，但是由于没有发生具有强大冲击力的事件，导致这种过渡未彻底成功，氏族部落中对血缘的崇拜被保留了下来，并且在未来几千年的发展中一直得以传承，贯穿了中华传统文明的始终。在我国古代社会，宗族血缘制度不仅是联系家族的纽带，还是治理国家的重要手段。春秋时期孔子提出的“克己复礼”；汉代董仲舒提出的“天人合一”“君权神授”等理念，都成为后世统治者巩固政权的重要理论支撑，由此可见这一制度的重要性。

需要注意的是，我国的宗法血缘制度的影响并不都是积极的，也存在着消极影响。以家庭为单位、家国一体的组织形式，有利于加强中华民族的凝聚力，中华民族团结一致抵御外敌的变现就是这种凝聚力的体现；这种组织形式维系了中国传统社会几千年，它也早已经成为中国传统文化的动力源泉。但是这种宗族血缘制度限制了人群的流动，培养出了“重农抑商”的社会氛围，对于后封建时代我国社会的发展起到了一定的抑制作用，对于整个中国社会的向前发展产生了阻碍。

受宗法血缘制度的影响，很多的民族传统体育都呈现出“家族式”的特点，有很多的拳法、剑术等，从名字中就能看出这一家族传承的特点。除此之外，一些家族拳法中存在的“传男不传女”“不传外姓人”等规矩也在一定程度上体现出宗法血缘制度的影响。

（三）精神文化内涵

1. 道家思想对民族传统体育文化的影响

（1）道家思想中的“养生”理念

道家思想主张将人的目光放在现世生活中，希望实现现世的价值。老子曾经说过，“长生久视”。因此，道家思想中很重要的一部分就是对延长寿命、长生不老的追求，所以道家非常注重“养生”，强调“休养生息”的重要性。本着延年益寿的目的，道家学派形成了非常丰富的养生思想，这些思想对我国整个社会及民族传统体育都产生了一定的影响。

①以“静”为主的养生思想

主张以“静”为主的养生思想的代表人物是老子和庄子。其中老子主张“无欲”“无事”“无为”“好静”。老子的这种“静”的哲学，为后世的“持静”“内养”的体育思想提供了重要的源头。庄子则认为，世间万物都是相对的，任何事物不用区分好坏，要放弃对福祸、生死等的差别认识，淡化对这些事物的反应，不必太过在乎。他还主张一切要顺应自然，不必在短暂的生命里太过追求知识的多少和形体的健壮与否，只要对万事万物都顺应而为，只用静坐和呼吸也能达到养生的目的。二者的这种“静”的思想对后世产生了一定的影响。

②以“动”为主的养生思想

与老子、庄子主张“静”的思想不同的是以“动”为主的养生思想。这一思想的代表人物是荀子。荀子在赞同道家前辈尊重自然的前提之下，又创造性地提出了人可以通过自己的努力，战胜自然的思想，即“知天命而用之”。这种思想强调了人的能动性，运用到养生上就是可以通过运动来改变自己的身体状态。《吕氏春秋》进一步发展了“动”哲学，“流水不腐，户枢不蠹，动也，形色亦然。形而不动则精不流，精不流则气郁”“凡人三百六十节，九窍五脏六腑，肌肤欲其比也，血脉与其通也，筋骨与其固也，心之欲其和也，精气欲其行也。若此病无所居，而恶无由生也”。在以“动”为主的养生思想的影响之下，后世衍生了诸多的运动方式，如华佗的“五禽戏”就是这样一种以“动”为主的养生方式，对于人们的身心健康非常有利。

（2）道家思影响下的养生体育原则

①顺应自然与“无为”的原则

《老子》曰，“人法地，地法天，天法道，道法自然。”即认为大自然是人类赖以生存的基础，人类的一切活动必须在符合自然规则的前提下进行，要顺应自然规律才能保持身体的健康。老子这种顺应而为的思想在很多讲述传统体育文化的后世作品中都有所体现，比如《黄帝内经》中就提到“道法自然”的养生思想，所谓“道”就是自然界的规律，“法”就是人类社会中的法律规则。这种养生思想，一方面阐述了自然规律对人类的制约，要求人类的养生活动必须在顺应自然的情况下进行；另一方面也揭示了人类的群体特性，即人类也生活在社会之中，养生活动还要符合人类社会的现实，顺应社会环境的变化。

“无为”也是道家养生文化的重要代表，它是在顺应自然思想的基础上发展而来的。道家认为，世界上万事万物都有其自身的发展规律，我们必须要尊重事物自身的规律，让事物按照规律自由发展就是最好的处理方式。如果强行改变事物的发展进程，可能会适得其反，形成弄巧成拙的效果。人类的身体也是有自己的发展规律的，我们只需要保持原有的身体状态，不轻易改变我们的生活习惯，就会让身体处于健康之中。因此，养生不需要大动干戈，“无为”就是最好的运动做法。

②动静结合原则

《庄子·刻意》曰：“吹呴呼吸，吐故纳新，熊经鸟伸，为寿而已矣。此道引之士，养形之人。”这句话的意思是，“以或快或慢的方式进行呼吸，呼出体内的浊气而吸进新鲜的空气。熊在树上攀爬，鸟在空中伸展飞翔，这就是养生长寿的方式。这就是根据自然之道进行养形。”庄子的这种思想认为，只要呼吸加上运动就能够达到养生的目的，强调了运动的重要性。同时，受到道家传统的“静”的思想的影响，道家认为“静”也是体育运动中不可缺少的部分。静养是养生中的重要内容，静养可以调节身体的机能，使身体处于一种更加和谐、协调的状态中。

受到道家思想的影响，中国的传统体育文化不是一味强调运动的重要性，而是讲究动静结合，在保证身体状态的情况下进行适当的锻炼。

③形神共养原则

道家主张养生活动要以动养形，以静养神，即用运动的方式来保持身体的健康，用静养的方式来保持精神的健康，形神共养是道家养生思想的重要追求。人的身体状况和精神状况共同组成人的健康状况，一旦有一方面出现问题就会影响整体的健康。形神相依，既要注意适当运动保持身体健康，也要时刻关注精神状况。道教有言，“人只知养形，不知养神，只知爱身，不知爱神，殊不知形者，载神之车也，神去人即死，车败马即奔也”。

通过研究发现，道教形神相依的养生思想也对我国的民族传统体育产生了一定的影响。如《素问·四季调神大论》中就提出，除了要四季运动锻炼身体，还要根据四季的变换休养精神。如春天可以在万物复苏的气氛中散步养神，夏天可以通过早起养神，秋天使神气归于收敛宁静，冬天则晚睡早起，这样就可以达到养生的目的，这些养生理念都是我国古代所独有的，对我国传统文化产生了重要的影响。

2.“天人合一”思想对民族传统体育文化的影响

（1）“天人合一”思想的内涵

最初，“天人合一”思想是由庄子提出来的，后来经过董仲舒的更进一步发展，形成了“天人合一”为核心思想的哲学体系，这一思想对后世中国社会的发展产生了非常重要的影响。

道家代表人物老子认为，“王法地，地法天，天法道，道法自然”，庄子说：“有人，天也；有天，亦天也”，他还认为天、地、人是由“气”构成，人是自然的一部分，天与人是统一的，反对人为，极力主张“无以人灭天”，通过“坐忘”“心斋”的忘我体验来达到“天地与我并生，而万物与我为一”的天人合一的精神境界。

儒家学派的董仲舒在其著作《春秋繁露》中提出，“天人之际，合而为一”的说法，并且将阴阳学说和五行学说加入其中，进一步认为，“天”“人”是可以相互感应的，“人”作为“天”的派生而存在。董仲舒这种加入阴阳和五行学说的做法给“天人合一”的思想赋予了浓重的神秘主义色彩，正是在这样的思想基础上才诞生了汉代的“罢黜百家，独尊儒术”思想，成为那时统治阶级的重要的治国思想，这一思想深深影响着中国封建社会。

（2）“天人合一”思想在民族传统体育文化中的体现

“天人合一”思想是中国传统文化领域非常重要的一部分，在农学、医学、艺术、兵法领域都有非常明显的体现，在传统体育文化中也是重要的指导思想之一。如中国自古以来就有的“一方水土养一方人”的说法，其中就蕴含了对“天人合一”思想的理解，认为人是自然的附属物，属于自然，应该顺应自然的发展，根据自然条件的变化而改变，而不应该逆着自然条件行事。

就体育养生来说，人们要根据不同地域的不同自然条件顺时顺地而为。所谓“顺时”就是指，根据时辰、季节的变化进行养生活动，比如人一天中不同时间的呼吸、血压、脉搏等是有所差别的，古人认为“以一日分为四时，朝则为春，日中为夏，日落为秋，夜半为冬。朝则人气始生，日中则人气长,外则人气始衰,夜半人气入藏",说明古人也意识到一天中的不同时辰身体的状况是有所变化的。另外古人还注意根据不同的季节进行养生,中国传统的养生理念中就提出,春季适合养肝,夏季适合养脾胃,秋季适合养肺,冬季适合养肾,对不同的季节提出不同的养生建议,充分体现了"天人合一"中顺应自然的思想。

"天人合一"这一重要的思想对我国传统民族体育文化也产生了一定的影响,其影响主要体现在两个方面:一方面是顺应自然。顺应自然是其中最为核心的内容,要求体育养生活动必须在合适的时间、合适的场地进行,根据自然条件及其变化进行转变;另一方面是尊重规律,主要分为尊重人体自然规律和尊重生活作息规律两个方面。尊重人体自然规律就是要根据人体本身的条件和身体所需进行体育养生活动,选择适合自己的内容。尊重生活作息规律就是养成良好的生活习惯,坚持长期参加各种身体活动,不能懈怠。

3."阴阳"思想对中国传统体育文化的影响

(1)"阴阳"思想的内涵

"阴阳"学说最初源于我国的《易经》,发展到战国时期,这一学说日益成熟。阴阳学说在一定程度上反映了早期人类对世界从认识到实践到再认识的过程,体现了人们对客观社会认识方式的进步。除此之外,阴阳学说还阐述了朴素的对立统一理论,是中国传统哲学的重要内容。

《易传》中说"一阴一阳之谓道",明代医家张景岳明确指出:"阴阳者,一分为二也",《素问·阴阳应象大论》中这样描述:"阴阳者,天地之道也,万物之纲纪,变化之父母,生杀之本始,神明之府也"。这些表述体现了阴阳学说的核心内容,即所有事物都是由阴阳两个方面的内容组成的,阴阳是对立统一的两个方面,但是同时又是阴中有阳,阳中有阴的关系,并且阴阳关系不是一成不变的,在一定条件之下,阴阳可以相互转化。

阴阳太极图可以说是阴阳学说核心思想的最好体现。阴阳太极图是由黑白两条鱼共同组成的一个圆形,从整体上看,一个圆形中包含黑白两部分,说明世间万物都存在两个方面的内容;从部分上看,两条鱼颜色为相反的黑白两色,说明时间万物的内在本质具有斗争性,两条鱼相拥相簇,一条鱼的尽头变成另外一条鱼,说明阴阳的关系为你中有我,我中有你,并且在一定条件下还可以相互转化。

(2)"阴阳"思想在传统体育文化中的体现

阴阳学说这一思想也对我国的传统体育文化产生了至关重要的影响,在很多民族传统体育活动中都能体现出这一思想。

①“阴阳”思想和太极拳

太极拳是我国颇具影响力的民族传统体育项目,太极拳这一拳法也体现出阴阳思想。太极拳是刚柔并济的一种拳法,讲究柔中有刚,刚中见柔。拳法中的刚柔理念就是对阴阳理论中阴阳合一的实践。此外,太极拳拳法的虚实、快慢,力度的大小,动作的开合,呼吸等,都实现了阴阳的统一,深深体现出阴阳合一的思想。

太极拳中的阴阳平衡。“内宜鼓荡,外示安逸”是太极拳重要的精神内核,要求在使用拳法时要注意内部精神的振奋和外部表现的平稳。一般来说,身体内部为阴,外部为阳,“安逸”为阴,“鼓荡”为阳。太极拳中身体内部鼓荡,外部安逸的要求,就是使运动的阴阳和身体的阴阳达到一种平衡,完成锻炼身体反应能力和协调能力的主要目的。

②“阴阳”思想和形意拳

我国的形意拳也有着悠久的历史,在中国武术史上也占据着十分重要的地位。形意拳就是根据我国古代的阴阳思想创编的。《易经》中说,“无极生太极,太极生两仪,两仪生三才,三才生万物”,形意拳中有“三节”(根节、中节、梢节)、“三劲”(明劲、暗劲、化劲)、“三心”(手心、足心、顶心)、“三势”(高势、中势、低势)、“三丹田”(上丹田、中丹用、下丹田)的说法,在练法要领中又有三顶、三扣、三圆、三敏、三抱、三重、三曲、三挺等八个要求,均暗含三才之意。

经过各个时期的发展,形意拳在阴阳学说的阴阳共生、阴阳对立、阴阳转化的基础上,又采用“三才生万物”的思想,发展出与“三”相关的拳法技能和拳法要求,属于一个重大的创新。实际上,在当今西方竞技体育大行其道的背景下,我国民族传统体育的发展受到了一定的冲击,为扭转这种局面,就需要我国各类特色的民族传统体育勇于改变和创新,做到与时俱进的发展。

四、我国各地区民族传统体育的发展

(一)东北及内蒙古地区的民族传统体育

在我国的东北及内蒙古地区,其民族传统体育运动通常给人以强烈的冲击,如骑马、射箭等,这与当地的地域环境和风俗习惯有着极为密切的关系。这一地区的少数民族主要以蒙古族和朝鲜族为主,他们都有自身特色的体育文化。经过长期的发展,这些民族传统文化的内涵日益丰富和完善,大量的民族传统体育爱好者慕名而来,从中感受浓郁的民族体育文化,这对于这一地区民族传统体育文化的传播与发展起到了非常重要的作用。

近些年来，当地政府部门及领导充分认识到发展民族传统体育的重要性，开始着力于当地民族特色的体育旅游项目的挖掘与开发，同时加强了这一地区民族传统体育文化的对外宣传，让人们充分了解当地别具特色的体育文化。发展至今，我国东北及内蒙古地区的少数民族传统体育资源得到了有效的挖掘与开发，其发展前景良好。

（二）西北地区的民族传统体育

我国西北地区面积广大，少数民族众多，如回族、维吾尔族、哈萨克族、藏族等。这些少数民族都有着比较悠久的历史，在长期的发展中逐渐形成了独具特色的民族体育文化，其中有很多项目受到当今人们的喜爱。

如今，竞技体育占据着世界体育运动的主流，我国的民族传统体育受到一定程度的压迫。据调查，西北地区的一部分民族传统体育出现衰退甚至消亡的现象，这对于当地民族传统体育的可持续发展是非常不利的。在当今全球一体化发展的背景下，一些弱势文化受到了极为强烈的冲击，濒临淘汰的边缘。这也是我国民族传统体育较为明显的发展态势。

发展到现在，以奥林匹克运动会为首的西方竞技体育文化在全球风靡一时，占据着世界体育文化的主流，对我国的民族传统体育文化造成了巨大的冲击。以我国西北地区的民族传统体育为例，西北少数民族，尤其是少数民族青少年对西方竞技体育的热情已经远远地超过了对本民族传统体育项目的热情，本地区的民族传统体育的发展举步维艰。

在当今社会背景下，大部分的青少年都热衷于足球、篮球等运动项目，据相关调查与研究发现，我国西北少数民族地区的青少年对于本地区的赛马、射箭、摔跤、押加等项目的喜欢程度不如足球、篮球和排球等运动。那些民族传统体育项目一般只是在民俗活动中或者是在盛大的传统节日中参与。由此可见，西方竞技体育对我国民族传统体育的冲击和影响。我国少数民族传统体育文化变迁是对西方体育文化的传播、环境发生的改变和国人内在行为和价值观转变的适应，没有变迁，文化不可能调适得当，但过多、持续的变迁也会使我国少数民族传统体育深陷困境，这一情况亟须转变。

总的来说，受西方竞技体育的冲击，我国西北地区的民族传统体育正在发生着一定的变迁，为促进本地区民族传统体育的发展，必须要跟随时代发展的脚步，加强本地区民族传统体育的改革与创新，走现代化发展之路。

(三)西南地区的民族传统体育

据相关统计发现,我国西南地区的民族传统体育项目大概有400多种,在众多的体育项目的影响下形成了本地区独有的民族体育文化体系。但是受各种客观因素的影响,本地区民族传统体育资源的开发还比较欠缺,这需要今后大力发展。

总体来看,这一地区人民群众的民族传统体育观念相对落后,这就对当地民族传统体育的发展构成了一定的阻碍。如今人们的生活水平不断提高,休闲时间也越来越多,在休闲时间参加各种形式的体育锻炼成为社会的潮流和趋势。但是西南地区的很多少数民族人民并没有建立这样一种意识,这对本地区民族传统体育的发展造成一定的制约和不良影响。

总体来看,目前我国西南地区的民族传统体育在管理方面还存在不少问题,主要表现为管理目标不清晰,管理体制不健全,组织机构不完善等,这非常不利于当地民族传统体育的传播与发展。

目前,据调查发现,我国西南地区民族传统体育管理的体制缺乏必要的机制保障,这也是我国民族传统体育管理中普遍存在的一个问题。除此之外,西南地区的民族传统体育还存在多头管理,政企不分的现象,在管理的过程中存在“越位”“缺位”等现象,这严重制约和影响民族传统体育管理的效率和质量,不利于本地区民族传统体育的发展。

(四)闽台地区的民族传统体育

闽台地区指的是福建和台湾地区,这一地区的民风民俗比较相似,一些民族传统体育文化也有着相似之处,加强这一地区民族传统体育文化的发展对于我国整个体育事业的发展也具有重要的意义。

1. 外部发展情况

(1)伴随着现代社会的快速发展,各种高科技技术都得到了非常广泛的利用,现代化的生产方式逐渐取代了人们传统的劳动方式,给人们带来的极大的便利。在这样的时代背景下,闽台地区的传统劳作方式和人们的生活方式也发生了较大的变化,一些民族传统体育失去了原来的生存土壤,难以获得进一步的发展,甚至有一些项目濒临灭绝。

(2)受西方现代体育文化的冲击,闽台地区的民族传统体育发展举步维艰,很多传统体育项目难以与西方竞技体育相抗争,处于一个较为弱势的地位。

(3)我国闽台地区的民族传统体育项目众多,但其组织管理水平并不是很高，民族传统体育发展的环境并没有得到有效的改善，这对于其未来的发展是十分不利的。

2. 内部发展情况

（1）闽台地区的民族传统体育文化内容是非常丰富的，但是传承方式却比较单一，通常情况下主要依靠人力传播——“言传身教”，在当今社会背景下，这种文化传承方式显得比较落后，培养传承人会耗费大量的时间和精力。

（2）在当今社会背景下，对闽台地区民族传统体育文化发展比较有利的方面是，我国政府部门能为本地区民族传统体育的发展带来一定的政策支持，尤其是在“一带一路”倡议下，闽台地区的民族传统体育迎来了良好的发展契机。

第二节　学校民族传统体育文化建设与发展的现状分析

近年来，随着全球化、信息化发展的不断推进，我国民族传统体育在发展的同时，也受到了西方体育文化的强势冲击，甚至对我国民族传统体育的本质造成了一定的影响。学校作为知识和技能传授的重要基地，其在体育教学的内容方面是不断丰富和充实的，同时，为了满足学生的兴趣，一些新兴的体育项目被引入学校，比如特征鲜明的定向越野、瑜伽、攀岩等，而这些体育项目的引进在一定程度上削弱了民族传统体育独特的文化特征与内涵。再加上传统民族体育课程内容匮乏、项目单调、组织形式陈旧、自由选择程度低等劣势的存在，导致很多学生在这方面兴趣程度较低，很多学生对民族传统体育的了解都非常表层，这就制约甚至阻碍了民族传统体育的发展进程。由此可见，最大限度地保证民族传统体育文化底蕴的输出，是促进民族传统体育发展的必要条件。[①]

关于我国学校民族传统体育的发展现状，可以进行具体分析，从以下几个方面得到体现。

① 王彩霞．民族传统体育在高校校园文化建设中的融合与发展[J]．汉字文化，2020（18）：177-178+196.

一、教学理论建设方面

当前,西方竞技体育占据着全世界体育运动的主流,我国民族传统体育也因此受到极大的冲击。民族传统体育在我国整个学校体育教学中所处的地位并不是很高,无论是在学校领导方面还是师生方面,民族传统体育的重视度都不是很高。

(一)学校相关部门及领导关注不够

通过相关的调查与分析发现,我国绝大多数学校的上级领导对学校开展民族传统体育教学的关注程度比较低,在具体的教学实施过程中缺乏必要的支撑和管理,尤其在对学校民族传统体育的人文关怀方面较为缺乏,这在一定程度上削弱了民族传统体育文化价值的彰显与弘扬,也不利于各类体育课程资源的开发,整个学校民族传统体育课程的发展处于一个比较尴尬的境地。

(二)学校体育工作者缺乏足够的重视

与众多的竞技体育项目相比,我国民族传统体育的竞技性和刺激性相对弱一些,民族传统体育的劣势难以满足追求刺激的学生的需求,因此民族传统体育的发展空间并不是很大。在这样的情况下,学校体育工作者对此缺乏足够的重视,导致民族传统体育在学校中的发展举步维艰。

二、课程设置方面

与竞技体育项目课程相比,我国民族传统体育在课程设置方面的特点可以大致归纳为以下几点。

(一)各校对民族传统体育重视程度不够

我国各校对民族传统体育课程的重视程度是不同的,那些重视民族传统体育教学的学校,在课程设置上也是尽可能地将民族传统体育项目教学的地位体现出来,采取的通常是必选课的形式。但是,总体上来看,大部分学校对民族传统体育教学是不够重视的,民族传统体育课程大多为选修课,而选修民族传统体育类课程的学生数量也不容乐观。

（二）各校采用不同的授课形式

我国不同的学校在民族传统体育的授课形式上也存在着一定的差异，比如，一些学校在进行课程设置时，强调突出专项。还有一些学校则以各单项俱乐部的形式进行民族传统体育项目的教学，将民族体育俱乐部和课外休闲体育俱乐部等纳入到学校民族传统体育教学的范畴中。多种授课形式是当今我国学校民族传统体育课程设置的一个特点。

（三）各校对学生主体地位也有不同的关注重视

据调查发现，我国很多学校通常是从自身角度出发，开设一些较容易教学的课程，对体育场地器材等要求较低的运动项目，并没有充分考虑学生的喜好，导致学生在选择这些体育项目时难以抉择，而选择自己不喜欢的运动项目则就会失去学习的兴趣，这对于民族传统体育教学质量的保证和提高是非常不利的。

三、场地基础设施方面

在教学场地设施方面，我国民族传统体育教学还存在很大的不足。有很多的学校甚至都没有专门的体育场地，在上各类民族传统体育课时，通常借用其他项目的专用场地。究其原因，一方面，学校对民族传统体育的重视程度不够；另一方面，学校在体育教育教学方面的专项资金有限，而这些资金主要用于田径、足球、篮球等普及性和受重视程度较高的运动项目上，即便是竞技类的民族传统体育项目，也很少得到资金支持。因此，民族传统体育场地基础设施处于一个非常落后的局面。

目前，大部分学校的民族传统教学场地的建设仍然相对空白，各类民族传统体育课程的开展都是借用其他项目的体育场地。比如，武术教学通常是在露天场地上进行的，毽球教学通常会在羽毛球场地上进行，这种场地设施匮乏的情况对于民族传统体育在学校中的开展是十分不利的。

四、教学内容方面

发展至今，仍然还有一部分学校没有开设民族传统体育课程。已开设民族传统体育课程的学校，其教学内容也很难令人满意。

总体来看，我国民族传统体育课程的教学内容相对单一，武术类项目是其中最为主要的教学内容,然后是养生功法类、民俗体育类等。大部分教学内容普遍存在教学内容陈旧、专业性强等问题,学生学习的积极性不是很高,如此形成了一个恶性循环。

五、教学模式方面

关于我国学校民族传统体育的教学模式,通常采用"教师示范、学生模仿"的教学模式,这一传统的教学模式已延续很长一段时间。一般来说,示范教学模式的适用范围主要为学校教育发展初期,由此,能够为教师教学工作的开展提供一定的帮助,对于学生掌握民族传统体育技能也有一定的好处。但是,在当今教育背景下,这种单一的教学模式已难以适应现代体育教学的要求,需要加以改进与完善才能促进教学质量的提高。

六、民族传统体育教材方面

我国学校民族传统体育教材,大多数来源于统编、本校自编、统编自编相结合、其他学校编写等。其中,自编或与他校合编教材是最为主要的来源。据调查发现,大部分的民族传统体育教材内容都比较陈旧,没有紧跟学校教育发展的形势,今后还需要加强这方面的改革。

七、民族传统体育师资水平方面

目前,我国学校民族传统体育教学在师资建设方面还存在不少问题,突出表现在专业教师的培养和培训方面较为欠缺,师资力量不够,教师综合素质不高。这对于学校民族传统体育教学质量的提高是非常不利的。

当前我国学校民族传统体育师资问题突出体现在以下两个方面。

一方面,民族传统体育教师在教学经验上往往是不足的,尤其是在教学经验方面,较为缺乏。

另一方面,民族传统体育教师的专业水平较低是普遍现象,主要原因在于,很多学校民族传统体育的授课教师往往是体育专业或者其他运动项目的毕业生或者教师并非专业出身,这也就导致了教师对民族传统体育项目的了解非常少,专业水平相对较低。

民族传统体育教学质量的提高在很大程度上依赖于师资力量,因此加强师资建设,提高体育教师的综合素质是尤为重要的。体育教师专业水平和教学水平的高低，往往直接影响着民族传统体育教学的发展状况，要想实现学校民族传统体育的可持续发展，学校相关部门及领导一定要高度重视民族传统体育师资力量的建设。

第三节　学校民族传统体育教育体系建设

一、构建民族传统体育学科理论体系框架

在构建少数民族传统体育学科理论框架时，可以将其框架分为学科基础理论、学科战略理论和学科交叉理论三个部分。下面对此做出具体的研究与分析。

（一）民族传统体育学科基础理论

通过长期累积下来的实践经验能形成完善的理论体系，这是事物发展的基本规律。与此同时，事物的发展也离不开一定的理论支持。少数民族传统体育的发展也是如此。理论的支持和引导可以说是民族传统体育学科发展的必要条件。民族传统体育学科的孕育与发展不是偶然的，而是在一定的理论基础之上发展起来的。

总的来说，民族传统体育学科的基础理论体系主要包括体育学、民族学与社会学等学科理论，是集体育学、民族学、文化学、社会学、伦理学等多学科为一体的综合学科。加强这些学科的研究，对于民族传统体育学科的发展具有重要的意义。

学科理论研究对于少数民族传统体育的作用主要体现在以下几个方面。

（1）学科理论可以揭示民族传统体育学科由“潜”到“显”的变化规律。

（2）学科理论有利于充分发挥学科理论逻辑在民族传统体育学科中的作用，能指导民族传统体育学科体系的科学建设。

（3）学科理论有利于研究理论体系和学科发展的基本规律，有利于民族传统体育学科的建设与发展。

（4）学科理论能揭示民族传统体育学学科发展的动因，从而探求其发展机制与科学原理。

(二)民族传统体育学科战略理论

随着现代社会的不断发展,社会各学科之间的融合与交流日益紧密和频繁,在这样的情况下,必须要有一定的战略指导思想,这样才能为突破学科理论提供必要的准备。除此之外,树立一定的学科战略思想还有利于各学科的组合与发展,有利于学科理论体系的构建。

民族传统体育学学科战略思想要求人们要用战略性的眼光去看待民族传统体育学科的发展,揭示各学科的发展周期,本着科学的眼光去认识学科发展模式,从而推动学科的发展。

(三)民族传统体育学科交叉理论

随着现代社会的不断发展,不同门类学科之间的渗透性也要跨学科结合与渗透,这是当今科技发展趋势的必然结果。学科的交叉融合可以有效地促进学科的发展。科学理性地探索民族传统体育中所蕴含的文化内涵要以多学科角度透视为基础,多方位、多层面地进行,这样才能准确并客观地认识到民族传统体育的哲学理念、文化内涵、价值功能、本质特征及其发展规律。

当代体育学领域引入众多学科,对体育运动的不同层次和侧面进行多学科综合研究,多学科融合为民族传统体育学科的研究奠定了理论基础。具体表现在以下几方面。

(1)多学科的理论大大强化了民族传统体育学研究的理论基础和认识能力。

(2)社会学、经济学、哲学、美学、伦理学等社会学科为少数民族传统体育学科的研究与发展提供充分的保障。

(3)多学科之间的融合与发展极大地改善了体育理论研究工作者的知识结构。

(4)各学科之间的交叉与发展有利于扩大民族传统体育学视野和研究范围,有利于取长补短,获得共同发展。

(5)各学科的交流与发展提高了民族传统体育学研究的起点和研究水平。

(6)多种社会学科的交叉应用不断拓宽了少数民族传统体育学研究的深度,推动着这一学科的不断发展。

建设少数民族传统体育学科理论体系,要注重少数民族传统体育学科生存和发展的条件、机制和动力,各门学科研究组织与人员之间要加强协作，共同促进少数民族传统体育学科理论的发展与完善。

二、民族传统体育教育体系建设的策略

（一）民族传统体育教学课程改革

学校体育教育的主要目标是增强学生身体素质，提高学生运动技能，培养学生“终身体育”的意识和习惯，除此之外，还能促进人际关系的和谐与社会发展。总的来说，体育教学要将“终身体育”思想贯彻人的发展始终，不断推进少数民族传统体育教学的改革与发展。

受应试教育的影响，我国有很多学校都不重视体育教学，大都存在着年限较短的问题，因此必须要延长体育课年限，采用必选课形式教学，采用学分制管理的方式。除此之外，为提高学生的运动水平，还要建设一些体育健身俱乐部，吸引学生投入其中进行学习与锻炼。学校相关部门还要不断挖掘少数民族传统体育教学内容，并结合本校的特色进行教学，以促进学生的全面发展。

（二）民族传统体育教材建设

教材在少数民族传统体育教学中发挥着非常重要的作用。因此，加强少数民族传统体育教材的建设应引起相关部门的高度重视。在编写少数民族传统体育教材时，要遵循系统化和科学化的原则，编写的教材要具有一定的普适性，适合绝大多数学生学习。

在编写教材时，要突出区域民族传统体育特色，充分彰显民族特点，并将具有代表性的项目编写成双语教材，便于世界各国人民学习，增强我国少数民族传统体育的国际影响力。

（三）民族传统体育人才培养

人才是推动社会发展和进步的重要力量，在21世纪现代社会发展的今天，人才扮演着尤为重要的角色。据调查，当前我国学校体育教育中存在着人才匮乏的现象，突出表现在民族传统体育教育方面。这严重制约和影响着我国少数民族传统体育的发展。因此，要求我国学校体育教育各部门重视与加强体育教师、体育骨干等人才的培养力度，力争挖掘出具有一定规模和数量的少数民族传统体育人才，从而为我国少数民族传统体育的发展做贡献。

第四节 学校武术文化建设

一、我国武术发展中存在的问题

在当今社会背景下,我国武术存在着不少问题,这些问题都成为制约其与其他国家交流与合作的桎梏,因此武术相关部门要高度重视起来,逐一解决这些问题,从而为我国武术文化的传播与发展扫清障碍。

(一)武术自身问题

中华武术是我国的国粹,在整个民族史上都占据着十分重要的地位。发展至今,虽然武术仍然得到了很好的传承与发展,但在传承与发展的过程中仍然存在着不少问题,需要高度重视起来。

在今后的发展过程中,中华武术的发展要充分认清自身实际,既不能盲目自信,也不可自卑。不盲目自信是指不能只看到自身的优势而忽略了其他国家技击搏斗术的特色,不能以自我为中心去发展,这样容易出现各种各样的问题。不可自卑是指,在当今时代背景下,日本的柔道、韩国的跆拳道等都进入了奥运大家庭,而中华武术却迟迟未能进入。我们要充分认识到自身的缺点和不足,要尽可能地去改善这些不足,加强中华武术在全世界范围内的传播与推广,促进中华武术的国际化发展。

(二)国外友人对武术的误解

如今,在世界很多国家和地区,中华武术备受推崇,有着很高的知名度。之所以如此,除了与其自身具备的特色价值有关外,还与电影宣传这一手段密切相关。世界上很多国家及地区的武术爱好者大部分都是通过武术电影了解并喜欢上中华武术的。电影这一艺术手段成为促进中华武术传播与发展的重要途径。

电影在推动中华武术在世界上的传播与发展方面起到了至关重要的作用,正是通过电影艺术这一途径和手段,中华武术才得以在全世界范围内产生了一定的影响力。但我们也应看到,电影在给武术传播带来良好的影响的同时也带来了一些负面影响,如电影中通过夸张的艺术手法所描述的飞檐走壁、腾云驾雾等武术招式带给西方人神秘的幻想,给他们造成了一定的误解，在他们学习武术后有一种上当受骗的感觉，有很多的国外友人对武术产生了不小的误解，这就需要我们尽可能地去消除这些误解，充分宣扬中华武术的内涵与价值。

（三）武术的生存空间问题

发展到现在，竞技体育占据着世界体育运动的主流，在这样的时代背景下，中华武术的发展空间受到了一定的压迫，其生存与发展受到了极大的挑战。目前来看，不论是平时的体育锻炼还是学校体育教学，西方竞技体育都占据着主流地位，尽管有一部分学校开设了武术课程，但发展情况并不是很好，选择这一门课程的学生与选择竞技体育课程的学生相比存在着巨大的人数上的差距。除了西方竞技体育的冲击外，一些国家的技击项目也对我国的武术构成了一定的威胁，如韩国的跆拳道以其特有的健身与技击价值深受人们的欢迎，我们经常会看到关于跆拳道的培训机构，受到众多爱好者的青睐。与跆拳道相比，武术培训机构或俱乐部在社会上就比较少见，由此可见，中华武术在当今时代背景下面临着很大的生存挑战。因此，中华武术要顺应时代发展的趋势，就需要与西方国家的体育文化增进交流，取长补短，不断改进和优化，拓宽发展道路。

二、学校体育教学中武术文化的推广

（一）做好武术的形象工程

大量的事实表明，要想更进一步地推广中华武术，做好武术的跨文化传播与发展，就必须要加强武术的形象工程建设，重新塑造中华武术的新形象，让世人更加深入地了解武术这一项运动。而这一目标的实现，学校体育教学在其中扮演着十分重要的角色。通过武术教学与研究，能深刻揭示出武术的内涵与价值，塑造中华武术良好的形象。

武术这门课程进入学校体育教学的时间很早，也受到了学校体育部门及师生的重视，但受当今西方竞技体育的冲击，学校武术教学的生存空间受到了一定的压制，绝大部分的学生都倾向于选择那些竞技性和趣味性较强的西方竞技体育项目作为自己的选修课程，武术课程受到冷落。为扭转这一局面，各学校需要做好一定的宣传与推广，加强武术的形象工程建设，以学校为突破口促进中华武术的传播与发展。

（二）充分利用各种武术推广的途径

为更好地促进我国武术文化的发展，我们还可以与时俱进地利用现代信息化技术手段进行武术的宣传与推广，如建立双语的武术网站进行武术的宣传。还可以举办各种武术节或表演活动吸引武术爱好者的参与，通过武术表演，能吸引学生参与其中，建立参与武术运动的兴趣。随着参与武术人数的增多，武术的影响力必将进一步扩大。除此之外，学校还可以加强与国外学校之间的沟通与交流，或者在国外设立一些武术研究或教学机构，如孔子学院就是很好的宣传中华民族传统文化的机构，在这样的机构之下，我国武术能得以很好的宣传与推广。

（三）培养国际化武术人才

在武术文化传播与交流中，人是其中重要的主体，因此，加强武术人才的培养是非常重要的，而学校则是培养武术人才的最主要的阵地。在学校中培养国际化的武术人才需要注意以下几个方面。

第一，建立一个完善的教练员等级制度和教练员培训制度体系，加强教练员及武术从业者的沟通与交流，在不断地交流中获得进步与发展。

第二，重视武术人才的武德培养，培养一大批武艺高超，又有良好武德的高素质人才。

第三，培养一批深谙东西方传统体育文化的武术人才，这对于中华武术的对外传播与推广具有重要的意义。

第五节　终身体育思想下学校民族传统体育文化建设与发展的策略

发展到现在，终身体育的思想已深入人心，在休闲之余或节假日期间参加体育运动锻炼的人越来越多，这就为我国民族传统体育文化的建设与发展提供了良好的外部环境。为更好地推动我国民族传统体育的发展，我们应在校园中始终坚持贯彻“终身体育教育”的理念，促进民族传统体育在校园体育文化中的建设与发展。

一、重视学校民族传统体育文化体系的建设

学校体育教育相关部门及领导要结合当今时代发展背景，及时转换自身工作观念，高度重视民族传统体育文化对于学校体育发展的价值，让学生和教师建立发展民族传统体育文化的意识和习惯。同时，还要制定一系列民族传统体育科学发展的保障制度。民族传统体育实践活动大有裨益，因此各学校还可以结合自身实际多开展一些丰富多彩的民族传统体育活动，大力宣传民族传统体育，邀请相关专家给学生开展民族传统体育文化讲座，举办各种各样的表演或活动，营造浓厚的学校民族传统体育文化氛围，在这样的环境下，越来越多的学生都会热爱上这一体育文化内容，成为民族传统体育文化建设与传承的一分子。

除此之外，当前我国大部分学校在校园文化建设方面还存在不少问题，面临着发展的瓶颈，因此校领导及相关部门要重视民族传统体育活动对其文化建设产生的影响，加强这方面的研究，充分做好民族传统体育教学资源的挖掘与开发工作，争取构建一个健全和完善的民族传统体育文化发展体系。

二、以传统节日为媒介、强化学校民族传统体育文化建设

西方竞技体育在当今社会占据着非常重要的地位，可以说竞技体育是当今世界体育发展的主流，受此影响，我国的民族传统体育发展受到了极大的冲击。尽管如此，民族传统体育的文化价值仍然得到了人们的广泛认可，其中的一些项目甚至深受一部分学生的追捧，如竞争性和对抗性较强的散打就受到学生的青睐。为进一步扩大民族传统体育在学校中的影响力，就要在当今终身体育教育思想与背景下，大力宣传民族传统体育的健身、娱乐等多方面的价值，提高学生对民族传统体育相关活动的参与度，举办各种类型的民族传统体育竞赛活动，这是一个非常有效的途径。学校还可以借助传统节日的影响力，为学生打造体验民族传统体育活动的机会，如哈萨克族的“姑娘追”与傣族的泼水节就富有浓郁的民族特色，多举办一些这样的活动，能加深广大学生的印象，提高民族传统体育文化的知名度，在丰富学校体育文化建设的基础上，对于学生的全面发展也是非常有帮助的。因此学校相关部门及领导可以以传统节日为媒介多举办一些富有民族特色的传统体育活动，营造良好的民族传统体育文化氛围。

三、结合学校具体实际，积极建立民族传统体育社团

体育社团可以说是学生参加体育活动的一个非常重要的场所，如果学校体育社团的类型非常丰富，学生可以根据自己的爱好和兴趣自由选择社团，通过参加社团中的各种活动能大大地丰富自己的课余文化生活。因此，成立民族传统体育社团也是促进学校民族传统体育文化建设与发展的一个重要手段。

民族传统体育社团中的活动可以是多种多样的，通过这些活动的举办，学生的学习效率能得到有效地提高，民族传统体育在学校中也能得到良好的传承与发展。不但能够提高体育课程的学习效率，同时也有利于民族传统体育的传承和发展。学校可以结合自身的具体实际，将民族传统体育活动纳入对应社团活动内容，并对这些内容进行必要的创新，从而丰富学校体育文化建设。民族传统体育社团中的各个部门及人员要严格按照相关规范要求参与各项活动，并由校团委对社团组建情况与活动情况进行考评，确保社团的稳定运行。[①] 通过参加民族传统体育社团中的各项活动，学生能充分感受到民族传统体育文化的魅力，从而以积极饱满的精神参与各项体育活动，这对于学生终身体育思想的形成也具有重要的意义和作用。因此，坚持以终身体育思想为指导，建立民族传统体育社团也是一个促进学校体育文化建设的有效途径。

四、结合校园特性不断拓展民族传统体育文化传承方式

民族传统体育在学校中也扮演着十分重要的角色，是学校体育文化的重要内容和组成部分，因此一定不要忽略了学校民族传统体育的建设与发展。在当今科学技术快速发展的背景和学校终身体育思想大力倡导的形势下，发展民族传统体育需要以终身体育思想为指导，以现代信息技术为重要途径，加强民族传统体育在学校中的宣传与推广。各学校可以结合自身具体实际建立一个校园网络体系，建设校园网站，开通微信公众平台、高校官方微博等，有条件的学校甚至可以自己拍摄微电影来宣传民族传统体育文化，这都是非常有效的途径和手段。另外还可以通过时下比较流行的微信群或QQ群，就民族传统体育的各个问题展开研究与讨论，以微信公

① 何晓丽．民族传统体育在高校校园文化建设中的融合与发展略谈[J]．当代体育科技，2021，11（20）：172-174．

众号内容推送的方式向学生宣传与渗透民族传统体育知识,这能极大地丰富学生的体育文化知识结构体系,从而促进民族传统体育文化的传承与发展,促进学校体育文化的建设与发展。

参考文献

[1] 樊晓东，杨明等．学校体育文化建设 [M]. 武汉：武汉大学出版社，2016.

[2] 孙庆珠．高校校园文化概论 [M]. 济南：山东大学出版社，2008.

[3] 易剑东．体育文化学 [M]. 北京：北京体育大学出版社，2006.

[4] 纪超香．校园体育文化构建与课程设置 [M]. 北京：中国纺织出版社，2017.

[5] 陈三群．体育教学研究 [M]. 北京：光明日报出版社，2016.

[6] 张纽谦．体育课程与教学论 [M]. 广州：广东高等教育出版社，2013.

[7] 苏永骏．建设体育强国背景下学校体育文化建设与发展研究 [M]. 北京：中国农业出版社，2021.

[8] 张鹏．高校体育文化教育与运动研究 [M]. 长春：吉林科学技术出版社，2020.

[9] 贾燕．多元文化背景下学校体育文化的发展与审视 [M]. 北京：中国水利水电出版社，2017.

[10] 谭华，刘春燕．体育史（第二版）[M]. 北京：高等教育出版社，2017.

[11] 张志华．我国高校竞技体育人才培养的理论与实践研究 [M]. 北京：化学工业出版社，2015.

[12] 刘建国，范秦海，李建英，郃崇禧．田径（第三版）[M]. 北京：高等教育出版社，2014

[13] 佟晓东，刘铁．高校田径运动课程教学设计与实践 [M]. 沈阳：东北大学出版社，2009.

[14] 刘智丽．特色课间操 [M]. 成都：电子科技大学出版社，2013.

[15] 曲宗湖，王龙龙．大课间体育活动的设计与开发 [M]. 北京：人民体育出版社，2005.

[16] 顾春先．学校体育文化节的构建与传播 [M]. 成都：西南交通大学

出版社，2017.

[17] 胡小明 . 体育人类学（第二版）[M]. 北京：高等教育出版社，2017.

[18] 白晋湘 . 民族民间体育 [M]. 北京：高等教育出版社，2010.

[19] 时蓉华 . 社会心理学 [M]. 上海：上海人民出版社，2003.

[20] 刘巍，黄元龙，王大贵 . 体育健康教育 [M]. 哈尔滨：哈尔滨地图出版社，2009.

[21] 郭成 . 校园体育文化 [M]. 北京：中国科学文化出版社，2003.

[22] 冷迎辉 . 人文奥运背景下的校园体育文化 [M]. 东营：中国石油大学出版社，2008.

[23] 王建军，白如冰 . 高校体育文化教育研究 [M]. 长春：吉林美术出版社，2017.

[24] 程会娜 . 大学生校园体育文化解析 [M]. 西安：世界图书出版西安有限公司，2018.

[25] 方惠 . 体育教育的价值回归—促进大学生素质教育和终身体育培养的体育教学模式研究 [M]. 北京：化学工业出版社，2015.

[26] 王则珊 . 终身体育：现代人生活方式的一种追求 [M]. 北京：北京体育学院出版社，1994.

[27] 张明波 . 学校体育文化研究 [M]. 北京：光明日报出版社，2017.

[28] 何晓丽 . 民族传统体育在高校校园文化建设中的融合与发展略谈 [J]. 当代体育科技，2021，11（20）：172–174.

[29] 王彩霞 . 民族传统体育在高校校园文化建设中的融合与发展 [J]. 汉字文化，2020（18）：177–178+196.

[30] 丁晖 . 大学生社会适应能力培养研究 [D]. 南京工业大学，2012.

[31] 笪学军 . 大学生社会适应能力研究 [D]. 河海大学，2005.

[32] 黄丽秋 . 终身体育思想的形成及教学引导研究 [D]. 湖南师范大学，2014.

[33] 吴秀云，李华龙 . 校园体育文化对学生终身体育意识的影响研究 [J]. 当代体育科技，2018，8（28）：86–87+89.

[34] 赵栩 . 学校体育中终身体育意识的培养 [J]. 山海经，2016（09）：116.

[35] 赵俊荣 . 校园体育文化在大学生终身体育态度形成中的意义 [J]. 漳州师范学院学报（自然科学版），2013，26（03）：96–99.

[36] 邝鑫，冯国敏 . 终身体育理念引领校园体育文化建设实践研究 [J]. 当代体育科技，2018，8（06）：2–3.